桥梁博士
常见问题解答

张琭芳　许斐 ──────────────○ 编著

清华大学出版社
北京

内 容 简 介

"桥梁博士"V5 是上海同豪土木工程咨询有限公司经过十年艰辛的自主研发,不断开拓创新,优化"桥梁博士"系列软件而推出的具有里程碑意义的全新升级版本。同豪土木的技术服务团队及产品开发团队在工作过程中详尽地解答用户疑问,并不断积累问答,将其精心汇集成册。

《桥梁博士常见问题解答》主要内容分为两篇:第 1 篇为前处理篇,依次介绍"桥梁博士"的总体信息、结构建模、钢束设计、钢筋设计、加劲设计、施工分析、运营分析、地震分析模块中的常见问题及解决方法,同时针对用户经常遇到的程序警告及报错给出解决办法,帮助读者学习查找错误和修改模型的方法;第 2 篇为后处理篇,介绍了软件力学计算和结构验算结果的解读及原理,按照不同结构类型,对混凝土结构桥梁、钢结构桥梁、钢混组合结构桥梁、抗震分析以及基础构件的计算和验算结果进行释疑,解读程序计算结果。

本书可以帮助桥梁设计、施工、科研人员以及相关专业师生快速、准确地定位软件使用过程中出现的问题,解决软件使用中面临的现实困难。

图书在版编目(CIP)数据

桥梁博士常见问题解答 / 张瑑芳,许斐编著. -- 北京:清华大学出版社,2024. 12. -- ISBN 978-7-302-67645-4

Ⅰ. U442.5-39

中国国家版本馆 CIP 数据核字第 2024KL5330 号

责任编辑:王向珍　王　华
封面设计:陈国熙
责任校对:赵丽敏
责任印制:丛怀宇

出版发行:清华大学出版社
　　　　　网　　　址:https://www.tup.com.cn,https://www.wqxuetang.com
　　　　　地　　　址:北京清华大学学研大厦 A 座　　邮　　编:100084
　　　　　社 总 机:010-83470000　　　　　　　　邮　　购:010-62786544
　　　　　投稿与读者服务:010-62776969,c-service@tup.tsinghua.edu.cn
　　　　　质量反馈:010-62772015,zhiliang@tup.tsinghua.edu.cn
印 装 者:涿州汇美亿浓印刷有限公司
经　　销:全国新华书店
开　　本:185mm×260mm　　印　　张:16.25　　　　字　　数:393 千字
版　　次:2024 年 12 月第 1 版　　　　　　　　　印　　次:2024 年 12 月第 1 次印刷
定　　价:59.80 元

产品编号:100177-01

前　言

　　近年来,中国的桥梁科技工作者先后建成了一大批享誉世界的桥梁,积累了宝贵的科研、设计、建造经验,取得了令世界瞩目的巨大发展和成就,然而受各种原因的影响和限制,国内自主研发的桥梁设计软件的水平一直停留在平面杆系,许多大桥的设计工作采用国外的软件进行计算分析。在此背景下,上海同豪土木工程咨询有限公司积极汲取和总结在桥梁建设中取得的成功经验,联合国内行业技术中坚力量,组织了一个精干的研发团队,他们刻苦攻关,成功研发"桥梁博士"三维空间桥梁分析系统,在图形平台、建模技术、力学核心技术、桥梁专业特色力学和规范验算支持力度等方面都取得了巨大的突破。

　　随着"桥梁博士"系列软件在国内的普及,其不仅在大专院校被广泛使用,在设计、施工单位也有较大的用户群。同豪土木技术服务团队及产品开发团队在工作过程中不断积累客户疑问,做出详尽的解答,汇总并整理成《桥梁博士常见问题解答》一书。

　　《桥梁博士常见问题解答》以一问一答的形式,将用户在"桥梁博士"软件使用过程中常见的、疑难的以及相关模拟的问题做了较全面的回答。主要内容分为前处理和后处理两篇:前处理篇依次介绍"桥梁博士"的总体信息、结构建模、钢束设计、钢筋设计、加劲设计、施工分析、运营分析、地震分析模块中的常见问题及解决方法,同时针对用户经常遇到的程序警告及报错给出解决办法;后处理篇按照不同结构类型,对混凝土结构桥梁、钢结构桥梁、钢混组合结构桥梁、抗震分析以及基础构件的计算和验算结果进行释疑,解读程序计算结果。

　　感谢张华敏、杨青山在本书编写过程中做出的审核和校对工作,感谢在本书编写过程中给予大力支持和帮助的"桥梁博士"技术支持团队的韩吉锋、王令、林友斌、王双成等。

　　因编者水平所限,书中难免存在错误和不足,敬请广大读者批评指正。

目 录

后 处 理 篇

软件初始设置常见问题

1 CHAPTER

"桥梁博士"是一个集可视化建模、数据中心管理、有限元求解、结果查询、计算报告与帮助于一体的综合性桥梁结构设计与施工计算系统。该软件的编制完全按照桥梁设计与施工过程进行,包括四大模型:三维计算模型、横向分布模型、主缆找形模型和地震信号模型;两大管理面板:项目面板和"规范库"面板。

对每一个三维计算模型,项目面板将工程结构分析模型分为总体信息、结构建模、钢束设计、钢筋设计、加劲设计、施工分析、运营分析、地震分析、撞击分析,共计 9 个前处理输入区块,以及结果查询、计算报告 2 项后处理区块。

"规范库"面板是纸质规范的电子化表达,包括总则、组合、图表、输出、截面五大部分。

本章针对"桥梁博士"的安装、显示、操作及与其他软件交互中的常见问题进行逐一解答。

1.1 常见安装及加密锁提示问题

提示问题:服务"CodeMeter Runtime Server"启动失败。请确保您有足够的权限启动系统服务。

解决方案:此问题为安装加密锁没有权限所致,安装加密锁时右击选择"以管理员权限安装"。

提示问题:由于找不到 WIBUCM64.dll,无法继续执行代码。重新安装程序可能会解决此问题。

解决方案:此问题为未安装加密锁驱动导致的报错,安装加密锁驱动即可解决。

提示问题:无法启动此程序,因为计算机中丢失……. dll。尝试重新安装该程序以解决问题。

解决方案:此种情况为文件被杀毒软件隔离或查杀。检查程序根目录下是否有提示的 DLL 文件,杀毒软件是否隔离了此 DLL 文件,如没有需要关闭杀毒软件,重新安装"桥梁博士"软件。

提示问题:Start Error:…dll not find. File must be available to run the application!

解决方案:①检查程序根目录下是否有提示的 DLL 文件;②检查杀毒软件是否隔离了此 DLL 文件,恢复文件后建议将程序安装路径添加到杀毒软件的信任列表;③安装 vc 运行库(推荐使用"微软常用运行库合集"这款程序);④如果缺少 d3dx9_43.dll 文件或

d3dx11_43.dll 文件,需要使用"directX 修复组件"修复系统运行库,因为计算机操作系统缺少 directx 的库文件。如以上操作都无法解决问题,需要关闭杀毒软件并重新安装程序。

安装问题:加密锁 Web 打不开。
解决方案:此问题一般是因为加密锁重复安装,需要通过控制面板完全卸载程序,再重新安装。

提示问题:CmDongle runtime system is not installed.
解决方案:安装加密锁驱动,如果已安装,需卸载后关闭杀毒软件重新安装。

提示问题:THGridControl. dll not found/ 基础验算结果未输出/计算书不能生成。
解决方案:此问题多发生在 Win7 系统,是 Win7 系统没有打全系统补丁所致,下载安装系统补丁后,重启计算机即可解决。

提示问题:CodeMeter 驱动版本过时!
解决方案:检查是否安装多个版本的加密锁驱动,在计算机程序与功能中搜索 CodeMeter 并将其卸载,然后找到根目录,删除该文件夹(默认路径:本地磁盘 C\Program Files(x86)\CodeMeter),再重新安装加密锁驱动。

以下为加密锁提示错误。

提示问题:Error30
解决方案:因版本没有权限,需联系销售人员。

提示问题:Error32
解决方案:加密锁使用次数为 0,需联系销售人员,重新设置加密锁。

提示问题:Error38
解决方案:加密锁被锁住,目前已知出现 CM 服务无法启动和加密锁被锁住问题一般是其他软件的驱动层破解补丁,往往是一些 USB 模拟驱动补丁所致。如 c:\windows\system32\drivers\vusb. sys,multikey. sys,vusbbus. sys,mcamvusb. sys,找到并删除该补丁,重启计算机即可解决。如还未解决,需联系销售人员解锁。

提示问题:Error71
解决方案:因版本授权时间已到期,需联系销售人员。

提示问题:Error72
解决方案:这个问题是机器系统时间异常所致。解决方案分三个步骤,如完成一步即可解决,则无须继续下一步。①检查并修改启动机器的系统时间,将其修改正确,如所有计算机都报 error72，还需检查插锁机器的系统时间；②插锁机器如可上网，打开 Web 管理界面，单击内容，再单击更新，将系统时间修改正确；③升级加密锁。

提示问题：Error100

解决方案：此问题是网络连接失败所致，需重连计算机网络，以确保连接到对应服务器 IP。

提示问题：Error101

解决方案：此问题是添加的 IP 不存在所致，需修改填写的服务器 IP。

提示问题：Error102

解决方案：此问题可能是开着多台网络服务器造成的，只需打开插加密锁的网络服务器，其他服务器全部关闭。

提示问题：Error111

解决方案：此问题是 IP 对应的机器未勾选"运行网络服务器端"所致，勾选上即可。

提示问题：Error115

解决方案：此问题一般是加密锁驱动程序版本低或者加密锁的 CmStick 版本低所致。需在官网下载更高版本的驱动程序并安装。

提示问题：Error200

解决方案：此问题指没找到加密锁，如果是网络锁，可以添加 IP，看是否能解决。

提示问题：Error212

解决方案：此问题指节点已用完，需等待占用软件节点人员使用完成或联系销售人员增加节点。

提示问题：Error230

解决方案：此问题指多个错误组合。常规错误组合为 error71＋error71，或者 error71＋error101。一般是用升级加密锁来解决此问题，如果同一局域网内其他用户可以正常使用，可以添加正确的服务器 IP。具体的错误描述可以在"CodeMeter 控制中心"→"事件"里看到，如"事件"里出现两个加密锁到期（error71），还有可能是加密锁被锁住了（error38），此时可能需联系销售人员升级加密锁。

提示问题：Error231

解决方案：此问题是在服务器把该客户端加入了访问限制所致。在 Web 管理界面的"配置"→"访问控制"里把 IP 地址都去掉即可。

提示问题：Error239

解决方案：此问题是网络锁的节点不够用所致，需找销售人员处理。

1.2   程序崩溃问题

1.2.1   程序已安装完成，但一打开就崩溃或打开文件后程序崩溃

解决方案：

（1）在安装程序时确保已经安装了程序的加密锁驱动，试用版本也要安装加密锁驱动。

（2）把显卡驱动更新到最新版本，建议从显卡的官网下载最新版本的驱动程序。

（3）如果在进行了以上操作后还存在问题，可能是双显卡造成的，禁用其中一个显卡即可。

1.2.2   模型崩溃之后文件打不开

解决方案：

（1）如果遇到程序崩溃或者突然关闭之后文件打不开的情况，模型文件所在文件夹下可以找到与扩展名 dbr 文件同名的 bak 文件（图 1.1），将扩展名改成 dbr 后再打开。

📄 001_装配式-先张法简支空心板.bak	2024/4/12 9:17	BAK 文件	7,730 KB
📄 001_装配式-先张法简支空心板.cache	2024/4/12 14:54	CACHE 文件	5,433 KB
◀ 001_装配式-先张法简支空心板.dbr	2024/4/12 14:54	DBR 文件	7,746 KB

图 1.1   "桥梁博士"模型崩溃备份文件

（2）删除文件夹下除 dbr 以外的所有缓存文件，然后重新打开文件。

（3）如果是 V5 以上版本，可以从模型所在文件夹下的 back-up 中找到模型同名文件夹，修改备份文件拓展名 dbbak 为 dbr 后打开。备份文件个数由设置信息中的备份文件数量决定。

问题拓展：

程序提供自动保存及文件备份功能，在程序界面的右上角"系统设置"⚙中可以修改自动保存间隔时间和备份文件最大文件数目。自动保存的备份文件格式扩展名为 bak，备份文件与"桥梁博士"文件在同一文件夹中。

1.3   模型显示异常问题

1.3.1   程序显示异常、数据联动异常和结果数据异常等问题

解决方案：

（1）更新"规范库"：右击"规范库"，单击"使用系统库"。

（2）前处理重新生成：单击程序右上角的"重新生成"按钮；还可以右击"刷新"按钮，见图 1.2。

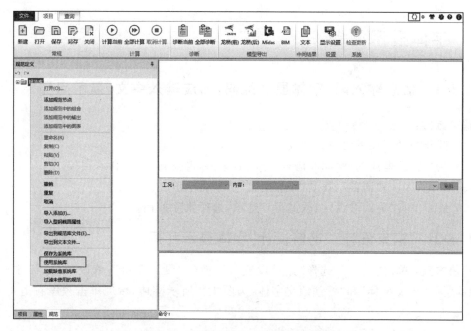

图 1.2　模型有异常的问题处理办法

1.3.2　"钢束设计""钢筋设计""加劲设计"窗口不显示图形的问题

解决方案：

一般情况下，"钢束设计""钢筋设计""加劲设计"窗口显示乱码(图1.3)是显卡驱动不兼容导致的，如果是双显卡，可禁用其中一个显卡；如果不是双显卡，需把显卡驱动更新到最新版本，建议从显卡的官网下载最新版本的驱动程序。

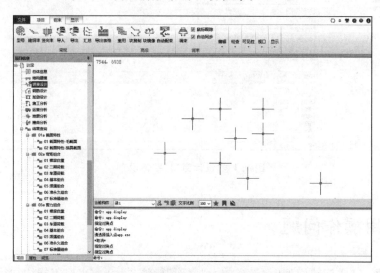

图 1.3　"钢束设计"窗口不显示图形

1.4　字体显示问题

1.4.1　信息输入时,字体显示乱码,无法输入中文,显示问号

解决方案:

(1) 打开"开始"菜单栏,找到"设置"并单击。

(2) 在"设置"里找到"时间和语言"选项后单击,再找到"区域和语言"选项。

(3) 单击"区域和语言",找到"添加语言"选项后单击。

(4) 最后单击"美式键盘(微软键盘)"选项,选择删除按钮。

1.4.2　"钢束设计""钢筋设计"字体显示乱码

解决方案:单击"项目",选择"显示设置",切换到"设计窗口",修改"尺寸标注显示设置"中的"标注中文字体"和"标注西文字体"为图1.4所示字体,然后单击程序右上角的"刷新"按钮。

图1.4　"设计窗口"字体设置

1.5　常用操作问题

操作问题:怎样旋转模型?/怎样放大"截面"标注显示?/表格怎样增加行?

解决方案:

(1) Shift+鼠标中键旋转模型。

（2）在"截面"中按键盘↑／↓键，放大／缩小标注的显示比例。

（3）用 Ctrl＋Enter 组合键快速在表格中新建一行，也可以右击选择增加行。

问题拓展：

常用快捷键如表 1.1 所示。

表 1.1　常用快捷键

全局快捷键	
F1	弹出结构建模帮助
F2	输出窗口最大化切换
F9	执行模型诊断
F10	执行模型计算
"结构建模""施工分析""运营分析""地震分析""撞击分析"快捷键	
F3	"结构建模"图形窗口最大化（调用构件表/刚臂表格）
F4	"结构建模"表格窗口最大化（调用构件表/刚臂表格）
F5	图形窗口进入旋转状态
F6	图形窗口进入平移状态
F7	图形窗口进入缩放状态
F8	图形窗口正交模式切换
Shift＋鼠标中键	旋转模式
Shift＋鼠标左键	取消当前对象选择
Ctrl＋↑／↓／←／→	模型上/下/左/右快速旋转
Shift＋↑／↓／←／→	模型上/下/左/右慢速旋转
Ctrl＋Enter	表格填写新增行
空格	重复上次命令
Esc	退出命令模式和取消对象旋转
↑／↓	"结构建模"界面节点在方块模式下放大/缩小显示比例
截面编辑器快捷键	
F5	截面诊断
F6	显示区域点号开关
↑／↓	放大/缩小标注的显示比例
结果查询快捷键	
Ctrl＋单击相应的标注	显示-隐藏结果标注数值
Shift＋双击效应图	进入效应图编辑，可选中文字，移动位置，增加标注
构件勾选	右击，全选/取消选择

此外，"桥梁博士"为了便于用户操作，提供快捷命令，"结构建模"的建模和截面窗口输入"?"命令可调用命令帮助，显示如图 1.5 和图 1.6 所示。常见快捷命令如 co（复制）/mi（镜像）/ar（阵列）/m（移动）/o（偏移）/di（测距）/id（测点）/tr（剪切）/ex（延伸）/s（拉伸）等。

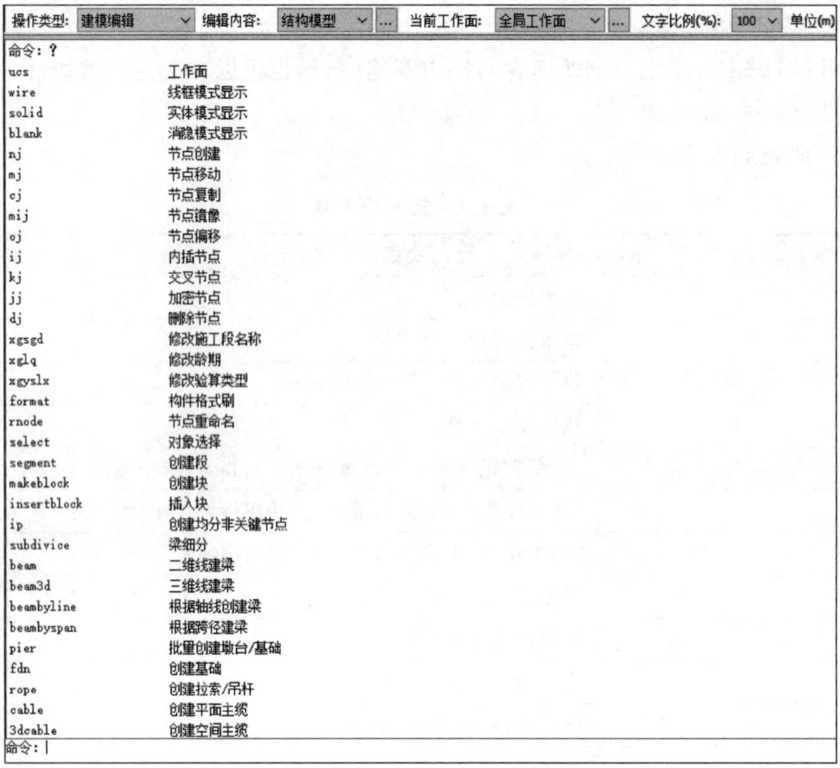

操作类型: 建模编辑 ∨　编辑内容: 结构模型 ∨　…　当前工作面: 全局工作面 ∨　…　文字比例(%): 100 ∨　单位(m)

命令: ?

ucs	工作面
wire	线框模式显示
solid	实体模式显示
blank	消隐模式显示
nj	节点创建
mj	节点移动
cj	节点复制
mij	节点镜像
oj	节点偏移
ij	内插节点
kj	交叉节点
jj	加密节点
dj	删除节点
xgsgd	修改施工段名称
xglq	修改龄期
xgyslx	修改验算类型
format	构件格式刷
rnode	节点重命名
select	对象选择
segment	创建段
makeblock	创建块
insertblock	插入块
ip	创建均分非关键节点
subdivice	梁细分
beam	二维线建梁
beam3d	三维线建梁
beambyline	根据轴线创建梁
beambyspan	根据跨径建梁
pier	批量创建墩台/基础
fdn	创建基础
rope	创建拉索/吊杆
cable	创建平面主缆
3dcable	创建空间主缆

命令:

图 1.5　建模窗口调用"?"命令帮助

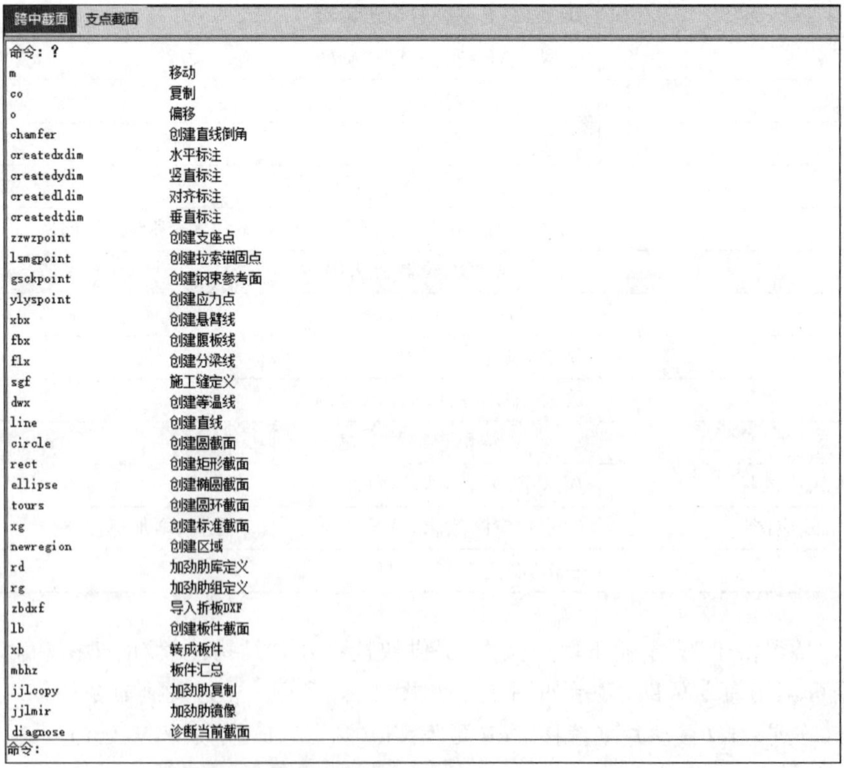

跨中截面　支点截面

命令: ?

m	移动
co	复制
o	偏移
chamfer	创建直线倒角
createdxdim	水平标注
createdydim	竖直标注
createdldim	对齐标注
createdtdim	垂直标注
zzwzpoint	创建支座点
lsmgpoint	创建拉索锚固点
gsckpoint	创建钢束参考面
ylyspoint	创建应力点
xbx	创建悬臂线
fbx	创建腹板线
flx	创建分梁线
sgf	施工缝定义
dwx	创建等温线
line	创建直线
circle	创建圆截面
rect	创建矩形截面
ellipse	创建椭圆截面
tours	创建圆环截面
xg	创建标准截面
newregion	创建区域
rd	加劲肋库定义
rg	加劲肋组定义
zbdxf	导入折板DXF
lb	创建板件截面
xb	转成板件
mbhz	板件汇总
jjlcopy	加劲肋复制
jjlmir	加劲肋镜像
diagnose	诊断当前截面

命令:

图 1.6　截面窗口调用"?"命令帮助

1.6　坐标系问题

1.6.1　在斜桥（弯桥）中，怎样设置支座并使用局部坐标系？

解决方案：

在"结构建模"中双击构件，打开"构件节点属性汇总"，修改支座节点"坐标系"为"随构件"/"自定义"（图1.7）。然后在施工阶段里设置支座（图1.8）。

编号	节点类型	位置(m)	特征名称	输出属性	横线分割线	悬臂	弯矩折减	支承宽度(mm)	支承宽度区向位置	截面	子腹板	突变右截面	突变右截面子腹板	拟合方式	附加重力(kN)	坐标系	原点	X轴	Y轴
1	施工链	0	L					0		梁底	主梁			直线		随全局	0;0;0	1;0;0	0;1;0
2	特征节点	0.6			✓			0		梁底				直线		随构件	0;0;0	1;0;0	0;1;0
3	特征节点	2.1						0		梁底				直线		随全局	0;0;0	1;0;0	0;1;0
4	特征节点	3.65469						0		梁底				直线		随全局	0;0;0	1;0;0	0;1;0
5	特征节点	5.15469						0		梁底				直线		随全局	0;0;0	1;0;0	0;1;0
6	特征节点	6.65469						0		梁底				直线		随全局	0;0;0	1;0;0	0;1;0
7	特征节点	8.65469						0		梁底				直线		随全局	0;0;0	1;0;0	0;1;0
8	特征节点	10.6...						0		梁底				直线		随全局	0;0;0	1;0;0	0;1;0
9	特征节点	12.6...						0		梁底				直线		随全局	0;0;0	1;0;0	0;1;0
10	特征节点	14.6...						0		梁底				直线		随全局	0;0;0	1;0;0	0;1;0
11	特征节点	16.6...						0		梁底				直线		随全局	0;0;0	1;0;0	0;1;0
12	特征节点	18.6...						0		梁底				直线		随全局	0;0;0	1;0;0	0;1;0
13	特征节点	20.6...						0		梁底				直线		随全局	0;0;0	1;0;0	0;1;0
14	特征节点	22.6...						0		梁底				直线		随全局	0;0;0	1;0;0	0;1;0
15	特征节点	24.6...						0		梁底				直线		随全局	0;0;0	1;0;0	0;1;0
16	特征节点	26.6...						0		梁底				直线		随全局	0;0;0	1;0;0	0;1;0
17	特征节点	28.6...						0		梁底				直线		随全局	0;0;0	1;0;0	0;1;0
18	特征节点	30.6...						0		梁底				直线		随全局	0;0;0	1;0;0	0;1;0
19	特征节点	32.155	主梁...		✓			0		梁底				直线		随构件	0;0;0	1;0;0	0;1;0
20	特征节点	33.6...						0		梁底				直线		随全局	0;0;0	1;0;0	0;1;0
21	特征节点	35.6...						0		梁底				直线		随全局	0;0;0	1;0;0	0;1;0
22	特征节点	37.6...						0		梁底				直线		随全局	0;0;0	1;0;0	0;1;0
23	特征节点	39.6...						0		梁底				直线		随全局	0;0;0	1;0;0	0;1;0
24	特征节点	41.6...						0		梁底				直线		随全局	0;0;0	1;0;0	0;1;0
25	特征节点	43.6...						0		梁底				直线		随全局	0;0;0	1;0;0	0;1;0
26	特征节点	45.6...						0		梁底				直线		随全局	0;0;0	1;0;0	0;1;0

图1.7　在"构件节点属性汇总"中将"坐标系"修改为"随构件"

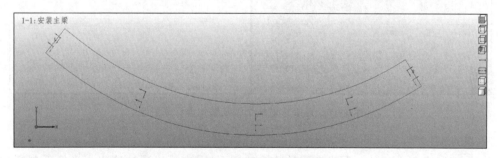

图1.8　"施工分析"支座显示

1.6.2　刚构桥查墩底支反力（图1.9），顺桥向Fx和横桥向Fy的内力方向图表不对应

解决方案：

如图1.9所示，左下角坐标系为整体坐标系，表格输出为局部坐标系，墩柱和基础刚臂

连接后,墩柱连接节点的坐标系参照基础的坐标系,基础的坐标系与整体坐标系不一致。该模型删掉基础,墩底加固结支座,图表的坐标系保持一致。

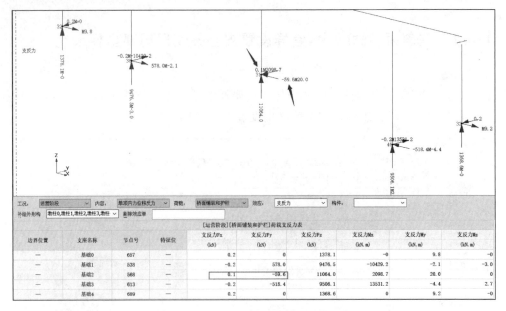

图 1.9 刚构桥墩底支反力

1.6.3 建模没有注意坐标系,现模型的顺桥向为 Y 轴,横桥向为 X 轴,查看地震阶段墩柱的抗剪强度结果(图 1.10),不知方向该如何对应

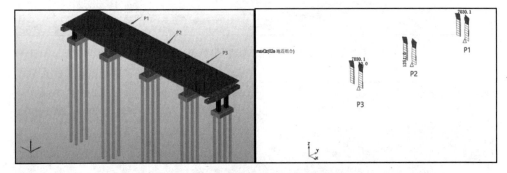

图 1.10 连续梁墩柱模型及整体坐标系显示

解决方案:

结果查询中左下角坐标系代表的是整体坐标系,用户可以通过这个小坐标系判断构件的准确位置(以避免查询构件错误),如果是正常的 X 轴作为顺桥向则可以避免这个问题。

查询结果都是以局部坐标系的结果为准,这里在选择效应方向时需要注意和整体坐标系区分开,以避免混淆。本例墩柱均为竖直构件,应当按照竖直构件的坐标系判断其局部坐标系,即 x 轴为单元底部到顶部(竖向),y 轴为整体坐标系的 Y 轴,z 轴与 xy 轴正交。即墩柱构件的局部坐标系图示见图 1.11,此时查询的剪力 Qz 和 Qy 分别对应的就是横桥向和顺桥向。

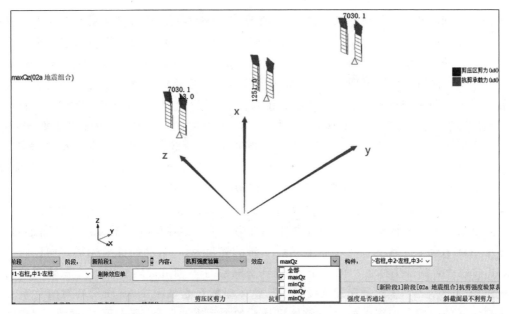

图 1.11　墩柱局部坐标系判断

问题拓展：

"桥梁博士"坐标系有 4 种：整体坐标系、局部坐标系、截面坐标系和承台桩基坐标系。

(1) 整体坐标系：笛卡儿直角坐标系，整体坐标系是绝对坐标系。

(2) 局部坐标系：系统提供竖直构件和非竖直构件两种局部单元坐标系(二者的区分方式：对象属性里是否勾选"竖直构件")，如表 1.2 所示，支持节点坐标系随全局、随构件和自定义。"桥梁博士"V5 以下版本不支持显示局部坐标系。

表 1.2　竖直构件和非竖直构件局部坐标系

竖直构件局部坐标系	非竖直构件局部坐标系
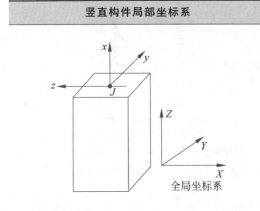	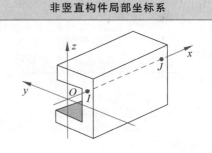

坐标轴	定义	说明
x 轴	从单元起点到终点	
y 轴	整体坐标系 Y 轴	截面主轴
z 轴	与 xy 轴正交	

坐标轴	定义	说明
x 轴	从单元的起点到终点	
z 轴	在铅直面内，与 X 轴垂直且方向向上	
y 轴	在水平面内 y 轴与 xz 轴正交	截面主轴

需要特别注意的局部坐标系：①"桥梁博士"主程序中默认承台坐标系 Y 轴与整体坐标系的 X 轴的夹角为 $0°$，桩的局部坐标系 Z 方向以向下为正（基础的坐标系与整体坐标系不一致）。②弹性连接单元坐标系 Z 始终与整体坐标系保持一致，X 和 Y 是整体坐标系 X 和 Y 按照方向角逆时针旋转得到，弹性连接两个节点坐标系始终为整体坐标系；主从约束的单元坐标系采用主节点坐标系。③曲线梁桥/斜桥支座设置为在"结构建模"中双击构件，打开"构件节点属性汇总"，修改支座节点坐标系为"随构件"/"自定义"。④设置 β 角，构件局部坐标系随之变化，但截面主轴 Y 轴不变。⑤带有桩基的桥墩底连接节点的坐标系随桩基。

（3）截面坐标系：截面所使用的坐标系。以构件局部坐标系 Y 轴和 Z 轴为坐标轴，O 为坐标原点（图 1.12）。截面编辑器在显示时以 XOY 坐标系显示。

（4）承台桩基坐标系：图 1.13 所示的几组坐标系，XYZ 是程序的整体坐标系方向，xyz 是承台的局部坐标系，$x'y'z'$ 是单桩的局部坐标系。整体坐标系的方向总是固定的，主程序中默认承台坐标系 y 轴与整体坐标系 X 轴的夹角为 $0°$，桩的局部坐标系 z' 向以向下为正，x' 向以承台局部坐标系 y 向为正，桩局部坐标系的 y' 轴由桩局部坐标系 x' 轴通过右手螺旋法则判定。三个坐标系在默认设置下与整体坐标系是如图 1.13 所示的对应关系。如果用户实际的顺桥向即图中的 y 与整体坐标系的关系需要调整，那么可以在"基础"属性表里"定位"下的"顺桥向（局部 Y 轴）方向"里填入相应的角度。例如用户希望这里定义的顺桥向 y 与整体坐标系 Y 轴同向，那么在"顺桥向（局部 Y 轴）方向"里填入 $90°$，因为需要对承台做一个逆时针 $90°$ 的旋转。此时，承台和桩基坐标系同时也逆时针转动 $90°$。

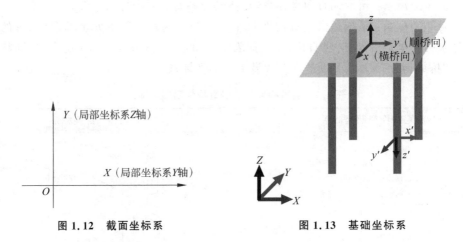

图 1.12 截面坐标系   图 1.13 基础坐标系

1.7 颜色显示问题

"结构建模"窗口。构件的颜色显示可以通过按 F3 键调用构件表，修改构件颜色（图 1.14）。

"钢筋设计"/"钢束设计"窗口（图 1.15，扫二维码看彩图）。

（1）红色：钢筋钢束正常显示。

（2）蓝色/灰色：重用钢束显示，表示不可以修改。

（3）黄色：缺少信息显示，需要定义一下横向布置，设置钢筋钢束布置根数。

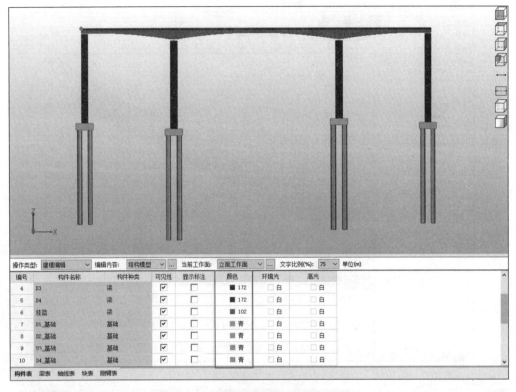

图 1.14 "结构建模"窗口构件颜色显示

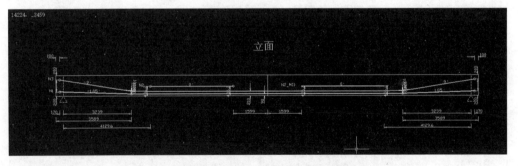

彩图 1.15

图 1.15 "钢束设计"窗口钢束颜色显示

1.8 模型导出问题

（1）**CAD 模型导出**：①"结构建模"→"高级建模"→"导出模型"；②"施工分析"→"施工阶段"→"导出模型"（图 1.16(a)）。

（2）**截面导出**：①"结构建模"→"高级建模"→"导出截面"；②"施工分析"→"施工阶段"→"导出截面"（模型截面导出后在 CAD 文件中已按图层划分好，选择相应图层查看即可）（图 1.16(b)）。

（3）**三维模型导出**：计算项目文件后，模型切换至实体模式，输入 save23ds 命令可以导出 3DS 格式的三维模型，用三维软件打开即可，如图 1.17 所示。

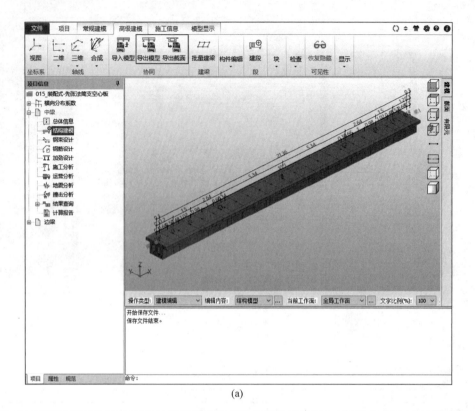

图 1.16　CAD 模型和截面导出

（a）"结构建模"CAD 模型导出；（b）"施工分析"CAD 模型导出

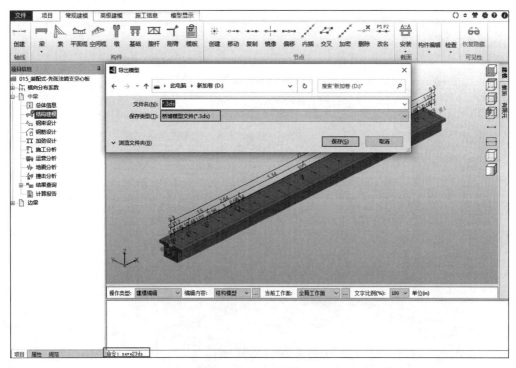

图 1.17　三维模型导出

（4）**后处理效应图导出**：在效应图上右击，选择"导出为 dwg/导出为位图文件（.bmp）"
选项（图 1.18）。

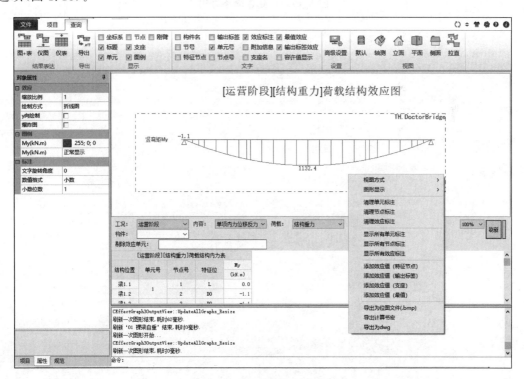

图 1.18　后处理效应图导出

（5）**后处理表格导出**：在表格部分空白处右击，选择"导出为 CSV 文件"或者"导出为 Excel 文件"（图 1.19）。

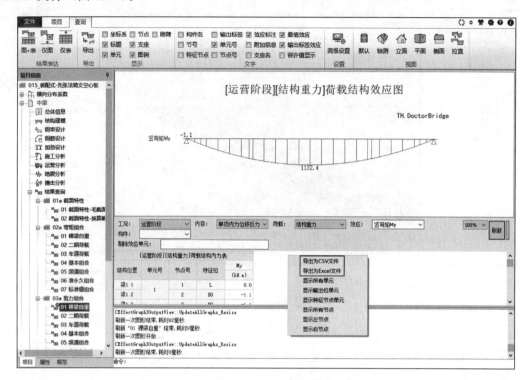

图 1.19　后处理表格导出

2_CHAPTER "规范库"/"横向分布"等模块中常见问题

系统中的"规范库"使用函数、表格及内部代码,将规范条文中涉及的材料定义、计算规定、验算规定、荷载定义、验算、荷载组合等内容统一为计算机数据表达,是纸质规范的一种数字化表达。默认"规范库"内预先定义了不同专业的成套规范,其配置选项对计算将直接产生影响,因此在没有完全理解"规范库"的前提下不宜修改。

横向分布计算作为"桥梁博士"的辅助计算工具,支持杠杆法、刚性横梁法、刚(铰)接板梁法、比拟正交异性板法,用于计算桥梁内各根纵梁的荷载横向分布影响线及荷载横向分布系数,一般与预制拼装结构对应的单梁模型配合使用。

本章对"规范库"面板和"横向分布"计算工具中较为常见的问题进行整理,旨在引导用户认识"规范库",掌握"横向分布"计算工具的使用方法。

2.1 如何更新"规范库"?

问题描述:

用户在使用过程中有时会修改"规范库",导致计算结果发生错误,此时如何恢复默认"规范库"?

解决方案:

在树形菜单中选择"规范"选项卡,右击"规范库",选择"使用系统库"(图2.1)。

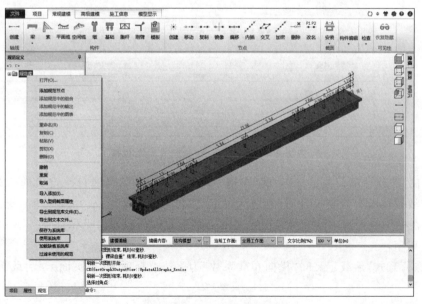

图 2.1 更新"规范库"操作

2.2　如何进行汽车荷载的自定义?

问题描述:

程序内置了相关专业规范规定的大部分汽车荷载,但有些用户使用过程中需要对特殊的活载进行计算,此类特殊荷载怎样在程序中自定义?

解决方案:

此类荷载需要用户手动在"规范库"中添加,具体操作如下。

(1) 在树形菜单中选择"规范"选项卡→"规范库"→"A 总则"→"05 荷载定义",按照需要定义的汽车荷载在"汽车均布集中式""人群均布式""特殊荷载式"表格中自定义荷载(图 2.2)。

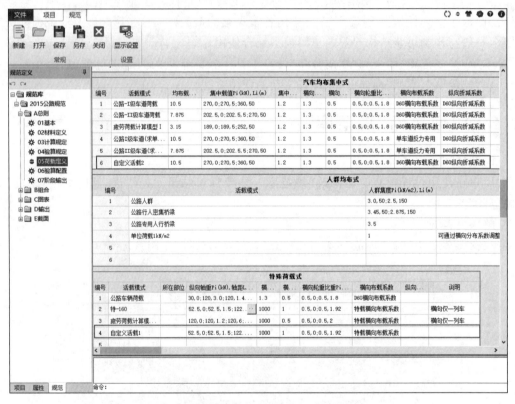

图 2.2　在"规范库"中自定义汽车荷载

(2) 在"活载计算荷载定义"中的"车道""车辆"或"人群"勾选自己定义的荷载(目前程序的特殊活载还没有参与组合,只能把活载定义到"车道""车辆"或"人群"里),见图 2.3。

(3) 在模型的运营阶段选择自己定义的活载形式,进行计算,见图 2.4。

注意事项:

"特殊荷载式"活载定义时"横向布载系数"为下拉选择项,同该页面上"活载横向布载定义"栏。

图 2.3   在"活载计算荷载定义"中勾选"自定义活载 1"和"自定义活载 2"

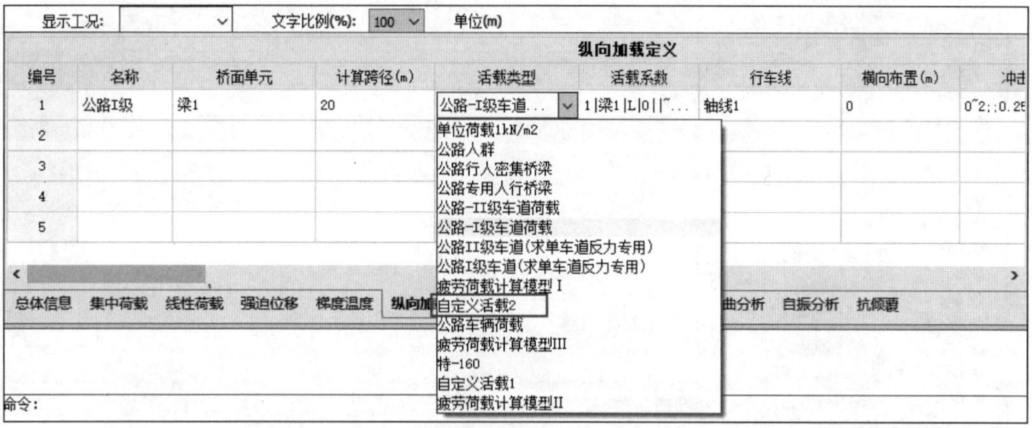

图 2.4   "运营分析"的"纵向加载定义"选择"自定义活载 1"和"自定义活载 2"

2.3   怎样自定义荷载组合？

问题描述：

程序内置了相关专业规范规定的所有验算组合，但有些用户使用过程中需要查看特定的荷载组合或者查询某个组合下的验算结果，这样的需求怎样在程序中实现？

解决方案：

需要用户手动在"规范库"中添加，以自定义活载包络组合并设置查询其应力结果为例，具体操作如下。

（1）在树形菜单中选择"规范"选项卡→"2015 公路规范"→"B 组合"→"B2 自定义组合"，右击，选择"添加规范中的组合"选项，见图 2.5。

图 2.5　自定义活载包络组合

（2）按照需求设置参与组合的荷载及组合系数（对与已有组合类似，只修改系数的可直接在已有组合上右击，选择"复制"，然后在"B2 自定义组合"上右击，选择"粘贴"，然后直接修改对应的系数），见图 2.5。

（3）在树形菜单中选择"规范"选项卡→"规范库"→"A 总则"→"06 验算配置"，双击，设置组合查询内容及验算内容，见图 2.6 和图 2.7。

（4）计算完成后，在"运营阶段"→"结构效应组合"→"内力组合-汽车包络"/"应力组合-汽车包络"中查询计算结果，在"运营阶段"→"正应力验算"中查询验算结果，见图 2.8。

规范定义

- 规范库
  - 2015公路规范
    - A总则
      - 01基本
      - 02材料定义
      - 03计算规定
      - 04验算规定
      - 05荷载定义
      - **06验算配置**
      - 07阶段输出
    - B组合
    - C图表
    - D输出
    - E截面

验算组合效应

编号	工况阶段	组合效应条目	组合名称	效应类型	说明
1	施工阶段	标准值组合-内力	05 标准值组合	内力	
2	施工阶段	标准值组合-位移	05 标准值组合	位移	
3	施工阶段	标准值组合-应力	05 标准值组合	应力	
4	施工阶段	标准值组合-反力	05 标准值组合	反力	
5					
6	运营阶段	标准值组合-内力	05 标准值组合	内力	
7	运营阶段	标准值组合-位移	05 标准值组合	位移	
8	运营阶段	标准值组合-应力	05 标准值组合	应力	
9	运营阶段	标准值组合-反力	05 标准值组合	反力	
10	运营阶段	基本组合-反力	01 基本组合	反力	D64-2015等规...
11					
12	运营阶段	汽车包络-内力	汽车包络	内力	
13	运营阶段	汽车包络-应力	汽车包络	应力	
14					

项目 属性 规范　　命令:

图 2.6　配置查询内容

规范定义

- 规范库
  - 2015公路规范
    - A总则
      - 01基本
      - 02材料定义
      - 03计算规定
      - 04验算规定
      - 05荷载定义
      - **06验算配置**
      - 07阶段输出
    - B组合
    - C图表
    - D输出
    - E截面

验算正应力

编号	构件验算类型	工况阶段	验算条目	压应力组合名称	拉应力组合名称	压应力控制值	拉应力控制值	压应力...	适用材料	组合梁算法
1	钢筋砼梁,钢筋砼...	施工阶段	正应力验算	05 标准值组合	05 标准值组合	0.8*[r]*[fck]			混凝土	
2	灌注桩	施工阶段	正应力验算	05 标准值组合	05 标准值组合	0.8*[fck]			混凝土	
3	钢筋砼梁,钢筋砼...	运营阶段	正应力验算	05 标准值组合	05 标准值组合	0.8*[fck]			混凝土	
4	预制全预应力梁	运营阶段	正应力验算	05 标准值组合	03a 频遇组合	0.7*[r]*[fck]	1.15*[r]*[...		混凝土	材料力学法
5	预制全预应力梁	运营阶段	正应力验算	05 标准值组合	03a 频遇组合	0.5*[fck]	0		混凝土	
6	现浇全预应力梁	运营阶段	正应力验算	05 标准值组合	03b 频遇组合	0.5*[fck]	0		混凝土	材料力学法
7	预制A类预应力梁	运营阶段	正应力验算	05 标准值组合	03 频遇组合	0.5*[fck]	0.7*[ftk]		混凝土	材料力学法
8	预制A类预应力梁	运营阶段	正应力验算	05 标准值组...	04b 自重及预...	0.5*[fck]	0		混凝土	材料力学法
9	预制A类预应力梁	运营阶段	正应力验算(...	05 标准值组合	04a 准永久组合	0.5*[fck]	0		混凝土	材料力学法
10	钢结构	施工阶段	正应力验算	01 基本组合	01 基本组合	[fd]	[fd]		钢材	
11										
12	钢筋砼梁	运营阶段	正应力验算	汽车包络	汽车包络	0.8*[r]*[fck]				
13										
14										

项目 属性 规范　　命令:

图 2.7　配置验算内容

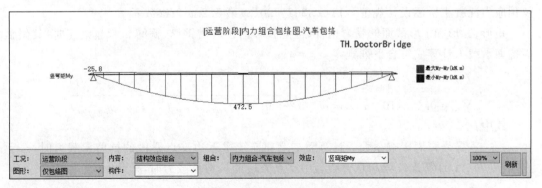

图 2.8　汽车包络内力查询

2.4 2015 公路规范和 2018 公路规范有什么区别？

两者采用的混凝土规范不同，对于通用规范，两者均采用《公路桥涵设计通用规范》（JTG D60—2015），但对于混凝土规范，2015 公路规范采用的是《公路钢筋混凝土及预应力混凝土桥涵设计规范》（JTG D62—2004）[①]，2018 公路规范采用的是《公路钢筋混凝土及预应力混凝土桥涵设计规范》（JTG 3362—2018），见图 2.9。

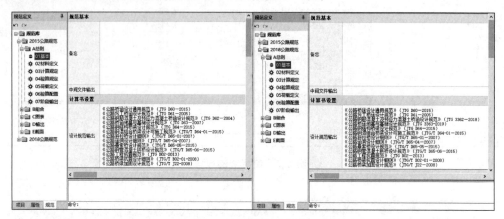

图 2.9　设计规范搭载

问题拓展：

"桥梁博士"V5 版本的"规范库"可选择"1985 公路规范""2015 公路规范""2018 公路规范""2018 城市规范""2017 轨道交通规范""2017 铁路规范"和"2018 铁路规范"。

每个"规范库"对应支持的规范内容可在"规范库"→"A 总则"→"01 基本"→"计算书设置"中查看。

2.5 "规范库"计算规定中抗剪承载力计算参数正负弯矩区弯矩影响系数的含义是什么？

如图 2.10 所示，抗剪承载力计算参数正负弯矩区弯矩影响系数对应《公路钢筋混凝土及预应力混凝土桥涵设计规范》（JTG 3362—2018）第 5.2.9 条参数 α_1。

矩形、T 形和 I 形截面的受弯构件，当配置竖向预应力钢筋、箍筋和弯起钢筋时，其斜截面抗剪承载力计算应符合下列规定：

$$\gamma_0 V_d \leqslant V_{cs} + V_{sb} + V_{pb} + V_{pb,ex}$$

$$V_{cs} = 0.45 \times 10^{-3} \alpha_1 \alpha_2 \alpha_3 b h_0 \sqrt{2 + 0.6P} \sqrt{f_{cu,k}} (\rho_{sv} f_{sv} + 0.6 \rho_{pv} f_{pv})$$

式中：

α_1——异号弯矩影响系数。计算简支梁和连续梁近边支点梁段的抗剪承载力时，$\alpha_1 = 1$；计算连续梁和悬臂梁近中支点梁段的抗剪承载力时，$\alpha_1 = 0.9$。

---

① 工程中检算老桥还是会用到旧规范。

抗剪承载力计算参数	
板式受弯构件的抗剪下限提高系数	1.25
竖向预应力筋折减系数	0.6
正弯矩区弯矩影响系数	1
负弯矩区弯矩影响系数	0.9
预应力提高系数	1.25
斜截面受压端相对受压区高度(x/h0)	0.2
受压翼缘总宽与腹板总宽的最小差值 (mm)	100

图 2.10　抗剪承载力计算参数正负弯矩区弯矩影响系数

2.6　钢混组合梁如何计算横向分布系数?

对于满足窄桥(宽跨比 $B/L<0.5$),中间横隔梁较刚性条件的组合梁,横向分布系数计算可采用刚性横梁法,此时结构描述里填入的抗弯刚度和抗扭刚度应采用换算截面的抗弯刚度和抗扭刚度。

问题拓展:

“桥梁博士”横向分布计算支持杠杆法、刚性横梁法、刚(铰)接板梁法、比拟正交异性板法,各种方法的适用范围如表 2.1 所示。

表 2.1　横向分布计算方法适用范围

计算方法	适 用 范 围
杠杆法	(1) 双主梁桥。 (2) 多梁式桥靠近主梁支点位置的横向分布系数
刚性横梁法	桥的宽跨比 B/L 小于 0.5 且梁的两端、跨中或四分点处设置中间横梁,横梁刚度相对纵梁大得多
刚(铰)接板梁法	对于相邻两片主梁的结合处可以承受弯矩的,或虽然桥面系没有经过构造处理,但设有多片内横梁的,或桥面浇筑成一块整体板的桥跨结构的,都可以看作刚接板或刚接梁系。当相邻两片主梁的结合处较弱,假设其可传递剪力但不传递弯矩时,可简化为铰接板梁法
比拟正交异性板法	宽跨比较大时由主梁、连续的桥面板和多横隔梁组成的梁桥

2.7　“横向分布”中的“恒载”是何意?计算结果代表什么?

在计算横向分布系数时,护栏、桥面铺装、人行道的铺装等恒载值在横向有一定的分布值,在横向分布计算的最后一列,填入的就是这些恒载(图 2.11),其代表对应行(防撞墙、人行道、车行道)范围内的恒载值,单位为 kN/m^2;其计算结果的单位为 kN/m。

程序会自动考虑宽度的影响,所以结果也就代表了每片梁承担这些恒载的数值,可直接将其填入三维计算模型中,作为单梁的恒载计算值。

编号	类型	宽度(m)	车道数	恒载(kN/m^2)
	桥面布置			
1	防撞墙	0.5	0	0
2	车行道	7.9	2	0
3	防撞墙	0.5	0	0
4				
5				

确定(O)　取消(C)

图 2.11　横向分布桥面布置

问题拓展：

桥面中线用于确定各种活载在影响线上移动的位置。桥面中线距离首梁的距离,对于杠杆法和刚性横梁法为桥面中线到首梁梁位线的距离;对于刚接板梁法和比拟正交异性板法为桥面中线到首梁左侧悬臂板外端的距离,见图 2.12。

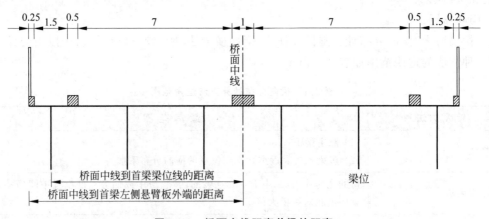

图 2.12　桥面中线距离首梁的距离

前处理篇

"总体信息"中常见问题

3C CHAPTER

"总体信息"包括 4 个选项卡,分别为"基本""地质""钻孔"和"墩台"。

"基本"选项卡用于选择计算模型引用的规范,定义环境参数和工程重要性系数,定义工程所用的基本材料,配置需要计算的内容。

"地质"和"钻孔"用于基础验算,"地质"选项卡内输入土层和岩层的物理及力学特性。"钻孔"选项卡用于描述每个钻孔内岩(土)层的厚度,在"结构建模"中被基础构件引用。

"墩台"用于墩(台)的水平力分配计算,如汽车制动力、上部结构温度变化引起的水平力等。在不建立上下部联立模型、仅建立下部结构模型的情况下,将用到"墩台"选项卡来进行水平力分配的求解。

通过本章的内容,用户可以初步掌握常见计算内容的配置,实现某些结构的模拟。

3.1 活载布置如何使用?

解决方案:

在"总体信息"→"基本"中勾选"活载布置"(图 3.1),计算完成后,可以在后处理中新建查询项,查询出某个节点在某个效应时的最不利布置位置,加载位置会在图形和表格中显示出来(图 3.2)。

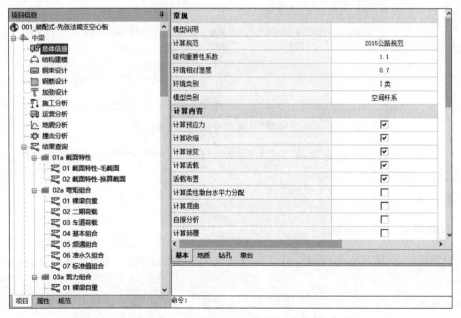

图 3.1 "总体信息"中勾选"活载布置"

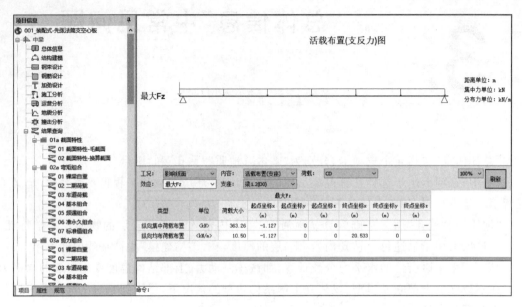

图 3.2   查询活载布置计算结果

3.2   如何定义抗倾覆？

解决方案：

(1) 在"总体信息"→"基本"中勾选"计算倾覆"。

(2) 在"施工分析"/"运营分析"中填写"抗倾覆定义"信息(图 3.3)。

抗倾覆定义			
最不利失稳效应算法	最不利反力		
桥梁纵轴参考线	轴线1		
编号	倾覆验算体名称	墩号	支座或弹性连接
1	主梁倾覆	0#	0L, 0R
2		1#	1L, 1R
3		2#	2L, 2R
4		3#	3L, 3R
5		4#	4L, 4R

图 3.3   "施工分析"/"运营分析"中的"抗倾覆定义"

(3) 计算完成后新建查询项,在"施工阶段"/"运营阶段"→"结构倾覆验算"中选择查询构件,查询抗倾覆计算结果。

问题拓展：

1. 抗倾覆定义参数填写

程序提供两种最不利失稳效应算法选项——"最不利反力法"和"最不利合计法",下拉选择即可。

桥梁纵轴参考线：程序根据支座到桥梁纵轴参考线的距离矢量判断各桥墩的最左侧支座和最右侧支座,左倾时最左侧支座为有效支座,右倾时最右侧支座为有效支座。一个桥墩只有一个有效支座。桥梁纵轴参考线也可以不填,此时程序求出各桥墩支座的重心,连接这些重心点得到一条折线,作为桥梁纵轴参考线。对于弯桥,此时力臂 l_i 的误差可能会较大。

倾覆验算体名称:用于判断哪些墩号(支座组)属于同一倾覆体,一般来说一联上部结构采用一个名称,不填表示与上一行相同。倾覆验算体名称和墩号对计算没有影响,仅提供后面计算结果名称的索引;横向支座填一行。(软件版本不一致,参数填写不一致,应注意版本及参数填写的对应方式)

2. 抗倾覆验算注意事项

《公路钢筋混凝土及预应力混凝土桥涵设计规范》(JTG 3362—2018)中条文说明表 4-1 计算失稳效应的算法是求各失效支座的最小反力以及其他支座的并发反力,由此得到各个桥墩的抗倾覆稳定系数。而实际上,各失效支座取最小反力时的各种工况,并不一定能涵盖使得总失稳效应达到最不利的情况,因此程序提供最不利合计法,概念上更正确,所得的结果总是比最不利反力法要偏于安全,建议采用最不利合计法计算倾覆。

若采用最不利反力法,应采取下列三项措施中的至少一项:

(1) 人工确定车道数及横向位置,即不要使用影响面功能。

(2) 查看最小反力下的汽车布置是否比较合理。

(3) 采用最不利合计法复核,结果相差不大才能接受。

3.3 如何定义自振分析?

解决方案:

(1) 在"总体信息"→"基本"里勾选"自振分析"计算。

(2) 在"运营分析"里设置"自振分析"参数(图 3.4),其中自重自动转化为质量,其他荷载需要手动设置。

自振分析		
模态数量	10	
荷载转化为质量	二期恒载	
附加集中质量		
编号	位置	质量(t)
1		
2		
3		
附加均布质量		
编号	起点位置	终点位置	质量(t/m)
1	1|梁1|L|||	1|梁1|R|||	10
2			
3			

图 3.4 "运营分析"中的"自振分析"定义

(3) 计算完成后新建查询项,在"运营阶段"→"振型分析结果"中选择阶号进行查询。

问题拓展:

结构基频取第一阶模态(或者各个方向第一阶)即可。

3.4　如何定义正负向支座？

解决方案：

在"一般支座"中允许用户设置正负向支座（只受压/拉支座），设置步骤："施工分析"→"支座"→"一般支座"→"正负向"（图 3.5）。

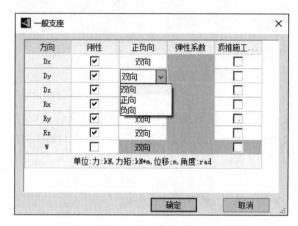

图 3.5　"施工分析"中支座正负向设置

问题拓展：

（1）关于位移方向。

"双向"：表示支承节点在相应方向不能发生任何位移。

"正向"：表示支承节点只可发生正向位移。

"负向"：表示支承节点只可发生负向位移。

"正向"和"负向"的含义：与节点局部坐标系方向一致的为正向，否则为负向。

（2）在"结果查询"中，由于最终位移是各施工阶段的位移累计，所以若前面的施工阶段累积了很多的正/负向荷载，当某个工况施加不大的正/负向力时，只能使正/负向力的累积量变小，而不能使累积量变正/负，所以有些时候体现不出支座处只产生正/负向的位移。

（3）"桥梁博士"的"顶推施工支墩"只支持双向刚性支座，不支持单向受力，也不支持弹性支座；若临时支座出现脱空，用"桥梁博士"计算时需要自行在脱空的阶段将该支座删除并重新计算。

3.5　如何定义七自由度？

解决方案：

定义七自由度分两步设置。

（1）在"结构建模"→"常规建模"→"构件模板"中勾选构件对应模板的"考虑翘曲变形"和"考虑翘曲应力"模板选项（图 3.6）。

（2）在"施工分析"→"支座"→"一般支座"→"方向"中勾选 W 选项（图 3.7）。该步骤非必须设置步骤，可根据需求设置。

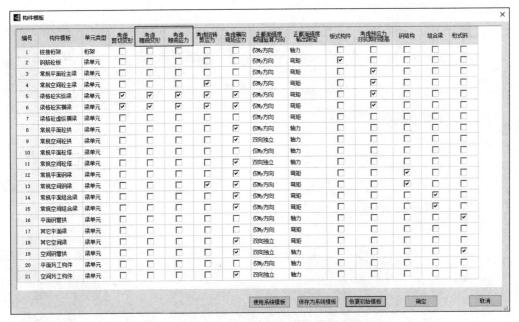

图 3.6　在"构件模板"中勾选考虑翘曲

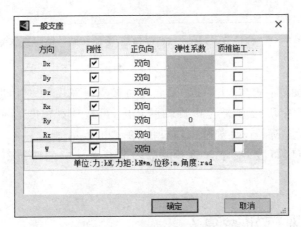

图 3.7　支座约束翘曲

问题拓展：

（1）翘曲约束 W 方向施加在存在横隔板或横梁的节点上。

（2）翘曲约束理论上应施加在扭心处，在程序中近似施加在质心处。

3.6　如何实现负弯矩折减？

解决方案：

负弯矩折减分两步设置。

（1）在"总体信息"中勾选"考虑负弯矩折减"。

（2）在"结构建模"中双击构件，打开"构件节点属性汇总"，在相应节点勾选"弯矩折减",填写支承宽度(图 3.8)。

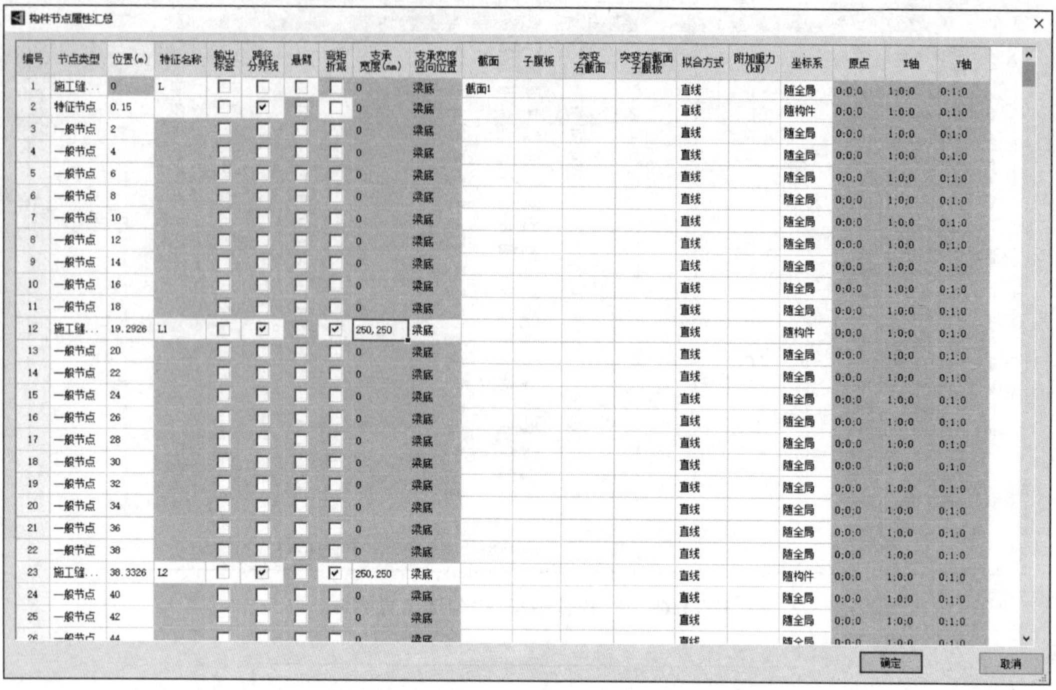

图 3.8   在"构件节点属性汇总"中勾选"弯矩折减",填写支承宽度

问题拓展:

(1) 在"支承宽度竖向位置"中勾选"梁底",可按支座宽度的一半进行填写,勾选"中性轴处",需要手动计算考虑 45°扩散至中性轴的宽度,可按计算宽度的一半填写(《公路钢筋混凝土及预应力混凝土桥涵设计规范》(JTG 3362—2018)第 4.3.5 条)。

(2) 对于负弯矩区折减,程序自动考虑单项荷载折减后的弯矩不得小于未经折减的 0.9 倍。

3.7   如何实现抗扭验算?

解决方案:

对于公路桥涵,程序按照《公路钢筋混凝土及预应力混凝土桥涵设计规范》(JTG 3362—2018)5.5 节执行矩形截面和箱形截面的抗扭验算。

(1) 在"结构建模"→切换至"截面"标签→"截面计算"→"抗扭验算"中,对应规范填写验算基本参数和钢筋信息,其中箱形截面验算的顶底板厚度和腹板厚度均为单侧厚度(图 3.9)。

(2) 计算完成后在"结果查询"中新建查询项,下拉选择"运营阶段"→"斜截面抗扭强度验算"进行查询。

问题拓展:

(1) 规范只给出了一种理想的情况(直腹板,不考虑悬臂宽),没有规定斜腹板的情况,

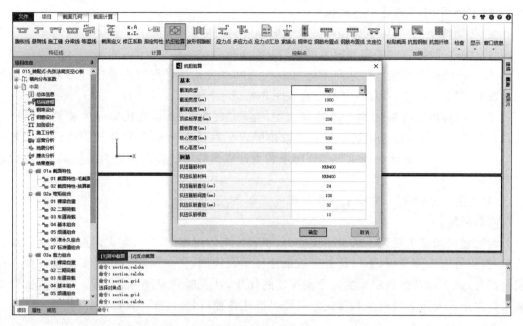

图 3.9 抗扭验算

具体如何验算还是要用户自己考虑,如取顶底板宽度(不考虑悬臂)的均值。

(2) 程序是把截面按网格划分进行计算,抗扭刚度的结果取决于网格划分的精度。抗扭验算其实可以看作单独的验算工具,并没有引用主模型里的截面参数。所以如果是现浇大箱梁梁格模型,应该用整个截面进行计算,不能按梁格模型的单根纵梁进行抗扭计算。

(3) 计算书模板暂无抗扭验算的内容,需用户手动编辑。

3.8 如何实现竖向预应力的定义和后处理查询?

解决方案:

竖向预应力在"钢束设计"→"竖向束"进行定义,主要影响混凝土梁构件的主应力验算及抗剪强度验算(图 3.10)。

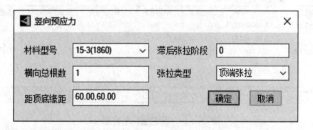

图 3.10 竖向预应力的定义

竖向预应力只需要设置"滞后张拉阶段",表示竖向预应力钢束相对于所在施工段安装滞后张拉的阶段数,0 表示和施工段一起张拉;1 表示在施工段安装阶段的下一个阶段再张拉。"施工分析"中无需张拉注浆操作。

在"桥梁博士"中有以下途径可查看竖向预应力效应。

(1)"施工阶段"→"竖向预应力损失"。

(2)"单项应力明细"→"竖向正应力σ_z":对应《公路钢筋混凝土及预应力混凝土桥涵设计规范》(JTG 3362—2018)中的公式 6.3.3-4。

(3)"抗剪强度验算":对应上述规范中的公式 5.2.9-2。可在抗剪强度验算中间结果查看。公式中竖向预应力钢筋的折减系数按照规范默认为 0.6,程序开放修改,可在"规范库"→"A 总则"→"03 计算规定"→"抗剪承载力计算参数"→"竖向预应力筋折减系数"中修改定义。

(4)"主应力验算":对应上述规范第 6.3.3 条。

问题拓展:

设置竖向预应力是为了减少主拉应力,和腹板束作用类似,从大量大跨度桥梁运营情况来看,腹板处有很多裂缝,所以设置腹板束是科学合理的,竖向预应力筋更多的是作为一种安全储备,施工运营过程中无法完全发挥它的作用,计算时建议不考虑进去,考虑进去计算结果偏向于不安全。腹板束和顶底板束即可抗住各种荷载,这样才算比较合理。

3.9　如何实现混合结构的模拟?

解决方案:

(1)新建轴线。

(2)轴线建梁:按钢结构、混凝土结构分别建立构件,通过轴线加载位置(图 3.11)实现同一轴线不同构件的定义(方便后续活载的加载)。

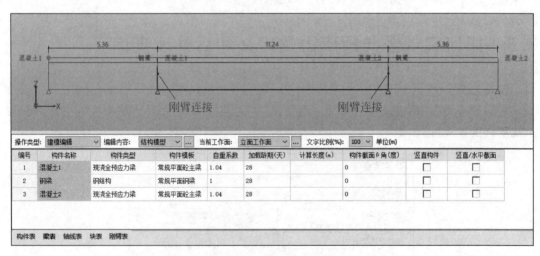

图 3.11　混合结构的模拟

(3)刚臂连接两段构件。

(4)对应不同构件定义截面,选择验算类型。

3.10 如何模拟钢棒吊杆？

解决方案：

方法一：采用索单元模拟，在“规范库”→“A 总则”→“02 材料定义”→“材料缆索”中增加钢棒材料(图 3.12)。

材料缆索								
编号	索引名称	E(MPa)	容重(kN...	线膨胀系数(1...	fk(MPa)	fd(MPa)	标注名称	备注
1	平行钢丝fk=1570	205000	78.5	0.000012	1570	850	平行钢丝fk=1570	缆索弹模按D62-2004，其它规范...
2	平行钢丝fk=1670	205000	78.5	0.000012	1670	900	平行钢丝fk=1670	容重按D60-2015的钢材取值
3	平行钢丝fk=1770	205000	78.5	0.000012	1770	955	平行钢丝fk=1770	强度按钢桥规范D64-2015取值
4	平行钢丝fk=1860	205000	78.5	0.000012	1860	1005	平行钢丝fk=1860	
5	钢绞线fk=1860	195000	78.5	0.000012	1860	1005	钢绞线fk=1860	
6	钢棒	205000	78.5	0.000012	750	600	钢棒	
7								
8								
9								

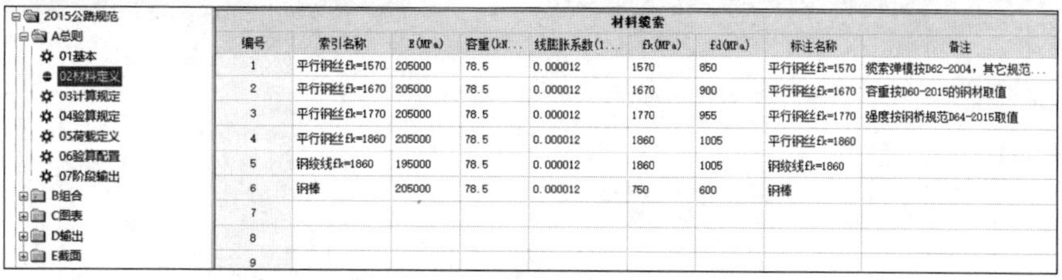

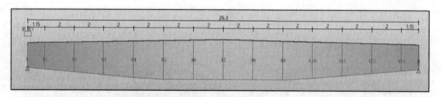

图 3.12 在“材料缆索”中增加钢棒材料

方法二：用梁单元模拟，释放梁端约束就是桁架单元，刚性吊杆和主梁连接的位置释放，刚性吊杆与主缆连接的约束不用释放。

3.11 如何模拟带横坡的变高盖梁？

解决方案：

在建立带横坡的变高盖梁或一些大桥的横梁时会遇到此类问题，即梁高沿上下两个方向变化，如图 3.13 和图 3.14 所示，以较简单的盖梁为例进行说明(变截面横梁同理)。

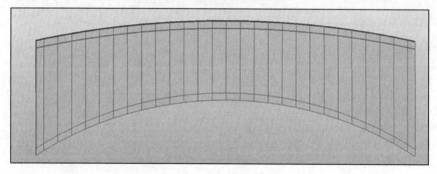

图 3.13 带横坡的变高盖梁

图 3.14 大跨结构横梁

在本例盖梁中，用户需要考虑盖梁的横坡，导入的轴线是盖梁的顶缘线(带横坡)，在处理盖梁的矩形截面时，用的是参数化截面，即整理出梁高沿着盖梁跨径方向不同位置处的竖向高度，这样做在构造部分的效果是达到了，但是在“钢束设计”/“钢筋设计”时，用户会发现盖梁的轮廓线变成如图 3.15 所示(盖梁顶缘横坡变平,底缘平坡部分变"尖"),这是因为"桥梁博士"中"钢筋设计"/"钢束设计"里轮廓线顶缘是将带横坡的顶缘轴线拉直,然后按照实际的梁高向下形成整个轮廓线。

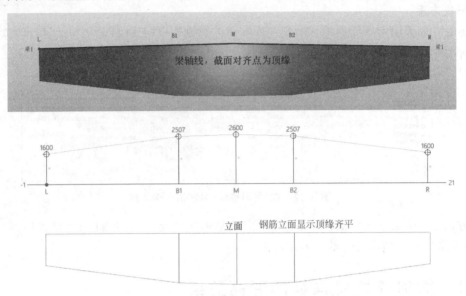

图 3.15　以顶缘线作为轴线建立带横坡的变高盖梁

上述方式并不方便编辑钢筋钢束,也会让强迫症用户感觉别扭,为了有效解决这个问题,建模时,盖梁构件轴线不选取顶底缘线,选取水平线为基准,然后在截面上定义上缘变化参数和下缘变化参数。

如图 3.16 中的红色水平线作为轴线,分别定义盖梁截面沿着轴线上、下两个方向的高

彩图 3.16

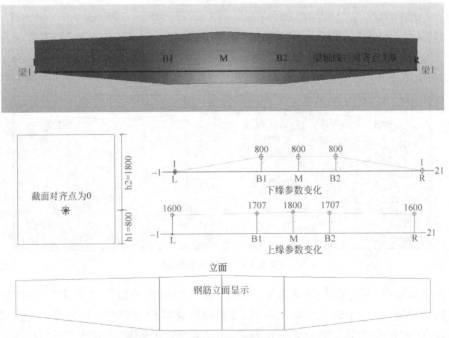

图 3.16　以水平线作为轴线建立带横坡的变高盖梁

度变化,轴线穿过截面位置需要准确定义,这样操作可保证在构造准确的同时,钢筋钢束的轮廓线也是完全准确且方便用户编辑的,用户此时只需将 CAD 中的钢束竖弯线形导入即可,也不会因为轮廓线的差异引起导入钢束异常的情况。

3.12 如何模拟桩板结构?

解决方案:

(1) 刚臂连接:共节点不能准确反映各个桩基的受力状态,不推荐。

桩板结构模型如图 3.17 所示,基础与主梁支座节点采用刚臂连接,此时程序将 5 个基础节点与主梁节点合并为一个节点,在输出支反力时按照 5 个基础的合力输出。

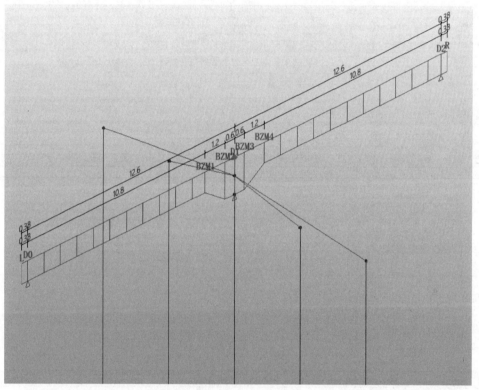

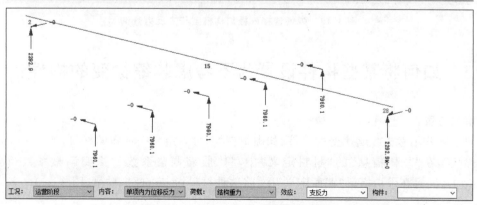

图 3.17 刚臂连接桩板结构模型与支反力查询

（2）主梁建立 5 个支座位，与桩基采用弹性连接，注意基础没有特征节点，手动建立弹性连接时节点选择一般节点，此时，程序按照五个支座位分别输出反力，如图 3.18 所示。

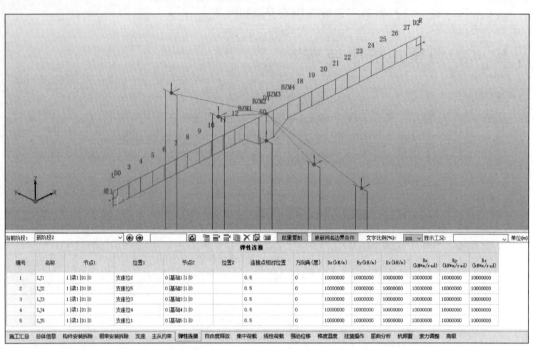

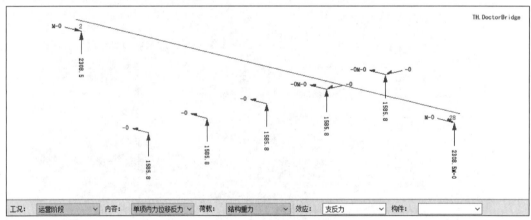

图 3.18　弹性连接桩板结构模型与支反力查询

3.13　如何将某些构件设置为不考虑收缩徐变的构件？

解决方案：

对于某些不考虑收缩徐变的构件，如虚拟横梁，可以定义一种新的材料，如"C40 不考虑收缩徐变"，在"总体信息"的"材料定义"中，将"收缩调整系数""徐变调整系数"设为 0（图 3.19），同时在虚拟横梁"截面定义"中，将这种材料指定给虚拟横梁（图 3.20）。

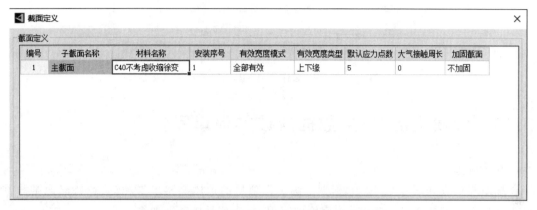

图 3.19   "总体信息"中定义材料

图 3.20   截面定义赋予截面不考虑收缩徐变材料

3.14   高墩如何考虑几何非线性？

解决方案：

（1）静力计算：桥梁博士程序 V4.4.1 及以下版本不支持 P-Δ 效应。原因在于低版本"桥梁博士"的几何非线性对于梁单元来说相当于"独立模型"，大致可以理解成各个荷载的几何非线性效应分别计算，自重的轴力不影响风荷载的效应，所以无法准确计算高墩的几何非线性模型。

目前，常规处理方法是对高墩一般不采用 P-Δ 分析或者几何非线性进行力学分析，而是在承载力验算时通过计算长度间接考虑 P-Δ 效应（或二阶弯矩、几何非线性）的影响，另外配合以第一类稳定分析。计算表明，在承载力验算时采用计算长度 l_0 间接考虑，比直接采用 P-Δ 分析或者几何非线性分析要保守。

计算长度概念详见《公路钢筋混凝土及预应力混凝土桥涵设计规范》（JTG 3362—2018）第 5.3.9 条条文说明：长细比较大的偏心受压构件，由于在竖向荷载作用下由构件挠曲引起的二阶弯矩，目前尚无简便的计算方法，因此，国内外规范大多采用偏心距增大系数 η 与构件计算长度 l_0 相结合的方法进行简化计算，来考虑二阶弯矩对截面承载力的影响。

（2）抗震分析：在"总体信息"里勾选"考虑 P-Δ 效应"（图 3.21），程序按运营阶段的永久荷载累计内力，不计预应力主效应考虑几何刚度。

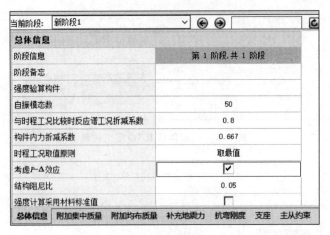

图 3.21　抗震分析"总体信息"里勾选"考虑 P-Δ 效应"

3.15　地质土层/岩层数据应该如何填写？

解决方案：

地质土层表如图 3.22 所示，根据实际工程项目的地质勘察报告和《公路桥涵地基与基础设计规范》(JTG 3363—2019)的相关规定填写，规范具体条文如下。

土层													
编号	索引名称	重度(kN/m³)	是否透水	压缩模量(MPa)	m/m0(kN/m⁴)	土内摩擦角(度)	侧摩阻(kPa)	承载力基本容许值(kPa)	宽度修正系数	深度修正系数	承载力容许值上限(kPa)	基底摩擦系数	颜色
1													■黑
2													■黑
3													■黑

图 3.22　土层定义

(1) **重度**：依次输入天然重度和饱和重度，用英文逗号分开，只填写一个数表示天然重度＝饱和重度。

(2) **是否透水**：可下拉选择"透水""不透水"和"不确定"。选择"不确定"时，若规范有所规定，则程序依照规范，若没有规定则使验算结果最不利。例如，在计算地基承载力时(上述规范第 4.3.4 条)，土层透水性不确定时均视为透水来计算，这样将得到较保守的结果。当前在计算地基应力、偏心矩、持力下卧层时视为不透水；计算地基承载力、倾覆稳定性、滑动稳定性、沉降时视为透水。

(3) **压缩模量**：程序提供直接输入压缩模量和输入 e-p 曲线(压力 p，孔隙比 e)由程序自动计算压缩模量两种方式。根据 e-p 曲线计算压缩模量时采用牛顿法进行插值计算。

(4) m/m_0：输入 m 和 m_0 两个系数值，用逗号分隔。m 为侧向抗力弹性比例系数 (kN/m^4)，m_0 为竖向抗力弹性比例系数 (kN/m^4)。如果缺少地质勘察资料，可参考上述规范的附录 L.0.2 取值。

(5) **侧摩阻 q_{ik}**：可按规范 JTG 3363—2019 中表 6.3.3-1 填写。

(6) **承载力基本容许值 f_{a0}**：用来计算修正后的地基承载力容许值 $[f_a]$，也用来判断是否为软弱下卧层。可按上述规范第 4.3.2 条、第 4.3.3 条和第 4.3.5 条填写。

（7）**宽度修正系数 k_1**：可按上述规范的表 4.3.4 填写。

（8）**深度修正系数 k_2**：可按上述规范的表 4.3.4 填写。

（9）**承载力容许值上限 q_r**：可按上述规范第 6.3.3 条填写，不填表示无上限。

（10）**基底摩擦系数**：验算基础抗滑动稳定性时使用，可按上述规范第 5.4.2 条填写。

地质岩层表如图 3.23 所示，根据实际工程项目的地质勘察报告和《公路桥涵地基与基础设计规范》(JTG 3363—2019)的相关规定填写，具体条文如下。

岩层									
编号	索引名称	承载力基本容许值(kPa)	饱和单轴抗压强度标准值(MPa)	地基抗力系数(kN/m3)	端阻发挥系数	侧阻发挥系数	是否为较完整岩石	基底摩擦系数	颜色
1							☐		■黑
2							☐		■黑
3							☐		■黑

图 3.23　岩层定义

（1）**承载力基本容许值 f_{a0}**：可按上述规范第 4.3.2 条、第 4.3.3 条和第 4.3.5 条填写。

（2）**饱和单轴抗压强度标准值 q_{rk}**：如果其值小于 2MPa，须按照摩擦桩计算，此时程序提示用户应将该层作为土层考虑。

（3）**地基抗力系数 c_0**：可按上述规范的附录表 L.0.2-2 填写。

（4）**端阻发挥系数 c_1**：可按上述规范的表 6.3.7-1 填写。

（5）**侧阻发挥系数 c_2**：可按上述规范的表 6.3.7-1 填写。

（6）**是否为较完整岩石**：可按上述规范的表 6.3.7-1 选择。

（7）**基底摩擦系数**：验算基础抗滑稳定性时使用，可按上述规范第 5.4.2 条填写。

3.16　墩台水平力收缩徐变等效降温如何填写？

解决方案：

如图 3.24 所示，收缩徐变等效降温可参照《柔性墩台梁式桥设计》一书中内容设置。

（1）整体浇筑混凝土结构，对于一般地区相当于降温 20℃，干燥地区为 30℃；钢筋混凝土结构的收缩影响力，相当于降温 15～20℃。

（2）分段浇筑的混凝土或钢筋混凝土结构的收缩影响力，相当于降温 10～15℃。

（3）装配式钢筋混凝土结构的收缩影响力，相当于降温 5～10℃。

温度作用	
线膨胀系数(1/度)	0.00001
升温温差(度)	30
降温温差(度)	30
收缩徐变等效降温(度)	10

图 3.24　温度作用

"结构建模"中常见问题

4 CHAPTER

"结构建模"主要用于建立模型的基本信息,在该区块可以定义梁、柱、基础、索、缆等构件的空间位置和连接方式,定义截面几何尺寸、组合截面上的子截面以及各类控制点(如应力控制位置、支座位置、锚固位置等),定义构件上的特征与非特征节点,定义构件上的各施工段名称以及定义挂篮类型和挂篮沿程轨迹。

通过本章的学习,用户将基本掌握梁、柱、基础、索、缆等构件的模型建立方法。

4.1 梁格模型如何建立?

解决方案:

按以下步骤建模,系统自动划分梁格,并自动根据整体截面中性轴或自身截面中性轴计算纵梁截面面积和抗弯特性、应力。

(1) 截面里设置腹板线(位置、名称)、分梁线、悬臂线,位置参数均支持变量(腹板线位置需要和 CAD 图对应,否则会导致截面拼接存在问题)。

(2) CAD 里准备好梁格纵、横梁平面布置图,一根梁一个图层,导入后,图层名即为构件名;所有的虚梁可以放在一个图层里,系统会自动识别并自动排序编号;如果需要在 CAD 图中设置构件节点,可以在对应位置使用直线划分,直线放在 DIM 图层表示一般节点,放在 ZZD 图层表示支座点,放在 TZD 图层表示特征点,放在 SGF 图层表示施工缝节点。

(3) 用"高级建模"中的"导入模型"功能,按要求设置信息,尤其是设置好纵梁的截面和腹板线名称,导入即可;导入时不考虑竖曲线,可以不设置;CAD 文件路径可以只输入第一行。注意命名构件时,支持汉字、字母和数字,不支持特殊符号。

(4) 使用"常规建模"中的"交叉"功能,按系统提示在纵横梁交叉处批量生成刚臂。操作中,当系统询问选择"构件工作面[N]"或"xOy 平面[P]"时,选择"xOy 平面[P]"。

(5) 在"截面"→"截面定义"中设置中性轴位置。当梁格法纵梁剖分选择"用户指定"时设置,若梁格法纵梁剖分选择"汉勃利法"时则跳过该步骤无须设置中性轴。

(6) 如果需要考虑抗扭惯矩、抗剪面积修正,用户自行根据汉勃利法推荐的公式手工计算,然后将此参数通过"指定特性"或"修正系数"输入对应参数处(支持变量输入),程序将采用用户输入的参数进行计算,其他参数如面积、抗弯惯矩等,系统自动计算,横梁、虚梁特性可以采用相同方法处理。

问题拓展:

(1) 用户只需要自己分梁,软件会自动移轴,移轴方法有两种——全截面中性轴和纵梁自身截面中性轴。如果是整体箱梁,应该采用默认值"全截面中性轴",如果是下缘开口分离式截面,应该采用"纵梁自身截面中性轴"。

(2) 截面抗扭惯矩选择汉勃利法,程序自动按照相关公式进行抗扭修正。

(3) 实横梁自重系数:应该去除与纵梁重合的地方,小于1,虚拟横梁、虚拟纵梁不计自重。

4.2 梁格法虚拟横梁截面如何模拟?

解决方案:

常见梁格法虚拟横梁截面模拟方法有三种:矩形截面、工字形截面以及汉勃利梁格法。

(1) 矩形截面是顶底板厚度相加形成的截面,抗弯刚度比实际截面小,抗剪刚度变大。

(2) 工字形截面不能同时反映虚横梁受弯和受剪的刚度,且顶底板变形不协调。

(3) 汉勃利梁格法则是基于合理的换算指定截面特性,指定截面弯剪扭刚度,计算较为烦琐,可以通过"桥梁博士"虚拟截面功能实现模拟。

应根据关注的截面特性择优选取。

4.3 有效分布宽度如何正确定义?

解决方案:

计算公路桥有效分布宽度程序提供5种模式(图4.1),分别为**公路箱梁模式**、**公路T梁模式**、**公路钢梁模式**、**公路组合梁模式**、**全部有效模式**,也可以在腹板线属性表中手动输入有效分布宽度。

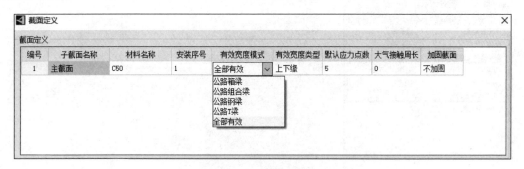

图 4.1 有效宽度模式

为了准确计算有效分布宽度,程序需准确设置以下三个参数,缺一报错。

(1) 定义特征线:腹板线、悬臂线、分梁线。("结构建模"→"截面"→"截面计算"→"腹板线"/"悬臂线"/"分梁线")

(2) 定义有效宽度模式与有效宽度类型。("结构建模"→"截面"→"截面计算"→"截面定义"→"有效宽度模式"与"有效宽度类型")

(3) 定义跨径分界线。(在"构件节点属性汇总"中勾选"跨径分界线"。对于悬臂梁,悬臂端勾选"悬臂")

问题拓展:

(1) **空心板**。一般不需要定义,有效宽度模式按照**全部有效**处理(有需求可采用箱梁模式)。

（2）**公路箱梁模式**（图 4.2）。①特征线具体布置：悬臂线为截面最外侧两端；腹板线为腹板所在的位置；分梁线为腹板之间必须定义的特征线，通常为中点位置。②特征线顶底缘位置：指的是全截面的顶底缘位置，程序利用顶缘相关数据计算截面上缘的有效分布宽度；利用底缘相关数据计算截面下缘的有效分布宽度。③位置与腹板宽度都可以进行参数化定义。④特别注意：当有多个腹板时，要注意腹板定位，外侧腹板线分别为左、右，中间腹板线都为中。

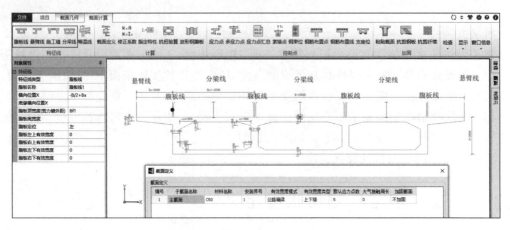

图 4.2　箱梁的有效宽度定义

（3）**公路 T 梁模式**（图 4.3）。①T 梁计算有效宽度类型选为"上缘"，不计算下缘。②涉及承托以及内外侧翼缘的数据在选择公路 T 梁模式后，在悬臂线"对象属性"里输入。

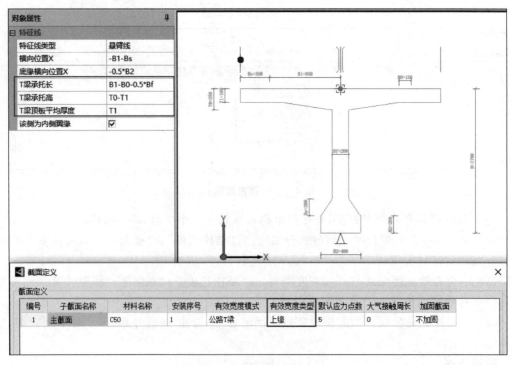

图 4.3　T 梁有效宽度定义

（4）**公路钢梁模式**。同公路箱梁定义。箱形钢梁定义时腹板线不能在最外侧,顶板应设置到腹板外侧,否则会导致报错或者截面特性计算错误。

（5）**公路组合梁模式**（图4.4）。①采用组合梁规范计算顶缘桥面板有效宽度,特征线采用顶缘数据。②采用钢结构规范计算钢主梁底缘有效宽度,特征线采用底缘数据。

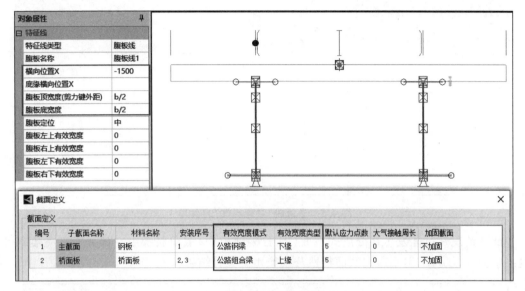

图4.4　公路组合梁有效宽度定义

特别注意:

① 输入腹板中心位置。

② 输入组合梁剪力键外距,见《公路钢混组合桥梁设计与施工规范》(JTG/T D64—01—2015)第5.3.2条中规定按外侧剪力连接件中心间距离取值。

③ 输入腹板宽度,程序翼缘宽度扣除腹板宽度执行有效宽度计算;不输入腹板宽度（为0）,程序翼缘宽度从腹板中心计算。

④ 输入有效宽度采用规范模式,钢梁采用"钢梁",桥面板采用"组合梁"。

⑤ 组合梁有效分布宽度计算桥面板上缘与钢梁下缘。

⑥ 输入悬臂线的顶、底缘横向位置。

（6）**全部有效模式**:不考虑有效分布宽度。

（7）**手动输入**:可不采用程序自动计算的数据,直接在腹板线对象属性中定义腹板左上、左下、右上、右下有效宽度即可。

4.4　悬臂线对象属性如何填写？

问题描述:

截面里悬臂线定义是否需要输入底缘位置的参数？有何影响？为什么计算得到的有效宽度超过了截面顶、底缘本身的宽度？

解决方案:

建议悬臂线输入时填写顶、底缘位置的参数（图4.5）。输入与不输入只有一个差别,就是截面的有效宽度结果,输入了是正确的,不输入则程序默认按照顶缘位置进行判断并输出有效宽度计算结果,导致计算得到的有效宽度超过了截面底缘本身宽度。但是程序在进行截面特性计算时,能够识别出实际截面没有的部分区域,因此并不影响其他验算结果。

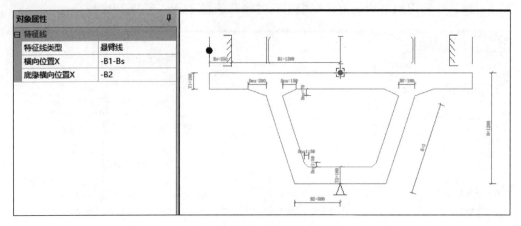

图 4.5　悬臂线"对象属性"的填写

此类情况还可能发生在分离式截面(图 4.6)建模中,截面底缘中空部分有效宽度结果输出中会计入宽度,但不影响截面特性及其他相关验算结果。

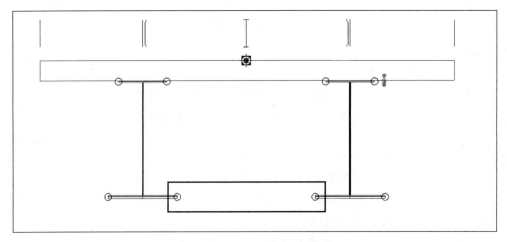

图 4.6　分离式组合梁截面

4.5　如何在程序中修改构件的长度?

解决方案一:
(1) 在模型显示中,去掉梁,显示不勾选。
(2) 单击或者双击轴线皆可打开轴线属性表,修改轴线坐标。
(3) 在模型显示中恢复梁显示。

解决方案二:
采用 S 拉伸命令快速修改结构尺寸。

（1）在"结构建模"中进入建模界面，在命令栏输入 S 命令。

（2）选择要拉伸的对象，右击，然后选择拉伸对象上的点，右击，再选择拉伸基准点，拉伸构件。

4.6 轴线导入缓和曲线/圆曲线，截面导入圆曲线操作

解决方案：

轴线导入时，线段内有缓和曲线，需要在缓和曲线首尾绘制一个小圆进行标记，在缓和曲线段添加的小圆和平面曲线在一个图层，当缓和曲线导入不成功时，把导入界面的缓和曲线最小间距加大（图 4.7）。

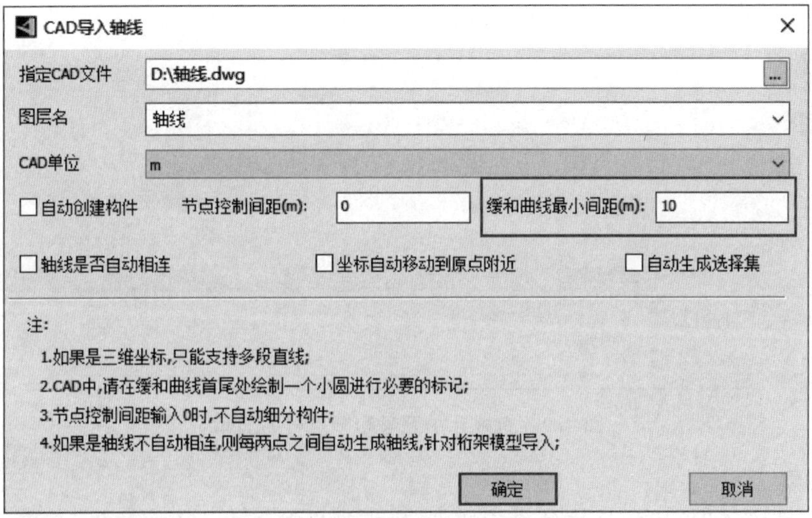

图 4.7 轴线导入

轴线导入圆曲线时，需要在 CAD 中打断多段线（CAD 默认为 X 命令），导入时勾选轴线是否自动相连。

截面导入圆曲线不成功时，修改角度步长即可（图 4.8）。

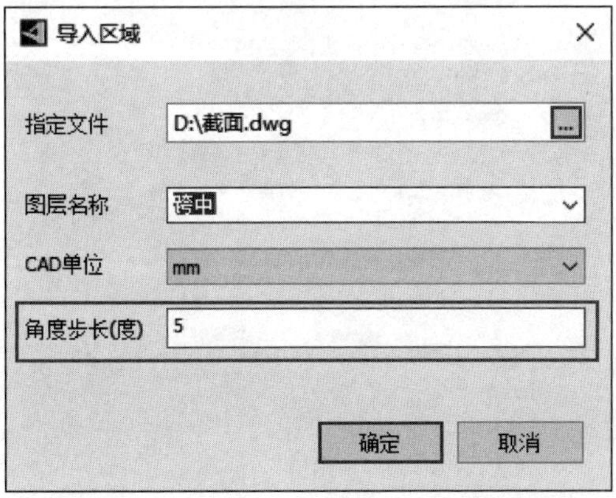

图 4.8 截面导入区域

4.7　如何查询单元号和节点号？

解决方案：

节点号查询/单元号查询：在"结构建模"/"施工分析"/"运营分析"/"地震分析"/"撞击分析"→"有限元"→"模型有限元显示"中勾选"单元号"/"节点号"（图 4.9）。

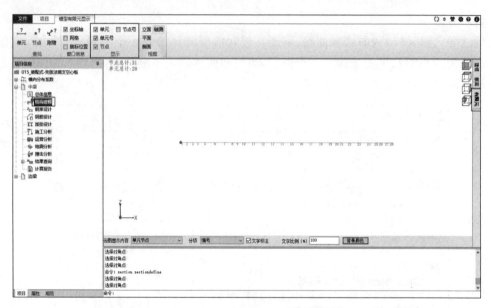

图 4.9　有限元单元号和节点号的显示

问题拓展：

（1）"桥梁博士"采用的是构件建模技术，建模时只需要建立不同构件，程序会自动将各个构件进行有限元离散，并生成单元号和节点号，不支持修改和重编。

（2）当模型节点单元过多时，可通过有限元"界面"里的"文字比例"来调整单元号、节点号的文字大小。如图 4.10 所示。

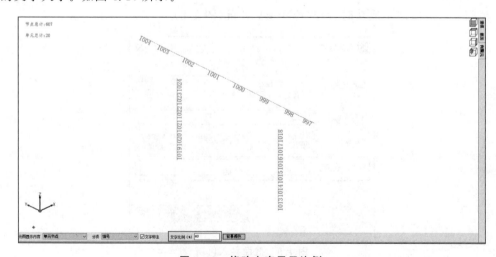

图 4.10　修改文字显示比例

4.8 构件属性表中"竖直截面"的含义

如图 4.11 所示楔形体,形心轴截面是指垂直于形心轴的截面,竖直截面是指垂直于水平边的截面。

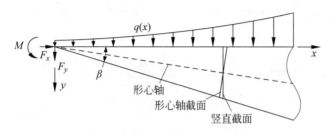

图 4.11 楔形体形心轴截面和竖直截面示意

程序提供"竖直截面"选项,勾选后将变截面梁的平截面约定为竖直截面,采用形心轴截面梁单元的刚度矩阵求解内力位移,再将截面内力按竖直截面重新分解,垂直于竖直截面的分量是新的轴力,平行于竖直截面的分量是新的剪力。这一做法可以理解为采用形心轴截面梁单元近似模拟竖直截面梁单元:利用两种单元刚度上的近似性,用形心轴截面梁单元替代竖直截面梁单元计算内力,对内力进行坐标系转换得到的其实是竖直截面梁单元的内力,再进行应力计算等验算,相当于在截面验算时采用了竖直截面梁单元。

问题拓展:

(1) 对于轴线光滑的情况,例如变高梁的一般区段,如果能采用变截面梁的算法计算剪应力和竖向正应力,则竖直截面梁与一般梁的计算结果相差不大,都足够精确。

(2) 对于轴线不光滑的情况,如果采用等截面梁的算法计算剪应力和竖向正应力(目前的软件都是如此),则两种梁得到的主应力结果都不太准确,一般均偏于保守;竖直截面梁的误差一般更大,也更偏于保守。

(3) 对于轴线折线变化的局部区段,例如加腋(倒角)区段,区段长度小于梁高,基于梁理论的各种算法均不能保证得到较准确的主应力。如果该区段的邻接区段为等截面梁,则采用竖直截面且按等截面梁得到的应力结果更接近于实体解。

(4) 尚需进一步分析近中支点处横梁影响,它的影响是否类似于等截面梁还有待验证。

4.9 段块的意义是什么? 如何使用?

解决方案:

"桥梁博士"中的块类似于 CAD 的块,典型的块应用为纵向对称的单梁结构,如多跨对称连续梁、刚构桥等或者是沿横桥向对称的梁格结构。

原始的块称为块模板,引用块模板的区段称为块实例。块模板内的节点发生变化时,所有引用该块模板的块实例将发生相应的变化。

使用块需要按下述步骤完成。

（1）在构件上新建段对象，"高级建模"→"建段" 。

（2）根据一个或多个段来创建块模板，"高级建模"→"建块" 。

（3）在需要的位置插入块实例，"高级建模"→"插块" 。

删除块段：在命令行输入 e，选择要删除的块、段的标注，确认删除即可。

资料链接：使用块简化建模

4.10   如何实现拱轴线按 X 投影方向划分？

解决方案：

程序默认按曲线长度向 L 指定在此轴线上的构件节点位置。如拱桥的轴线为抛物线，定义拱肋构件上的节点时，一般以吊杆或立柱等间距布置，沿 X 向定长建立节点时，需要将拱轴线的方向定义改为 X 向，具体操作如下（图 4.12）。

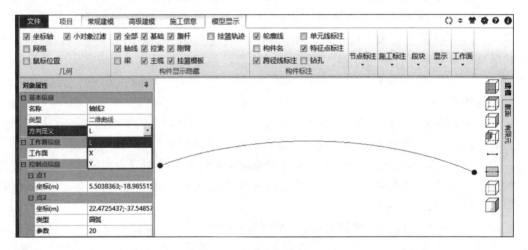

图 4.12   修改拱轴线方向定义

（1）在"结构建模"的模型显示中关闭梁的显示，同时打开轴线的显示。

（2）单击轴线对象，在左侧显示轴线对象的属性表。

（3）在"方向定义"下拉菜单中选择 X 向。

4.11   基础参数的填写及意义

4.11.1   基本信息

规范条文对应《公路桥涵地基与基础设计规范》（JTG 3363—2019）。

基本信息	
名称	基础2
基础类型	承台桩基础
是否验算	是

> 名称：该栏中可随便填写
> 基础类型：在下拉菜单中选择"承台桩基础"
> "桩基础""U型扩大基础"和"矩形扩大基础"
> 后处理是否进行验算该基础

4.11.2　U型扩大基础

U型扩大基础	
基础材料	基础材料
侧墙方向与顺桥向夹角	30
斜交时基础末端形式	平行于前墙
前墙下基底长度(m)	10
前墙下基底宽度(m)	2
左侧墙下基底长度(m)	2
右侧墙下基底长度(m)	2
侧墙下截面宽度(m)	2
基础台阶	2,0.5,0.5,0.5

> 基础材料：在下拉菜单中选择"总体信息"中定义的混凝土材料
> 其他参数如图4.13所示

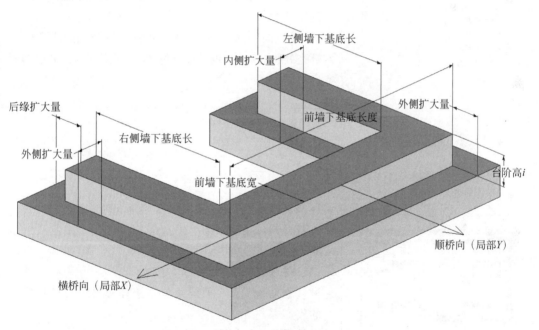

图 4.13　U型扩大基础示意图

4.11.3　矩形扩大基础

矩形扩大基础	
基础材料	基础材料
墩台类型	桥台
顺桥向宽度(m)	4
横桥向宽度(m)	4
基础台阶	1

> 基础材料：在下拉菜单中选择"总体信息"中定义的混凝土材料
> 墩台类型：选择"桥墩"或"桥台"
> 顺/横桥向宽度：基础尺寸
> 在"基础台阶"弹窗中填写每层台阶高度及台阶尺寸信息

4.11.4　承台

承台	
承台类型	矩形
承台材料	基础材料
承台厚度(m)	3
顺桥向边长(m)	8.3
横桥向边长(m)	13.3
布桩类型	行列式
顺桥向桩排数	2
横桥向桩排数	3
顺桥向桩中心距(m)	5
横桥向桩中心距(m)	5
承台钢筋种类	普通钢筋（高）
顺桥向钢筋直径(mm)	20;20
横桥向钢筋直径(mm)	20
顺桥向钢筋高度(mm)	70;-70
横桥向钢筋高度(mm)	70
顺桥向钢筋根数	83;83
横桥向钢筋根数	133

➤ 承台类型：可选"矩形"，暂不支持圆端形、三角形
➤ 承台材料：在下拉菜单中选择"总体信息"中定义的混凝土材料
➤ 承台厚度、顺桥向边长、横桥向边长：承台基本信息，顺桥向为局部坐标系 Y 方向，横桥向为局部坐标系 X 方向，夹角通过定位信息中的角度定义
➤ 布桩类型：可选"行列式"和"任意式"，"行列式"输入排数和中心距，"任意式"输入桩位 X 坐标和 Y 坐标，基础中心点坐标在定位信息中显示
➤ 承台钢筋种类：在下拉菜单中选择"总体信息"中定义的钢筋材料
➤ 顺/横桥向钢筋直径/根数：可输入多组，用";"隔开
➤ 顺/横桥向钢筋高度：距顶缘为负，底缘为正，多组与直径对应

4.11.5　桩基

桩基	
桩基类型	灌注桩
桩身材料	基础材料
设计桩径(m)	1.8
桩长(m)	55
桩基纵筋种类	普通钢筋（高）
纵筋中心到桩边缘距离	75
纵筋直径(mm)	28
纵筋长度(m)	55;30
纵筋根数	24;24
箍筋种类	普通钢筋（高）
箍筋直径(mm)	12
箍筋间距(m)	2
箍筋间距长度(m)	55

➤ 桩基类型：仅支持"灌注桩"（端承＋摩擦）
➤ 桩身材料：在下拉菜单中选择"总体信息"中定义的混凝土材料
➤ 设计桩径、桩长：桩基基本信息
➤ 桩基纵筋种类：在下拉菜单中选择"总体信息"中定义的钢筋材料
➤ 纵筋直径/箍筋直径：仅支持一组
➤ 纵筋长度、纵筋根数：可以输入多组，用";"隔开，纵筋长度与纵筋根数一一对应
➤ 箍筋种类：在下拉菜单中选择"总体信息"中定义的钢筋材料
➤ 箍筋间距、箍筋间距长度：目前仅支持一组

4.11.6 计算

（1）承台桩基础。

日 计算	
考虑承台侧面土的约束	是
m值计算方法	精确算法
抗弯刚度折减系数	0.8
单桩顺桥向计算宽度(m)	
单桩横桥向计算宽度(m)	
单桩计算长度(m)	
清底系数	0.7
桩身计算截面位置(m)	55*1

（2）桩基础。

日 计算	
桩端最小中心距(m)	9.26
m值计算方法	规范当量算法
抗弯刚度折减系数	0.8
单桩顺桥向计算宽度(m)	
单桩横桥向计算宽度(m)	
单桩计算长度(m)	
清底系数	0.7
桩身计算截面位置(m)	55*1

➤ 考虑承台侧面土的约束

➤ m值计算方法：详见 JTG 3363—2019 地基规范附录 L 的条文说明

➤ 抗弯刚度折减系数：参考 JTG 3363—2019 地基规范附录中式 L.0.2-2 中的 0.8

➤ 单桩顺/横桥向计算宽度：参考 JTG 3363—2019 地基规范附录中 L.0.1 中桩的计算宽度,如不填则程序自动按照规范计算

➤ 单桩计算长度：用于钢筋混凝土压弯构件偏心距增大系数(JTG 3362—2018 第 5.3.9 条)。如不填则程序自动按照《铁路工程技术手册：桥涵地基和基础》P177 表 6-40 计算

➤ 清底系数：按照 JTG 3363—2019 地基规范表 6.3.3-3 选用计算

➤ 桩身计算截面位置：在计算截面处,程序输出内力位移进行截面验算。如不输入则程序按照默认必须计算的截面输出结果

4.11.7 冲刷与地质

日 冲刷与地质	
基础顶实际标高(m)	0
一般冲刷线或地面标高(m)	0
局部冲刷深度(m)	
地质钻孔	1#桥墩

➤ 冲刷与地质影响桩身力和承载力计算。影响程度见后处理桩顶力部分内容

➤ 基础顶实际标高：程序默认是基础顶在模型中的标高,与孔口标高体系一致

➤ 一般冲刷线或地面标高：如不填则程序默认取孔口标高

➤ 局部冲刷深度：输入深度数据(注意不是标高)

4.12 如何用耦合弹性支座模拟桩基刚度?

解决方案：

"桥梁博士"如果建立了承台桩基础,程序会输出群桩结构出口刚度系数表,如表 4.1 所示,程序内部也是按照这个刚度表将桩基模拟为耦合弹性支座进行计算的,支座模拟时其对应关系如图 4.14 所示。

表 4.1   群桩结构出口刚度系数表

竖向刚度系数/(kN/m)		6.304072×10^7	D_z-D_z
水平扭转刚度系数/(kN·m/rad)		2.352034×10^8	R_z-R_z
承台局部系 YOZ 平面	水平刚度系数/(kN/m)	3.829956×10^6	D_y-D_y
	转动刚度系数/(kN·m/rad)	1.321092×10^9	R_x-R_x
	弯剪刚度系数/(kN/rad)或(kN·m/m)	1.196219×10^7	D_y-R_x
承台局部系 XOZ 平面	水平刚度系数/(kN/m)	4.004511×10^6	D_x-D_x
	转动刚度系数/(kN·m/rad)	2.614206×10^9	R_y-R_y
	弯剪刚度系数/(kN/rad)或(kN·m/m)	-1.230545×10^7	D_x-R_y

<table>
<tr><td colspan="7">⬛ 耦合弹性支座</td></tr>
<tr><td>系数矩阵</td><td>Dx</td><td>Dy</td><td>Dz</td><td>Rx</td><td>Ry</td><td>Rz</td></tr>
<tr><td>Dx</td><td>Dx-Dx</td><td></td><td></td><td></td><td>Dx-Ry</td><td></td></tr>
<tr><td>Dy</td><td></td><td>Dy-Dy</td><td></td><td>Dy-Rx</td><td></td><td></td></tr>
<tr><td>Dz</td><td></td><td></td><td>Dz-Dz</td><td></td><td></td><td></td></tr>
<tr><td>Rx</td><td></td><td></td><td></td><td>Rx-Rx</td><td></td><td></td></tr>
<tr><td>Ry</td><td></td><td></td><td></td><td></td><td>Ry-Ry</td><td></td></tr>
<tr><td>Rz</td><td></td><td></td><td></td><td></td><td></td><td>Rz-Rz</td></tr>
<tr><td colspan="7">单位:力:kN,力矩:kN*m,位移:m,角度:rad</td></tr>
<tr><td colspan="7">确定   取消</td></tr>
</table>

图 4.14   耦合弹性支座与桩基刚度对照

问题拓展:

用耦合弹性支座模拟桩基刚度需要注意:

(1) 基础构件输出的群桩刚度,是承台底处的刚度,不能直接作用于墩柱底,需要用一段梁模拟承台,在承台底建立耦合弹性支座。

(2) 承台桩基础的承台局部坐标系最好与耦合弹性支座的节点局部坐标系一致,才可按照上面两个表格的对应关系进行填写。

如图 4.15 所示,当承台桩基础构件属性表中的角度为 90°时,表示承台局部坐标系和整体坐标系一致,如果耦合弹性支座的节点局部坐标系也采用整体坐标系,则二者一致。

⊟ 定位	
顺桥向(局部系Y轴)方向(度)	90
基础中心点	1.53999996,0,-45.22999954

图 4.15   桩基础构件属性表"定位"

如果承台桩基础构件属性表中的角度为 0°,承台局部坐标系和整体坐标系不一致,如图 4.16 所示。

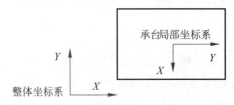

图 4.16   承台局部坐标系和整体坐标系示意

此时,有两种处理方法。

方法一:可以修改耦合弹性支座的节点局部坐标系(承台底节点),使其和承台局部坐标系一致,如图 4.17 所示,这样就可以按照前述耦合弹性支座表格填写对应刚度。

编号	节点类型	位置(m)	特征名称	输出标签	跨径分界线	悬臂	弯矩折减	支承宽度(mm)	支承宽度竖向位置	截面	子腹板	突变右截面	突变右截面子腹板	拟合方式	附加重力(kN)	坐标系	原点	X轴	Y轴
1	施工继...	0	L	□	☑	□	□		梁底	截面1				直线		随全局	0;0;0	1.0;0	0;1;0
2	一般节点	0.25		□	□	□	□		梁底					直线		随全局	0;0;0	1.0;0	0;1;0
3	一般节点	1.25		□	□	□	□		梁底					直线		随全局	0;0;0	1.0;0	0;1;0
4	一般节点	2.25		□	□	□	□		梁底					直线		随全局	0;0;0	1.0;0	0;1;0
5	一般节点	3.25		□	□	□	□		梁底					直线		随全局	0;0;0	1.0;0	0;1;0
6	一般节点	4.25		□	□	□	□		梁底					直线		随全局	0;0;0	1.0;0	0;1;0
7	施工继...	L	R	□	☑	□	□		梁底					直线		自定义	0;0;0	0;-1;0	1;0;0

图 4.17　修改承台节点局部坐标系

方法二:不调整耦合弹性支座的节点局部坐标系,耦合弹性支座刚度根据表 4.1,按图 4.18 的对应关系填写,注意 x 和 y 方向互换,同时,$D_x\text{-}R_y$ 和 $D_y\text{-}R_x$ 项要乘以 (-1)。

系数矩阵	Dx	Dy	Dz	Rx	Ry	Rz
Dx	Dy-Dy				-(Dy-Rx)	
Dy		Dx-Dx		-(Dx-Ry)		
Dz			Dz-Dz			
Rx				Ry-Ry		
Ry					Rx-Rx	
Rz						Rz-Rz

单位:力:kN,力矩:kN*m,位移:m,角度:rad

图 4.18　桩基础构件角度为 0 时,耦合弹性支座与桩基刚度对照

4.13　扩大基础的"墩台类型"如何选择?

解决方案:

如图 4.19 所示,"桥梁博士"中的扩大基础对应《公路桥涵地基与基础设计规范》(JTG 3363—2019)提到的浅基础。对于扩大基础的"墩台类型",程序提供了"桥墩""桥台"两个选项,对应规范第 5.2.5 条,对于仅承受永久作用标准值组合的非岩石地基,桥墩和桥台有不同的偏心距容许值,如表 4.2 所示。

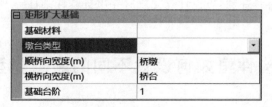

矩形扩大基础	
基础材料	
墩台类型	
顺桥向宽度(m)	桥墩
横桥向宽度(m)	桥台
基础台阶	1

图 4.19　矩形扩大基础"墩台类型"

表 4.2   桥墩和桥台的偏心距容许值

作用情况	地基条件	$[e_0]$	备 注
仅承受永久作用标准值组合	非岩石地基	桥墩,0.1ρ 桥台,0.75ρ	拱桥、刚构桥墩台,其合力作用点应尽量保持在基底重心附近

4.14   双肢墩及异形承台模拟

问题描述:

如何建立双肢墩接一个承台的模型?

解决方案:

程序批量建立墩柱基础的工具,仅支持一个墩下一个完整承台基础。如果要建立双肢墩,可以先用批量建立墩台工具建立一个墩一个承台,然后将墩用移动命令移动位置,再复制另一个墩用刚臂与上部和承台分别刚性连接即可。

问题描述:

如何建立哑铃形承台模型?

解决方案:

程序仅支持矩形承台,暂不支持圆端形、三角形、哑铃形承台。

哑铃形承台可以用两个矩形承台加系梁刚臂连接来进行近似模拟。

4.15   群桩基础的桩基编号规则

"桥梁博士"中利用基础构件建立的群桩基础,程序自动对桩基进行编号,其桩基编号示意如图 4.20 所示;若在顺桥向方向中输入了角度,则编号随角度进行旋转。

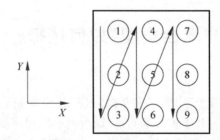

图 4.20   0°时桩基编号示意(整体坐标系)

若用户仍对桩基编号存疑,可以计算完成后导出桩基详细计算书,计算书中输出桩基详细编号图形。

4.16   在同一构件里如何设置不同的验算类型或施工龄期?

解决方案:

"桥梁博士"模型建立是依托构件建立的模型,并对不同的构件类型进行计算,但有时会出现这样一种情况,在同一构件里希望分段设置成不同的构件验算类型或龄期,这时可以进行如下操作。

(1) 在需要设置不同构件验算类型或龄期的区域用施工缝节点把一个构件分成不同的施工段,N 个施工缝节点可把构件设置成 $N+1$ 个施工段(程序默认起终节点都是施工缝节点)。

(2) 在"结构建模"界面的模型显示或施工信息里勾选"龄期"和"验算类型",程序会在构件上方的标注里增加两个名称为"默认"的标注,其中一个是龄期,另一个是验算构件类型,双击"默认"就可以修改龄期或构件验算类型(图 4.21)。"默认"表示与构件属性中的龄期和验算类型一致。

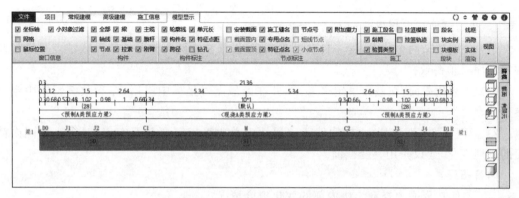

图 4.21 "验算类型"和"龄期"设置

特别注意:当前该功能只支持预应力之间,不支持预应力和普通钢筋混凝土之间。

4.17 墩柱构件的计算长度应该如何填写,会影响什么?

解决方案:

如图 4.22 所示,计算长度在"构件信息"里填写,填 0 或者为空表示计算长度为 0,负数代表计算长度系数,依次指定绕 Y 轴向和 Z 轴向的计算长度,用英文逗号分开。

计算长度 l_0 的取值根据《公路钢筋混凝土及预应力混凝土桥涵设计规范》(JTG 3362—2018)附录 E 进行:

$$l_0 = kl$$

式中:

k——计算长度换算系数,可按经验或 JTG 3362—2018 第 E.0.2 条或第 E.0.3 条中公式计算;当构件两端固定时,$k = 0.5$;当一端固定另一端为不移动的铰时,$k = 0.7$;当两端均为不移动的铰时,$k = 1.0$;当一端固定另一端自由时,$k = 2.0$。

l——构件支点间长度。

构件信息	
构件名称	梁1
构件验算类型	钢筋砼梁
构件模板	常规空间砼主梁
自重系数	1.04
加载龄期(天)	28
计算长度(m)	-2,-2
截面镜像	☐
竖直构件	☐
竖直截面	☐
构件截面β角(度)	0
截面β角参考系	整体坐标系

图 4.22 "构件信息"里"计算长度"的填写

(1) 对于轴心受压构件,按照 JTG 3362—2018 第 5.3.1 条规定,正截面抗压承载力计算时要考虑轴压构件稳定系数,该系数与构件计算长度有关。

(2) 对于长细比大于 17.5 的偏心受压构件,按照 JTG 3362—2018 第 5.3.9 条规定,需要考虑偏心矩的增大系数对正截面承载力的影响,偏心距增大系数与构件计算长度有关。

注意:墩柱构件模板正截面承载力需按"轴力"输出,才可看到该数值对承载力的影响。

资料链接:同豪星期三第二十五讲:《计算长度》

4.18　截面变化实现方式

1) 截面渐变程序提供两种方式。

(1) 分别定义两个截面,程序自动过渡渐变,必须注意两个截面的截面区域点号数量及编号顺序必须一致。

(2) 参数化截面,在截面里定义参数,并在区域点号坐标中引用,在参数编辑器中定义参数。

2) 截面突变:双击构件,在构件节点属性汇总中采用突变截面实现,对于小范围内截面的剧烈变化,建议采用突变截面。

内容拓展:

(1) 如何在程序中查看结构内部的变化拟合情况?

在"项目"→"显示设置"中勾选"对象选中显示内部细节",然后在建模界面将显示方式切换到消隐模式,再选中构件即可显示结构内部的变化拟合情况。

(2) 在截面中定义参数且对参数进行编辑后,截面为什么没有变化?

这种情况一般是没有将参数代入截面坐标中导致的。另外在将截面赋予构件后,应对构件进行节点加密,构件才会显示出比较精细的变化形式。

资料链接:截面设计

4.19　参数化变截面检查的几种方法

参数化拟合完成后可以通过以下几种方法进行检查。

(1) 在"施工分析"栏中选择"截面导出"按钮 ![icon],取几个关键截面导出至 CAD 文件进行检查。

(2) 在"结构建模"栏中的"项目"栏,选择"显示设置"按钮 ![icon],在其中勾选"对象选中显示内部细节"。

(3) 可以仿照梁格法,设置特征线,在构件节点属性汇总里设置子腹板(图 4.23),观察内部变化趋势无误后删除子腹板信息。

截面	子腹板	突变右截面	突变右截面子腹板	拟合方式	附加重力(kN)
支点截面	腹板线2			直线	
				直线	

图 4.23　设置子腹板

（4）钢桥中的加劲肋，单击构件后在"对象属性"里勾选"显示加劲肋"（图 4.24）。

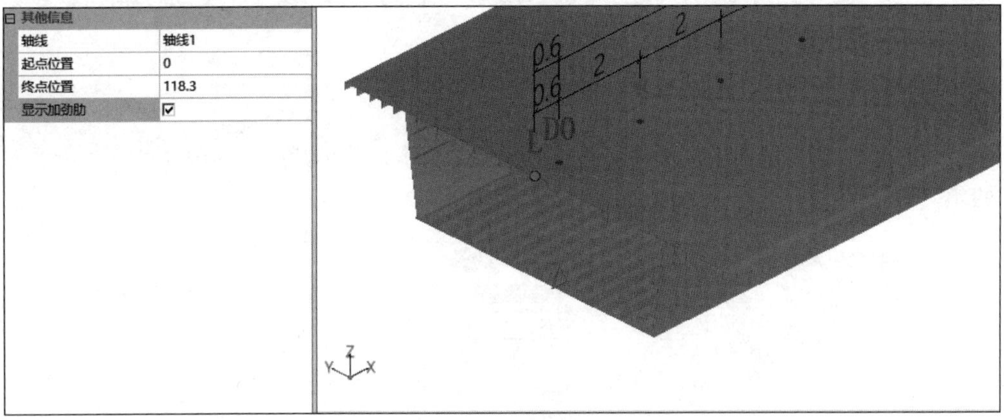

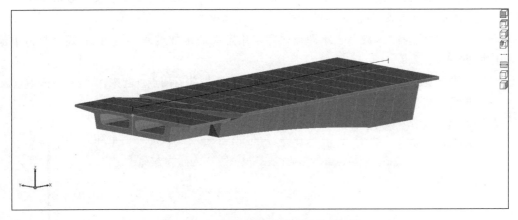

图 4.24 钢结构中"显示加劲肋"选项

4.20 参数化截面拟合完成后模型显示不正确，如何解决？

问题描述：

已经正确定义了参数化截面，且在截面窗口发现实际线形是正确的，但是在建模窗口发现在某些位置（支点、端部等）出现错乱（尤其是梁格模型），模型显示不正确，如图 4.25 所示，如何解决？

图 4.25 "结构建模"的模型显示不正确

解决方案：

参数化截面后建模窗口模型显示异常的可能原因如下：

（1）截面拟合错误，需要逐一检查设置的参数是否合理；

（2）分梁线、腹板线坐标错误，导致梁体剖分失败；

（3）自动划分梁格，分梁线切到参数化截面的倒角位置。

图 4.25 所示模型经检查为拟合的问题，在参数化截面时，支点导角位置从 200 变为 0，导致拟合出错。应尽量避免 0 值的使用，设置一个小值过渡即可（如把 0 写成 1）。

4.21 参数编辑器中定义截面参数时，曲线类型及曲线参数值的填写

解决方案：

曲线类型可选择“直线”“抛物线”“圆弧”“函数”“样条”“随后”6 种（图 4.26），“曲线参数值”的填写如下。

编号	控制点X(m)	控制点Y(mm)	特征点名称	曲线类型	曲线参数值
1	0	24		直线	
2	28.9	24			
3	29	32			
4	117	32			
5	117.1	24			

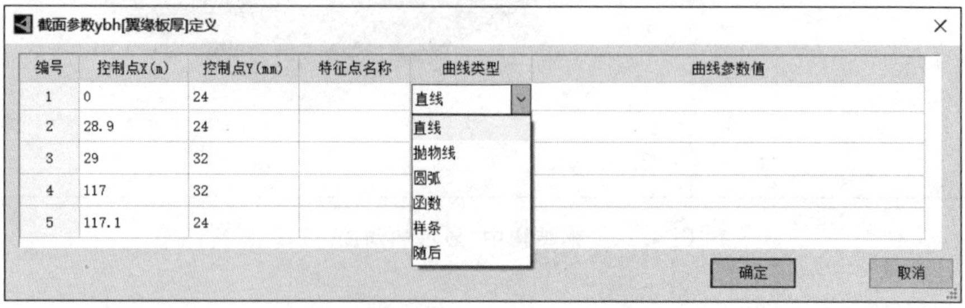

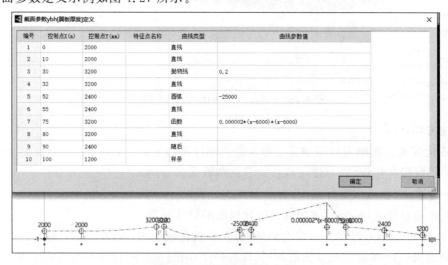

图 4.26 截面参数编辑器中截面参数定义表格

（1）曲线类型选择“直线”，表示两点之间采用直线连接，曲线参数值不填。

（2）曲线类型选择“抛物线”，表示两点之间采用抛物线过渡，需要在曲线参数值里填写起点/终点切线水平和抛物线次数。例如 1,2（表示终点切线水平的 2 次抛物线）；0,2（表示起点切线水平的 2 次抛物线）。

（3）曲线类型选择“圆弧”，表示两点之间采用圆弧线过渡，需要在曲线参数值里填写圆弧半径，正值表示凸圆弧，负值表示凹圆弧。

（4）曲线类型选择“函数”，表示两点之间采用定义的函数过渡，需要在曲线参数值里输入相应的方程。

（5）曲线类型选择“样条”，表示程序内部用样条函数把前后两点连起来，曲线参数值不填。

（6）曲线类型选择“随后”，表示该段按后面一行定义的曲线类型连接。

截面参数定义示例如图 4.27 所示。

编号	控制点X(m)	控制点Y(mm)	特征点名称	曲线类型	曲线参数值
1	0	2000		直线	
2	10	2000		直线	
3	30	3200		抛物线	0,2
4	32	3200		直线	
5	52	2400		圆弧	-25000
6	55	2400		直线	
7	75	3200		函数	0.000002*(x-6000)*(x-6000)
8	80	3200		直线	
9	90	2400		随后	
10	100	1200		样条	

图 4.27 截面参数定义示例

4.22　关于截面的应力点说明

（1）对于混凝土结构，程序会从下往上按等分原则，按照"截面定义"的默认应力点数值 n 自动生成应力点（图 4.28），默认最底部为应力点 1，顶部为应力点 n，应力点沿竖向 $H/(n-1)$ 间距均布，之后毛截面形心处的应力点替换为距离最近的应力点。用户如果自己定义应力点，则以用户自定义的为准。

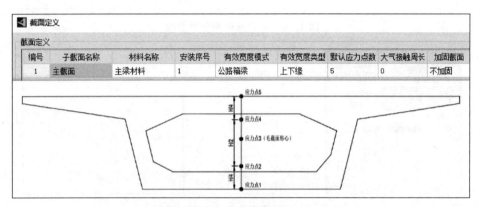

图 4.28　混凝土结构默认应力点

（2）对于钢结构和钢混组合结构，在"桥梁博士"V4.3 及以后的版本中，程序会自动生成应力点，对于不同截面形式，自动应力点位置会有区别，一般为腹板顶、底和中性轴位置及顶底板角点位置，具体应力点位置可在计算完成后选择"施工分析"→"截面导出"，导出 CAD 文件查看，也可以在后处理的"截面特性"查询中选择"应力点等其它信息"进行查看。

若低于"桥梁博士"V4.3 版本，则应力点必须自己定义，自定义的应力点位置必须在板件上或混凝土截面（组合梁）上。此时，会遇到三种情况。

① 应力点在主截面上，也就是在钢梁部分，则不勾选或者勾选"主截面"，程序默认不选择就是适用于主截面，如图 4.29 所示。

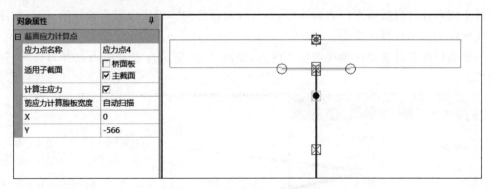

图 4.29　应力点适用于主截面

② 应力点在混凝土截面上，则需要勾选"桥面板"，如图 4.30 所示。

③ 应力点同时适用于桥面板和主截面，则需要将两项都勾选，如图 4.31 中，应力点适用于混凝土截面下缘和钢梁上缘，则需要同时勾选"主截面"和"桥面板"。

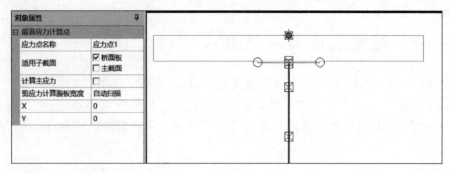

图 4.30   应力点适用于桥面板

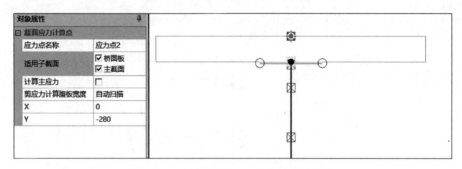

图 4.31   应力点适用于主截面和桥面板

4.23   自定义多应力点,顶底缘应力点为什么默认不勾选 "计算主应力"?

规范主拉应力验算,用的是"斜截面"这个词,通过其条文说明,主要是对腹板等剪应力较大区域而言的。《铁路桥涵混凝土结构设计规范》(TB 10092—2017)第 7.3.7-4 条指出的主应力验算位置都在腹板上。《公路钢筋混凝土及预应力混凝土桥涵设计规范》(JTG 3362—2018)第 6.1.3 条提到的主应力验算位置,也都是板的中面,上下缘显然不在中面上。顶底缘正应力计入斜截面主应力验算中,不符合规范意图。正应力另有验算项,所以程序默认顶底缘应力点不计算主应力。

如果用户需要计算截面顶底缘的主应力,如图 4.32 所示自定义应力点并勾选"计算主应力"即可。

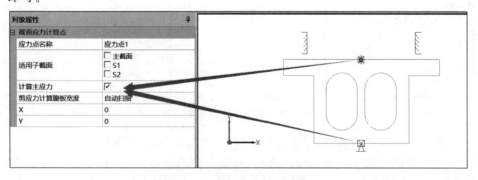

图 4.32   顶底缘计算主应力

内容拓展：

增加竖向预应力对某个控制位置处的主拉应力验算没有影响，很大程度上是因为该控制断面处顶底缘计算了主拉应力，控制主拉应力发生在顶底缘而不是腹板。由于，加竖向预应力不能改善顶底缘的主拉应力，因此对验算结果没有影响。

4.24 如何自定义应力点？

选择"应力点"图标 ，在截面上显式地添加一个应力点。使用图形方式操作。

选择"多应力点"图标 ，一次创建多个应力点，且这些应力点在截面高度等间距布置。

选择"应力点汇总"图标 ，可以查看并批量修改自定义的应力点的相关信息。

内容拓展：

（1）怎样设置应力点随高度变化？

单击需要修改的应力点，在"对象属性"（截面应力计算点）中修改 Y 坐标，应力点坐标支持参数设置。Hmin 表示截面最低点，Hmax 表示截面最高点。

例：应力点设成 8/9 截面高并随截面高度变化，如图 4.33 所示应力点 Y9，将应力点 Y 坐标用表达式 Hmin＋8＊（Hmax－Hmin）/9 表示。

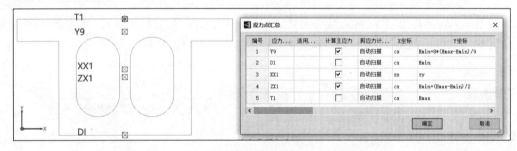

图 4.33 应力点定义

（2）怎样设置变截面形心以及上下缘的应力点？

在程序中提供了表达式，单击应力点填写坐标，程序左下角属性栏提示相应参数的填写规则，注意区分大小写。

其中：

zx 表示毛截面形心 X 坐标，cx 表示横向中点。

zy 表示毛截面形心 Y 坐标，cy 表示竖向中点。

如图 4.33 中 XX1 关注毛截面形心位置应力，ZX1 关注截面横向和竖向中心位置应力。

4.25 如何查询截面特性？

解决方案：

在截面形状定义完成后，可以在截面编辑界面的参数编辑区域（也就是截面编辑界面下面的区域)右击,选择"截面检查",然后再右击选择"截面检查点位置",填写位置后再右击,选择"查看截面特性",截面特性就会以表格的形式列出(图 4.34)。

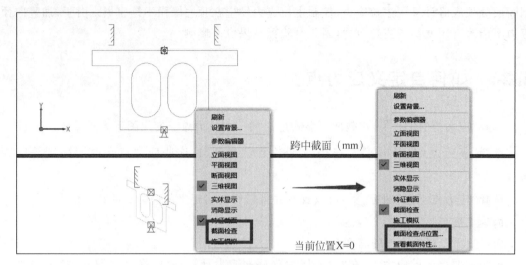

图 4.34   在参数编辑区域查看截面特性

4.26   截面定义安装序号如何理解?

如图 4.35 所示,按主截面安装序号为 1,子截面安装序号为 2,3 为例,最大安装序号为 3,说明安装该截面的施工段至少安装 3 次(至少对应 3 个施工阶段)。

截面定义

编号	子截面名称	材料名称	安装序号	有效宽度模式	有效宽度类型	默认应力点数	大气接触周长	加固截面
1	S1	主梁材料	2,3	全部有效	上下缘	5	0	不加固
2	S2	主梁材料	2,3	全部有效	上下缘	5	0	不加固
3	主截面	主梁材料	1	全部有效	上下缘	5	0	不加固

施工汇总

编号	阶段名	备注	周期(d)	装单元数	拆单元数	升...	降...	均温(℃)	挂篮	调束
1	安装预制件	主截面安装	30	28	0	0	0	20		否
2	现浇湿接缝	S1,S2只计入湿重	30	28	0	0	0			否
3	二期铺装	S1,S2参与受力	30	28	0	0	0			否
4	收缩徐变		3650	0	0	0	0			否

图 4.35   截面定义安装序号与施工阶段单元安装

第一次施工段安装为主截面的安装,主截面安装时,计入自重并参与受力。

第二次安装为安装子截面,仅计入子截面湿重。

第三次安装为安装子截面,在计入自重基础上,考虑子截面参与受力。

截面定义中安装序号最大为几,构件就需要在"施工分析"中安装几次。

4.27　如何在模型里实现桥面现浇层参与受力及其注意事项？

解决方案：

如图 4.36 所示，实现桥面现浇层参与受力一共需要三步设置。

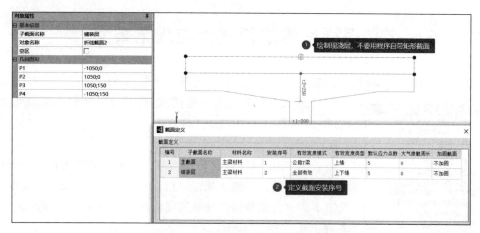

图 4.36　设置桥面现浇层参与受力

（1）绘制附加截面，注意附加截面不能用程序自带的矩形截面，需自己绘制几何图形。

（2）定义截面安装序号，通过安装序号控制子截面参与受力。

（3）在"施工分析"中定义施工阶段，安装铺装层。

4.28　如何设置截面对齐点偏移？

解决方案：

如图 4.37 所示，在"结构建模"→"截面"→"截面定义"→"截面总体"中修改"构件轴线竖向位置"/"构件轴线水平位置"。

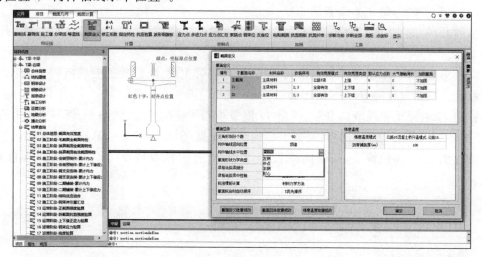

图 4.37　设置截面对齐点

（1）构件轴线竖向位置：构件轴线在截面竖向的定位。

（2）构件轴线水平位置：构件轴线在截面水平方向的定位。

可在竖向位置下拉选择顶缘、中点、底缘、形心，在水平位置下拉选择左侧、中点、右侧、形心，也可按照自己的计算直接输入数值。

定义好的对齐点在截面中以红色十字显示。

4.29　截面定义里梯度温度模式对应规范条文

图 4.38 给出"桥梁博士"内置的梯度温度模式，其对应规范如下。

图 4.38　梯度温度选项

公路 15 混凝土桥升温模式、公路 15 混凝土桥降温模式：《公路桥涵设计通用规范》（JTG D60—2015）的第 4.3.12 条第 3 款。

公路 15 组合梁升温模式、公路 15 组合梁降温模式：《公路钢混组合桥梁设计与施工规范》（JTG/T D64—01—2015）的第 7.1.3 条第 1 款、《公路桥涵设计通用规范》（JTG D60—2015）第 4.3.12 条第 3 款。

公路 15 整箱断面箱梁横向、公路 15PK 断面箱梁横向：《公路桥涵设计通用规范》（JTG D60—2015）的第 4.3.12 条第 4 款及条文说明。

轨道交通 17 结合梁升温模式、轨道交通 17 结合梁降温模式、轨道交通 17 钢箱梁升温模式、轨道交通 17 钢箱梁降温模式：《城市轨道交通桥梁设计规范》（GB/T 51234—2017）第 5.2.14 条。

英国 BS5400 钢箱梁升温、英国 BS5400 钢箱梁降温：《Steel, concrete and composite bridges, Part2, specification for loads》（BS 5400）中的 5.4 Temperature。

拉索升/降温 10 度[①]/15 度：《公路斜拉桥设计规范》（JTG/T 3365—01—2020）第 4.2.5 条第 6 款。

主缆升/降温 10 度：参照《公路斜拉桥设计规范》（JTG/T 3365—01—2020）第 4.2.5 条第 6 款。

深色单管主拱、深色哑铃型或桁式主拱、浅色单管主拱、浅色哑铃型或桁式主拱：《公路钢管混凝土拱桥设计规范》（JTG/T D65—06—2015）第 4.2.5 条。

铁路 17 混凝土箱梁竖向升温、铁路 17 混凝土箱梁横向升温、铁路 17 板厚方向升温、铁路 17 板厚方向降温：《铁路桥涵混凝土结构设计规范》（TB 10092—2017）的附录 B。

线性温度 1、线性温度 2、横向线性温度 1、横向线性温度 2：自定义线性梯度温度模式。

---

① 这里度指摄氏度。

4.30　从哪里可以看到截面梯度温度的相关定义？

截面梯度温度（非线性温度）相关定义在"规范库"中。

进入"桥梁博士"的"规范库"，在对应规范下"C 图表"→"03 非线性温度"中进行修改，以《公路桥涵设计通用规范》（JTG D60—2015）为例，对温度"规范库"进行说明，如图 4.39 所示。

图表通用				
编号	变量名	描述	变量值	说明
1	T1, T2	拐点温度1, 2	d=0:25, 6.7	
2	T1, T2		d=50:20, 6.7	
3	T1, T2		d=100:14, 5.5	
4	T3	拐点温度3	([A]-[t]+100)*[T2]/[A]	
5	A	高度2	$min([H]-100, 300)	
6	factor		-0.5	
7	$公路15混凝土桥升温模式		fx=0, 100, [A]+100:[T1], [T2], 0	
8	$公路15混凝土桥降温模式		[factor]*[$公路15混凝土桥升温模式]	
9	$公路15组合梁升温模式		fx=0, 100, [t]:[T1], [T2], [T3]	
10	$公路15组合梁降温模式		[factor]*[$公路15组合梁升温模式]	

图 4.39　梯度温度定义

《公路桥涵设计通用规范》（JTG D60—2015）第 4.3.12 条第 3 款规定竖向正升温如图 4.40 所示，当梁高 $H<400$ 时，$A=H-100$，当梁高 $H>400$ 时，$A=300$。故 $A=\min(H-100,300)$，即为程序第 5 行。降温温差为正温差乘以 -0.5，对应如图 4.39 第 6、8 两行所示。

针对不同厚度和种类的铺装层，程序按规范提供了不同的温度 T_1 和 T_2，则升温函数 f_x 在 0mm 时（顶缘）为 T_1，在距顶缘 100mm 时温度为 T_2，至 $A+100$ 时过渡为 0。

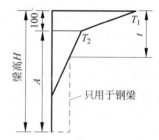

图 4.40　《公路桥涵设计通用规范》（JTG D60—2015）的梯度温度定义

T_1 和 T_2 按照规范进行取值，沥青铺装填 0 则对应规范水泥混凝土铺装，其余数值线性内插。沥青最厚铺装为 100mm，超过 100mm 按 100mm 计。

4.31　截面中等温线的用法

等温线用于描述截面温度场的分布，多用于定义带有横坡截面的梯度温度。如图 4.41 所示带横坡截面，采用截面定义中的梯度温度，程序默认梯度温度施加按照水平线施加，如图 4.41(a)所示，与实际梯度温度分布产生偏差，此时，可以采用等温线布置实际梯度温度分布，如图 4.41(b)所示，定义等温线以后，截面定义中不用再选择梯度温度模式。

问题拓展：

（1）等温线可以与截面定义中的规范梯度温度进行等效替换。可以实现折线形式的梯度温度定义。

（2）等温线可以与截面定义中的线性温度等效替换。不过等温线可以实现任意位置的设置，线性温度只能实现顶底、左右。

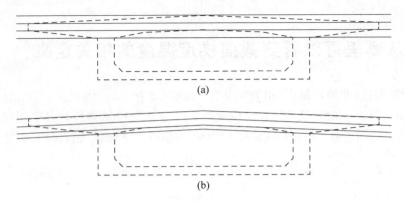

(a)

(b)

图 4.41　有横坡截面梯度温度定义图示

4.32　等温线和梯度温度的等效模拟

解决方案：

以 2×10m 连续梁为例，截面为 1m×1m 矩形截面，说明等温线和梯度温度的等效模拟。

按照《公路桥涵设计通用规范》(JTG D60—2015) 第 4.3.12 条第 3、6 款，梁顶温度为 T_1，往下 100mm 为 T_2，再往下 300mm 为 0。

模型采用以下两种方法模拟截面梯度温度。

(1) 如图 4.42(a) 所示，"截面定义"中选择"公路 15 混凝土桥升温模式"和"公路 15 混凝土桥降温模式"，不填入沥青铺装厚度。

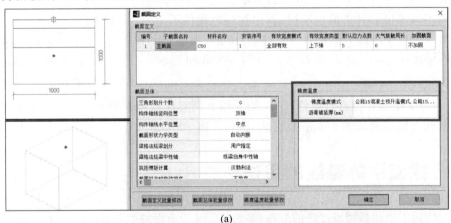

(a)

(b)

图 4.42　模型中两种梯度温度的定义方式

(a) 在"截面定义"中进行梯度温度定义；(b) 采用等温线定义

(2) 如图 4.42(b)所示,自定义三条等温线,等温线的竖向坐标位置分别为 500、400 和 100,对应规范截面顶缘,距顶缘 100mm 和距顶缘 400mm,三条等温线升温、降温的名称一致,降温温度值为升温温度值的 -0.5 倍。

运营阶段设置梯度温度后执行计算(图 4.43),其中前两行为截面定义中选择的"公路15 混凝土桥升温模式"和"公路 15 混凝土桥降温模式",后两行为自定义等温线定义的梯度温度模式。

梯度温度			
编号	名称	构件	温度模式
1	公路15混凝土桥升温模式	梁1	公路15混凝土桥升温模式
2	公路15混凝土桥降温模式	梁1	公路15混凝土桥降温模式
3	JW	梁1	JW
4	SW	梁1	SW
5			

图 4.43 "运营分析"中定义梯度温度荷载

对比二者竖弯矩计算结果,如图 4.44 所示,可见二者结果完全一致。

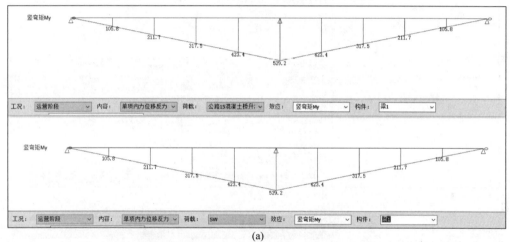

(a)

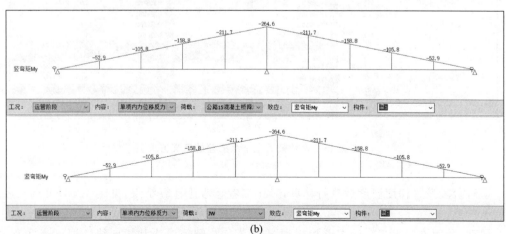

(b)

图 4.44 梯度温度计算结果对比

(a)升温模式竖弯矩计算结果;(b)降温模式竖弯矩计算结果

4.33　等温线和线性温度/横向线性温度的等效模拟

解决方案：

以 2×10m 连续梁为例，截面为 1m×1m 矩形截面，考虑截面上下 5℃的温差，说明等温线和线性温度的等效模拟。

模型采用以下两种方法模拟截面梯度温度。

（1）如图 4.45(a)所示，"截面定义"中选择"线性温度 1"和"线性温度 2"模式，其中，"线性温度 1"的上缘温度为 5℃，下缘温度为 0℃，表示上下温差 5℃；"线性温度 2"的上缘温度为 −5℃，下缘温度为 0℃，表示上下温差 −5℃。

（2）如图 4.45(b)所示，自定义两条等温线，等温线分别位于截面上缘和截面下缘，两条等温线升温、降温的名称一致，等温线 1 升温温度为 5℃，降温温度为 −5℃；等温线 2 升温温度为 0℃，降温温度为 0℃。

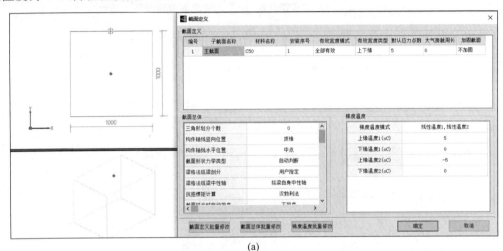

(a)

(b)

图 4.45　两种截面上下缘温差的定义方式

(a) 用"线性温度 1""线性温度 2"定义截面上下缘温差；(b) 等温线定义截面上下缘温差

运营阶段设置梯度温度后执行计算，对比二者竖弯矩计算结果，见图 4.46，可见二者结果完全一致。

同理，截面左右侧 5℃的温差可以通过定义左右侧等温线和横向线性温度来实现，如图 4.47 所示。

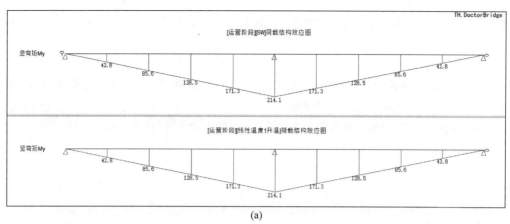

(a)

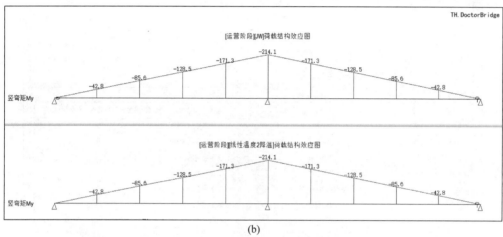

(b)

图 4.46　梯度温度计算结果对比

(a) 升温模式竖弯矩计算结果；(b) 降温模式竖弯矩计算结果

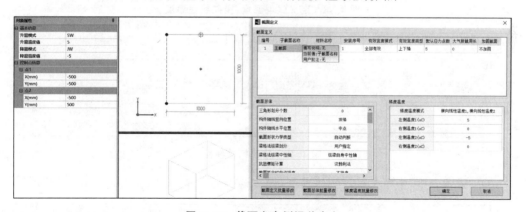

图 4.47　截面左右侧温差定义

4.34　截面双向温差的设置方法

问题描述：

《公路斜拉桥设计规范》(JTG/T 3365—01—2020)第 4.2.5 条中对索塔侧向梯度温度

给出了定义：无实测数据时，混凝土索塔两侧的梯度温度可取±5℃。这一条文如何在程序中实现？

解决方案：

该条文可以通过截面定义中的线性温度/横向线性温度实现，例如考虑截面上下、左右均5℃的温差（升降温同时考虑），设置如下。

（1）"截面定义"的"梯度温度"中同时勾选"线性温度"与"横向线性温度"，并填写上下左右温度值（图4.48）。

图4.48　定义线性温度/横向线性温度

（2）"构件模板"中勾选"考虑横向弯矩应力"（图4.49）。

图4.49　修改构件模板

（3）"运营分析"中定义梯度温度荷载（图4.50）。

梯度温度			
编号	名称	构件	温度模式
1	线性温度1升温	梁1	线性温度1
2	线性温度2降温	梁1	线性温度2
3	横向线性温度1升温	梁1	横向线性温度1
4	横向线性温度2降温	梁1	横向线性温度2
5			

图4.50　定义梯度温度荷载

问题拓展：

（1）"线性温度"/"横向线性温度"的每一个模式为一组，程序给了两组，可以同时输入升温和降温，如只需要单独考虑某一个温度，只输入一组即可。

（2）针对宽幅箱梁的横向梯度温度，需要按照上述操作进行，在梯度温度里勾选自己需要的横向温度，并且填写相关信息。此外需在构件模板中勾选"考虑横向弯矩应力"方可考虑横向梯度温度带来的影响。

4.35 铁路桥梯度温度的定义

按照规范《铁路桥涵混凝土结构设计规范》（TB 10092—2017）的附录 B，箱梁温差分为梁高方向（竖向）温差 T_y、桥宽方向（横向）温差 T_x 和板厚方向的温差 T'_y（图 4.51）。

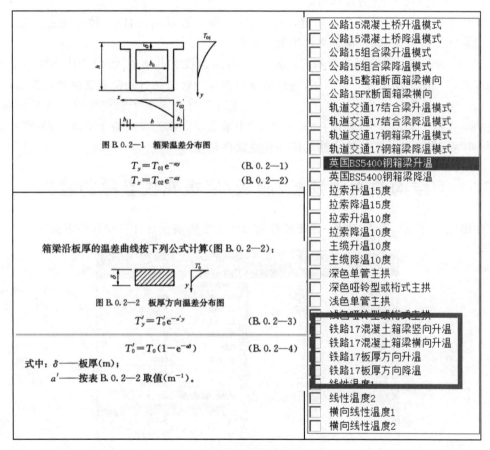

图 4.51 铁路梯度温度定义

对于竖向温差和横向温差，可以在纵向计算模型中实现。在"截面定义"的"梯度温度模式"中选择"铁路 17 混凝土箱梁竖向升温""铁路 17 混凝土箱梁横向升温"。

对于横向计算时箱梁沿板厚方向的温差（图 4.52），应建立横向框架模型，对顶板、底板和腹板分别采用不同的截面，在"截面定义"的"梯度温度模式"中选择"铁路 17 板厚方向升温""铁路 17 板厚方向降温"，按照规范填写参数即可。

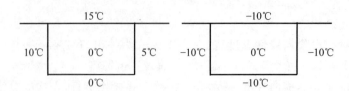

图 4.52　箱梁板厚方向梯度温度荷载图示

4.36　常规钢结构桥梁建模前处理注意事项

（1）导入板件 CAD 文件处理时，腹板、顶板、底板相交处断开处理。

（2）注意手动定义应力点位置时顶缘要定义到最顶缘，底缘要定义到最底缘，通过增减一个板件的厚度来实现（单梁模型一般自定义顶板中心、腹板中心、底板中心、顶板腹板交界、腹板底板交界五个应力点即可）。

（3）自振分析：荷载转化为质量，一般选择二期与否看用户自己，值得注意的是，如不考虑二期转化为质量，则自振频率结果偏于不保守。

（4）疲劳荷载：疲劳细节是不需要输入的，程序也没有办法输入（没办法体现），定义了疲劳荷载后程序给出了疲劳应力幅，用户需要根据应力幅值结合规范自己手动验算。

（5）钢箱梁第二体系的考虑：公路钢结构规范没有规定关于钢箱梁第二体系的内容，但是如果有用户想要考虑，具体在"桥梁博士"中的实现方式为等效格子梁法，因为第二体系是桥面体系，即将整个顶板的纵肋和横肋建立梁格模型。

4.37　钢结构截面中顶板/腹板/底板属性参数的意义

如图 4.53 所示，顶板/腹板/底板属性的参数主要影响板件计算局部稳定折减。

对象属性		对象属性	
⊟ 总体信息		⊟ 总体信息	
子截面名称		子截面名称	
板件名称	上翼缘板1	板件名称	腹板
纵肋刚度	平均刚度	纵肋刚度	平均刚度
起点自由	☑	起点自由	☐
终点自由	☐	终点自由	☐
板厚	30	板厚	16
板件类型	自动	板件类型	自动
对齐方式	居中	对齐方式	居中
局部稳定折减方法	按轴心受压板件折减	腹板压区纵肋道数	自动计算
⊟ 几何图形		局部稳定折减方法	不折减
P1	-350;-295	⊟ 几何图形	
P2	0;-295	P1	0;-310
		P2	0;-1910

图 4.53　顶板/腹板的对象属性

纵肋刚度：针对板件上存在两种及以上类型的加劲肋，刚度不一致的情况提供最小刚度、平均刚度、最大刚度三种选择。

起点自由、终点自由：适用于《公路钢结构桥梁设计规范》（JTG D64—2015）的附录 B 中第 B.0.1 条第 1 款。确定板件的支承类型，勾选就是三边支承板，不勾选就是四边支承板，也是局部稳定折减系数需要用到的。

腹板压区纵肋道数：参考《公路钢结构桥梁设计规范》(JTG D64—2015)第 5.3.3 条，腹板稳定验算不考虑受压区高度的变化，假设中性轴位于腹板中心附近，并且只适用于三种情况——无腹板纵肋、一道纵肋和两道纵肋。

局部稳定折减方法：受压板件可按相应的方法折减。

(1) 不折减：不考虑局部稳定影响的折减。（一般梁截面中性轴处于腹板中心附近，故腹板一般选"不折减"）

(2) 按线性应力板元折减：按《公路钢结构桥梁设计规范》(JTG D64—2015)第 B.0.2 条执行。

(3) 按轴心受压板件折减：按《公路钢结构桥梁设计规范》(JTG D64—2015)第 B.0.1 条执行。

4.38 钢结构悬臂上的加劲肋"是否悬臂端"的意义

"加劲肋定义"里的"是否悬臂端"和"对象属性"里的"起点自由"/"终点自由"对应于《公路钢结构桥梁设计规范》(JTG D64—2015)第 8.3.2 条第 3 款：受压翼缘悬臂部分的板端外缘加劲肋应为刚性加劲肋。

程序实现规范该条文有两种办法：

(1) 悬臂端起点设置单独加劲肋，"加劲肋定义"里该加劲肋勾选"是否悬臂端"，板件"对象属性"里勾选"起点自由"，如图 4.54 所示。

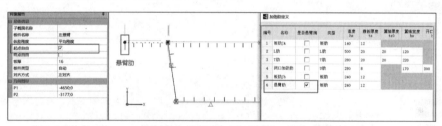

图 4.54 设置悬臂端加劲肋并定义悬臂端"起点自由"

(2) 悬臂端不设置加劲肋，"板件对象"属性里不勾选"起点自由"和"终点自由"，如图 4.55 所示。

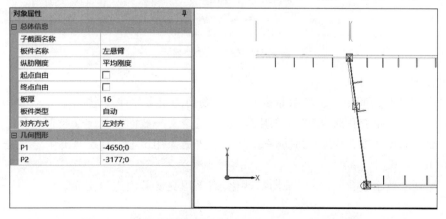

图 4.55 不设置悬臂端加劲肋和"起点自由""终点自由"

上述两种方法左悬臂的局部稳定折减系数是一致的。

4.39　钢结构中纵向加劲肋在模型中的设置和显示

解决方案：

纵向加劲肋的定义通过"截面几何"→"加劲肋"实现。

1）加劲肋 ▨：布置加劲肋。

2）加劲肋下拉三角形可选择以下四项。

（1）复制 ⫿⫿：可以将加劲肋的位置、间距等所有属性从一个板件复制到另外一个板件上。

（2）镜像 ⊥：可以将加劲肋的位置、间距等所有属性从一个板件镜像到另外一个板件上。

（3）均布 🗐：可以在某一板件上布置 N 个等间距的加劲肋。

（4）规格 ▨：定义加劲肋的类型和尺寸。

3）加劲肋的显示：点选构件，在构件的"对象属性"中勾选"显示加劲肋"。注意：当模型较大时，"结构建模"中切换较为卡顿，可不勾选"显示加劲肋"（图 4.56）。

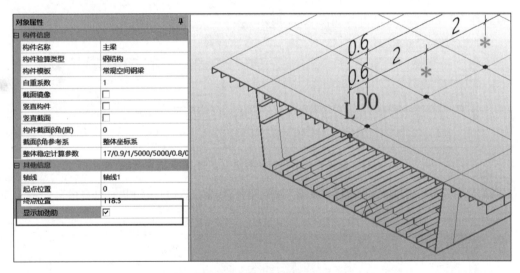

图 4.56　截面加劲肋显示

内容拓展：

当纵向加劲肋的间距、尺寸、数量变化时，加劲肋的定义需要注意：

（1）加劲肋间距变化时，定义可采用变量，变量定义与截面变量定义类似（图 4.57(a)）；

（2）加劲肋尺寸变化时，加劲肋规格中尺寸数据采用变量，参数编辑中定义变量数据（图 4.57(b)）；

（3）加劲肋数量变化时，不能采用参数化，需采用突变截面进行定义。

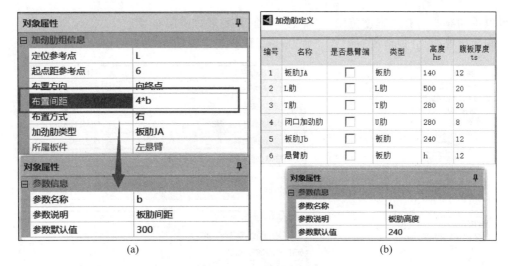

(a)   (b)

图 4.57 加劲肋参数化设置

(a) 加劲肋的"布置间距"参数定义；(b) 加劲肋的尺寸参数定义

4.40 组合梁如何考虑混凝土开裂以及裂缝？

根据《公路钢混组合桥梁设计与施工规范》(JTG/T D64—01—2015)第 7.1.2 条：当混凝土板按部分预应力混凝土 B 类或者普通钢筋混凝土构件设计时，应采用开裂分析方法，中间支座两侧各 $0.15L$(L 为梁的跨度)范围内组合梁截面刚度取开裂截面刚度 EI_{cr}，其余区段组合梁截面刚度取未开裂截面刚度 EI_{un}。

此时需要在"桥梁博士"里填写"桥面板开裂范围"(图 4.58)，开裂范围的长度可以填写 $0.15L$ 或者参照欧洲规范的规定填写。

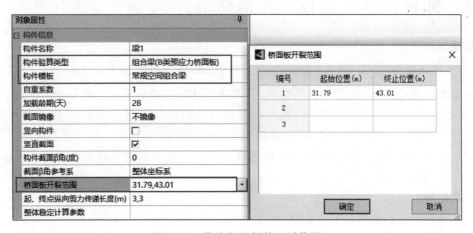

图 4.58 指定桥面板的开裂范围

根据《公路钢混组合桥梁设计与施工规范》(JTG/T D64—01—2015)第 7.2.1 条第 4 款：计算组合梁负弯矩区抗弯承载力时，如考虑混凝土开裂的影响，应不计负弯矩区混凝土的抗拉贡献，但应计入混凝土板翼缘有效宽度内纵向钢筋的作用。

"桥梁博士"默认在组合梁里不计入受拉混凝土贡献，但是考虑全截面范围内的钢筋，用户可以手动修改为有效宽度范围内(注意：钢筋需要填写横向布置)。

相关设置详见"规范库"→"A总则"→"03计算规定"(图4.59)。

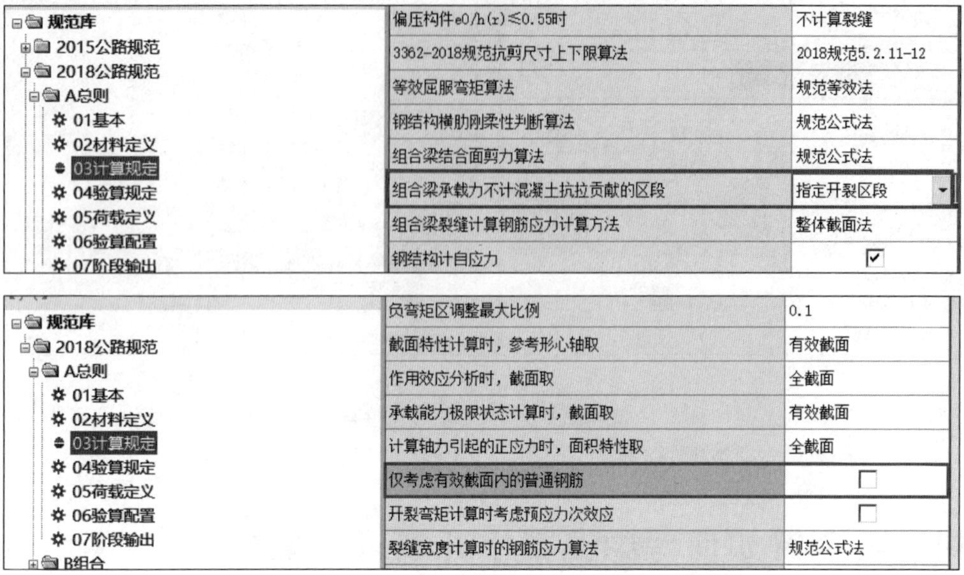

图 4.59 "规范库"关于组合梁开裂截面刚度的设置

《钢-混凝土组合桥梁设计规范》(GB 50917—2013)没有给出裂缝宽度相关的具体计算公式,根据规范解释单位的答疑,执行该规范时裂缝宽度计算方法可以参照《公路钢混组合桥梁设计与施工规范》(JTG/T D64—01—2015)进行。"桥梁博士"只支持受弯构件裂缝宽度的验算,受弯构件的判断标准用规范配置的计算规定中的"忽略轴力项的偏心率界限值"表达。

4.41　如何设置挂篮以及挂篮轨迹?

解决方案:

(1)"常规建模"中用"建梁" ![建梁图标] 命令创建挂篮,跨径一般取最大施工梁段的两倍长度,支座距梁端距离为0;截面无须精确模拟,可用软件自带的矩形创建。需要在跨中建立节点M,来实现前后支点挂篮的模拟。在程序中需要对此构件属性定义如下:"构件验算类型"采用"非验算构件";"构件模板"采用"常规平面砼主梁"(图4.60)。

(2)"施工信息"中用"挂篮定义"来实现挂篮设置。挂篮重量一般为最重悬浇梁段重量的0.3～0.5倍。

问题拓展:

挂篮分为前支点挂篮和后支点挂篮(图4.61)。

(1)后支点挂篮的受力原理:悬臂结构状态,挂篮尾部采用预应力筋或精轧螺纹钢锚固在已浇筑的梁段顶板,端部悬挑,其长度长于待浇筑梁段,通过锚固装置及支点将挂篮所承受的重量传递到已浇梁段,多用于连续梁桥和连续刚构桥中。

(2)前支点挂篮的受力原理:将后支点挂篮的悬臂状态转为前支点挂篮的简支状态,从而减少挂篮的挠度和弯矩,多用于钢筋混凝土斜拉桥施工中。

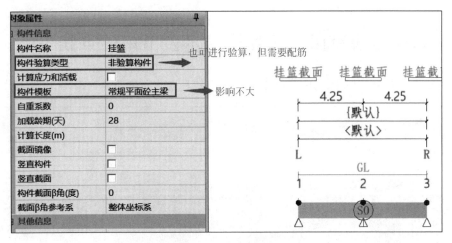

图 4.60　挂篮构件"对象属性"的定义

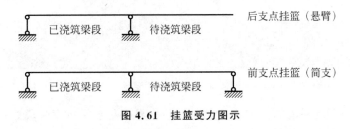

图 4.61　挂篮受力图示

4.42　挂篮在施工阶段显示异常

解决方案:

建模时定义好了挂篮,但是在施工阶段却显示异常。如图 4.62 所示,建模界面里双击挂篮构件后检查一下是否给挂篮赋予了截面信息,必须要给挂篮构件安装截面,否则在施工阶段会异常并报错。

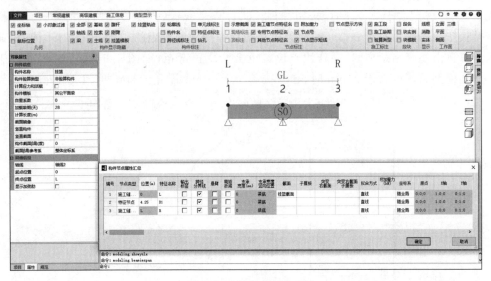

图 4.62　挂篮截面安装

4.43　如何理解有限元比建模显示多出来的点线？

如图 4.63 所示，有限元图示中绿色点表示节点，红色点表示刚臂及连接，红色线表示单元。

彩图 4.63

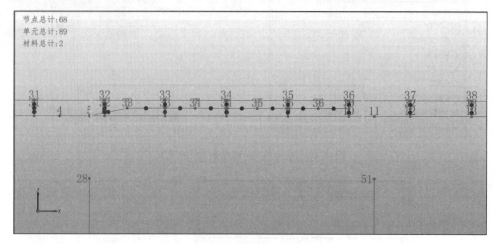

图 4.63　"有限元"显示

建模界面的有限元没有表示自由度信息。建模界面是包括所有阶段的一个总和。具体在哪个施工阶段哪些是有效的以施工阶段有限元图示为准。

4.44　桥面框架计算时如何考虑悬臂板大于 2.5m 时对应范围的分布系数？

解决方案：

按照《公路钢筋混凝土及预应力混凝土桥涵设计规范》(JTG 3362—2018) 第 4.2.5 条条文说明，悬臂板大于 2.5m 时，采用沙柯公式计算悬臂板的弯矩，按照沙柯公式计算得到的悬臂板弯矩一般为小于 2.5m 的悬臂板公式计算得到的弯矩的 1.15～1.3 倍，同时，荷载作用点离自由端一定距离时，在作用点位置也会产生正弯矩，如图 4.64 所示。因此对于桥面板框架模型悬臂板大于 2.5m 时，建议按照小于 2.5m 计算分布宽度，手动提高弯矩效应 1.15～1.3 倍。对于可能出现的正弯矩，可近似按照负弯矩区的一半配置正弯矩区钢筋。

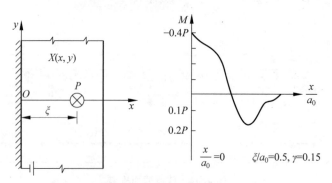

图 4.64　沙柯公式计算得到的悬臂板弯矩图示

"钢束设计"中常见问题

5 CHAPTER

"钢束设计"一般用于预应力结构,使用"钢束设计"区块,可以定义钢束型号规格,定义纵向、横向钢束的竖弯、平弯线形、竖向预应力,各钢束的张拉批次和钢束连接器。针对上述操作的程序实现问题,本章进行释疑。通过对本章的学习,用户将掌握钢束的型号参数定义、平弯、竖弯设计等操作。

5.1 "钢束设计"为什么不显示结构轮廓/特征线?

解决方案:

如图 5.1 所示,不显示结构轮廓需检查"结构建模"中构件是否已安装截面或者截面拟合是否正常。不显示特征线需检查特征线位置是否定义了特征节点、施工缝节点以及节点特征名称是否填写,程序只显示特征节点及施工缝节点对应位置的特征线。

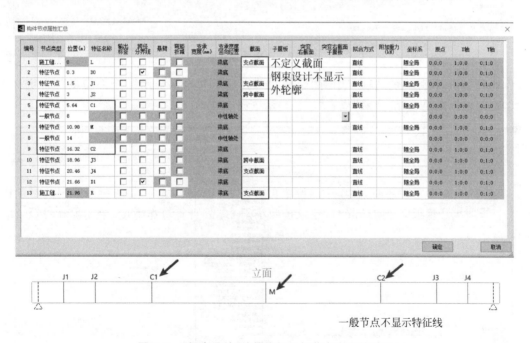

图 5.1 "钢束设计"特征线显示与节点定义的关系

5.2　重合钢束如何单独显示？

解决方案：

单击重合钢束，命令栏提示："此处击中了 2 个对象，可以将鼠标悬浮于该点，按 TAB 或者 shift＋space 切换"，此时按下 Tab 键，可以看到选择的钢束切换到重合的另外一根钢束上，完成重合钢束的选择（图 5.2）。

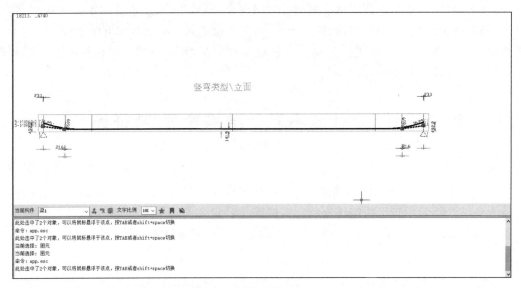

图 5.2　选择重合钢束

此时右击，在弹出的选项卡中有"隐藏""单独显示""全部显示""全部隐藏""自定义显示"，可以根据需要选择"隐藏"或者"单独显示"（图 5.3）。

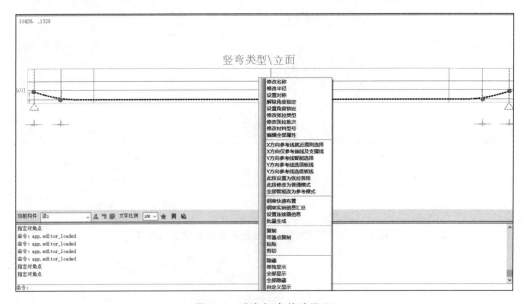

图 5.3　重合钢束单独显示

5.3 预应力的张拉控制应力、钢筋松弛系数等信息在哪里修改？

解决方案：

在钢束型号定义中修改钢束的详细信息（图 5.4）。

型号名称	材料名称	编束根数	成孔面积(mm×2)	张拉控制应力	超张拉系数	管道摩阻系数(μ)	局部偏差系数(k)	一端锚具回缩(m)	是否先张	台座温差	先张台座总长(m)	松弛率	体外束	体外束极限	注释信息
15-3(1860)	钢绞线d=15...	3	3318.31	1395	0	0.2	0.0015	6	☐	0	0	0	☐	1000	
15-4(1860)	钢绞线d=15...	4	3318.31	1395	0	0.2	0.0015	6	☐	0	0	0	☐	1000	
15-5(1860)	钢绞线d=15...	5	3318.31	1395	0	0.2	0.0015	6	☐	0	0	0	☐	1000	
15-6(1860)	钢绞线d=15...	6	4417.86	1395	0	0.2	0.0015	6	☐	0	0	0	☐	1000	
15-7(1860)	钢绞线d=15...	7	4417.86	1395	0	0.2	0.0015	6	☐	0	0	0	☐	1000	
15-8(1860)	钢绞线d=15...	8	6647.61	1395	0	0.2	0.0015	6	☐	0	0	0	☐	1000	
15-9(1860)	钢绞线d=15...	9	6647.61	1395	0	0.2	0.0015	6	☐	0	0	0	☐	1000	
15-10(1860)	钢绞线d=15...	10	6647.61	1395	0	0.2	0.0015	6	☐	0	0	0	☐	1000	
15-11(1860)	钢绞线d=15...	11	6647.61	1395	0	0.2	0.0015	6	☐	0	0	0	☐	1000	
15-12(1860)	钢绞线d=15...	12	6647.61	1395	0	0.2	0.0015	6	☐	0	0	0	☐	1000	
15-12(1860)	钢绞线d=15	13	8904.73	1395	0	0.2	0.0015							1000	

图 5.4　钢束材料型号定义表

（1）型号名称：钢束的型号，如可以使用"15-8（1860）"表示每束钢束由 8 根钢绞线组成，钢绞线的直径为 15.2mm，抗拉强度标准值为 1860MPa。型号名称可以由用户自定义。

（2）材料名称："总体信息"→"材料定义"中定义的预应力材料名称。

（3）编束根数：组成每束钢束的钢绞线或钢丝的根数。

（4）成孔面积：钢束预留孔道的面积。成孔面积是指一束钢束的成孔面积，即一个孔道的面积。用于计算时在该钢束尚未灌浆之前，考虑其孔道对截面特征削弱的影响。

（5）张拉控制应力：钢束张拉的有效控制应力，如果需计入锚口摩阻，用户需自己扣除。

（6）超张拉系数：为克服锚口摩阻和提高跨中有效预应力而采用的张拉措施，指张拉控制应力的提高系数。填 0 表示该钢束不超张拉，填 5 表示超张拉 5%。

（7）管道摩阻系数：预应力钢筋与管道壁的摩擦系数。

（8）局部偏差系数：为管道每米局部偏差对摩擦的影响系数。

管道摩阻系数/局部偏差系数：与管道成型方式和钢束本身有关的系数。可参照《公路钢筋混凝土及预应力混凝土桥涵设计规范》（JTG 3362—2018）中表 6.2.2 取值。

（9）一端锚具回缩：张拉端锚具变形、钢筋回缩和接缝压缩值，可参照《公路钢筋混凝土及预应力混凝土桥涵设计规范》（JTG 3362—2018）中表 6.2.3 取值。

（10）是否先张：表示该预应力构件中钢束是否为先张。勾选该项表示该钢束用于先张拉构件中。

（11）台座温差：为先张法预应力钢丝与混凝土台座之间的温差。

（12）先张台座长度：为两台座锚下（贴台座边）之间的距离。

（13）松弛率：输入钢束的松弛率（此处直接输入松弛率数值，为小于 1 的正实数。而非百分率)。松弛率可根据厂家提供的材料资料填写。或按规范取值,定义为《公路钢筋混凝土及预应力混凝土桥涵设计规范》(JTG 3362—2018)第 6.2.6 条中 $\Psi \cdot \zeta\left(0.52\dfrac{\sigma_{pe}}{f_{pk}}-0.26\right)$。如果"桥梁博士"中松弛率填 0,则系统自动根据该规范的公式(6.2.6-1)计算松弛损失,此时松弛系数 $\zeta=0.3$;如果手动填写钢束的松弛率,松弛损失为松弛率×张拉控制应力(程序简化处理)。参考《铁路桥涵混凝土结构设计规范》(TB 10092—2017)第 7.3.4 条第 5 款取值。

(14) 体外束:勾选"体外束",表示该钢束为体外预应力束。若相同型号的钢束既适用于体外束又适用于体内束,则用户可以定义两种钢束型号。

(15) 体外束极限应力:承载能力极限状态下体外束能达到的最大拉应力。

(16) 注释信息:可根据需要对钢束进行注释,对计算无影响。

5.4 对于体外束,钢束型号中体外束极限应力如何填写?

解决方案:

对于体外束,钢束型号中"体外束极限应力"有时需用户手动填写,该值影响结构承载能力的计算(图 5.5)。

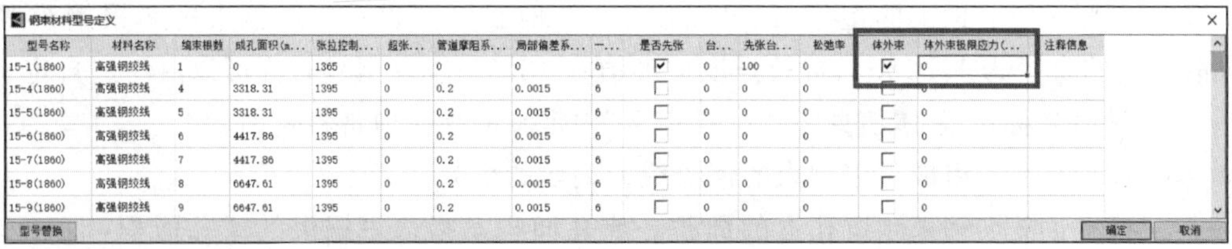

图 5.5 钢束材料型号定义表

对于普通预应力混凝土梁桥,不需要考虑体外束极限应力,正确填写张拉控制应力即可。

对于预应力混凝土组合结构(混凝土主截面+混凝土子截面),按照《公路钢筋混凝土及预应力混凝土桥涵设计规范应用指南》第 5.2.2 条说明,体外预应力钢束需要考虑使用阶段的应力限值和极限状态的应力取值,参照欧洲规范,极限应力取使用阶段扣除预应力损失后的有效应力。

对于钢-混组合结构桥梁,按照《钢-混凝土组合桥梁设计规范》(GB 50917—2013)第 5.1.4 条中公式计算,手动输入。

对于加固结构,按照《公路桥梁加固设计规范》(JTG/T J22—2008)第 8.2.3 条中公式进行计算,手动输入。

5.5 钢束 CAD 文件导入注意要点

(1) 钢束图坐标原点问题:轮廓线左上角位于世界坐标系原点。建议用户直接从"桥梁博士"模型当中使用"钢束设计"的"导出"命令导出轮廓线,直接在轮廓线上编辑钢束的导入信息(可避免导入后钢束出现位置、坐标错乱),既省去了画轮廓线的步骤,亦可提高准确率。

(2)图层设置:一个图层内只能放置一根钢束。轮廓线也是单独图层处理。

(3)程序支持导线点导入和要素点导入两种方法:导线点导入时要求必须是连续直线,曲线半径可以使用同图层单行文字标注在导线点处,程序能够自动读取。要素点导入时只支持两个以下的连续圆弧。建议尽量每根钢束在 CAD 文件里合并成整条多段线,以保证整根钢束是连续不中断的。

(4)针对变截面桥:部分底板束按照上面要求导入后还是出现了位置错乱,用户在导入结束后,需要勾选参考模式,表示底板束沿着底板(变截面桥)进行变化,勾选位置为开始变化的底缘线控制点。

问题拓展:

钢束如果导入出错可以尝试以下办法解决。

(1)检查每根钢束是否在同一个图层,保证一根钢束一个图层,图层内不要有除钢束以外多余的线。

(2)检查钢束导入原点、尺寸、构造位置都要正确并保证线段连续,节点不能断开。

(3)针对导入位置不对,检查一下 CAD 文件的坐标系是世界坐标系还是自定义坐标系,如果是自定义坐标系,需要切换到世界坐标系再绘制钢束

(4)使用 PU 命令清理一下 CAD 中多余的块、图层及其他内容。

(5)使用 X 命令打断一下 CAD 中的多段线再导入。

(6)牢记要素点导入仅支持两个连续圆弧及以下,程序不支持两个以上圆弧。

5.6 导入钢束时的导线点格式和要素点格式需如何理解?

钢束导入程序支持导线点导入和要素点导入两种方法。

在 CAD 中绘制钢束时,在两个直线相交的位置,往往进行倒圆角处理,这种情况就是按钢束的实际形状绘制的,属于要素点格式(图 5.6)。要素点导入时只支持两个以下的连续圆弧。

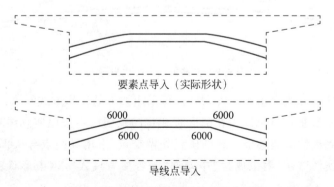

图 5.6 要素点导入和导线点导入图示

当两个直线交叉处不绘制倒的圆角，而是以数字的形式注明这个圆角的半径，那么这种形式就是导线点格式（图5.6）。导线点导入时需要勾选"导线点格式导入"，要求必须是连续直线，曲线半径可以使用同图层单行文字标注在导线点处，程序能够自动读取。注意文字要和对应倒圆角的钢束在同一图层。

如图5.7所示，程序导入时不勾选"导线点格式导入"即为要素点导入。

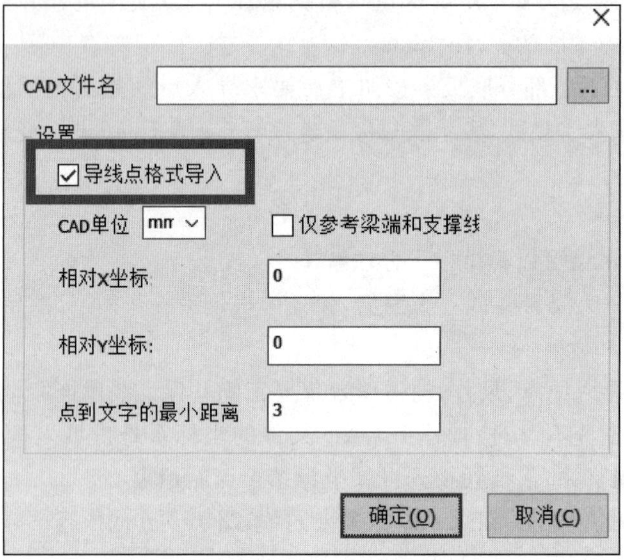

图 5.7　要素点导入和导线点导入的选择

5.7　变高梁如何输入随底板变化的钢束束形？

解决方案：

在变高梁建模的过程中，对于随底板形状变化的底板束，一些设计人员是按实际线形（图5.8）绘制好后，再导入软件中。

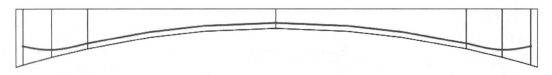

图 5.8　变高梁按实际线形导入

但有时上述导入方法会出现异常，此时，可采用如下的操作方式导入。

如图5.9所示底板束，CAD中在随底板变化的范围内不按照实际线形绘制，只需在钢束直线段末端与底板钢束偏移值一致的位置处做交点，采用导线点导入即可。导入后双击钢束，打开"钢束属性"，在"钢束属性"中勾选"是否参考模式"，钢束形状就会随底板变化。效果与实际线形导入一致。

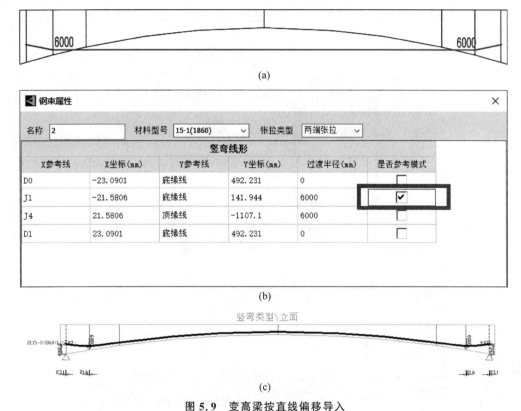

图 5.9　变高梁按直线偏移导入

（a）CAD 中绘制钢束；（b）"钢束属性"中勾选"是否参考模式"；（c）确认后钢束线形

5.8　带横坡/斜腹板的截面如何考虑钢束的实际位置？

解决方案：

带横坡/斜腹板的截面，确定钢束准确定位可以按以下步骤进行。

（1）选择"建模分析"→"截面"→"钢束位"图标 📄，定义钢束位（图 5.10（a））。

（2）在"钢束设计"里"Y 参考线"或"参考线名称"下拉菜单选择定义的钢束位，确定钢束的位置（图 5.10（b））。

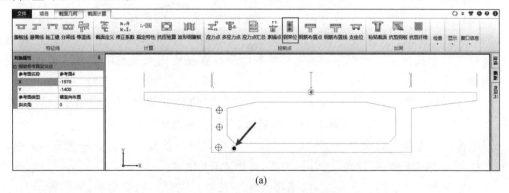

图 5.10　带横坡/斜腹板的截面定义钢束

（a）定义截面钢束位；（b）选择定义的钢束位

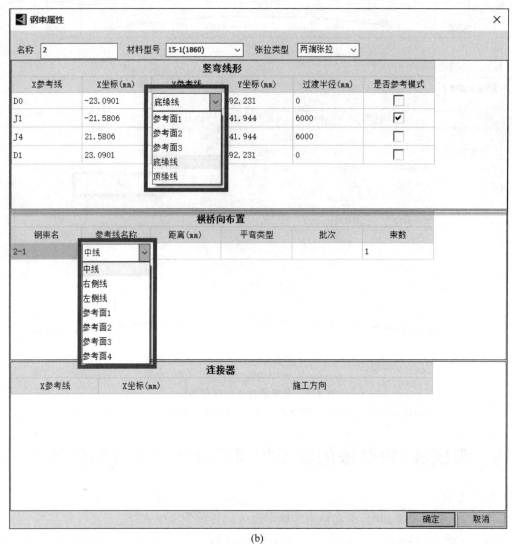

(b)

图 5.10（续）

问题拓展：

钢束位用来确定钢束线形设计的参考位置，包括竖向、横向和横竖向三种类型。

（1）**参考面类型：** 定义参考线时用于确定钢束的横向、竖向的布置位置，选择竖向则只能在竖弯线形中找到定义的钢束位；选择横向则只能在横桥向布置里的参考线名称中找到定义的钢束位。

（2）**斜夹角：** 用于定义横向、竖向参考线所在面时角度的旋转。一般用于斜腹板钢束的布置，或者带有横坡的桥面板纵向钢束布置，以 V5 版本为例进行说明。

对于横向参考线：斜交角＝0°时，参考线为截面中的一条竖直的线；斜交角＝α°时，表示参考线到 Y 轴正向的旋转角，逆时针为正，如图 5.11 所示。

对于竖向参考线：斜交角＝0°时，参考线为一条水平的线；斜交角＝α°时，表示参考线到 X 轴正向的旋转角，顺时针为正。

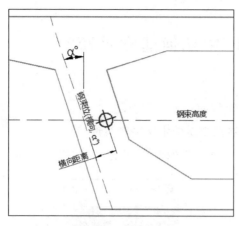

图 5.11　钢束横向参考线倾斜角设置

资料链接：E 钢束设计-05 平弯线形

04

5.9　钢束信息里横桥向布置中距离和束数是什么对应关系？

（1）距离：钢束横向距离参考线的距离，支持形如：$d_1 + n * d_2 + d_3$ 的格式，第一个距离 d_1 为距离参考线的距离，d_2/d_3 为与前一个钢束点布置位置的相对距离。

（2）束数：在一个横向位置上布置的束数。

距离和束数相互独立，没有直接关系。

如图 5.12 所示，"距离"填写 $2×3000$，"束数"填写 2，意思是钢束横向布置在两个位置，每一位置布置两束钢束，总共布置 $2×2=4$ 束钢束。

横桥向布置					
钢束名	参考线名称	距离(mm)	平弯类型	批次	束数
2	中线	2*3000		P1	2

图 5.12　钢束横桥向布置

问题拓展：

（1）平弯类型：钢束平弯的类型，用户可以在"视图"中新建平弯类型定义平弯，并在此处下拉选择，将平弯信息与钢束的竖弯信息进行组合。

（2）批次：用于定义钢束的张拉批次，钢束张拉批次的命名可以为字母、数字或者两者组合等，钢束必须定义张拉批次，否则在施工阶段将无法张拉。

5.10　直线梁桥是否可以忽略钢束平弯？

进行直线梁桥计算时，预应力钢束平弯信息输入后，程序不计算横向的等效荷载，但在预应力损失计算时，会考虑平弯的影响。所以，对直线梁桥，钢束平弯信息的输入对钢束自身永存预应力、钢束引伸量结果有一定的影响，对于结构整体计算结果的影响不大。因此，为了方便，可以不用建立平弯。

5.11 "钢束设计"中如何建立平弯？

解决方案：

钢束的平弯设计包括以下两步：

1）新建平弯视口，并在该视口中定义平弯线形。

（1）在钢束视口选择"建视口"图标 ，弹出"新建视口"对话框，如图 5.13 所示。

图 5.13　新建平弯类型视口

将"类型"选择为"平弯类型"，"结构"选择为"平面"，并在"名称"一栏填入自定义的名称。单击"确定"后，将生成一个平弯视口。在视口中默认有一根水平的线和两根竖直的线。竖直线分别表示钢束的纵向起终点，水平线表示钢束属性中选择的参考线（图 5.14）。

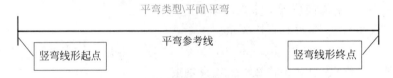

图 5.14　平弯视口中的示意线

（2）使用与竖弯设计相同的命令（"建钢束"/"导入钢束"）来建立平弯线形，例如用"建钢束"命令建立如图 5.15 所示的平弯线。

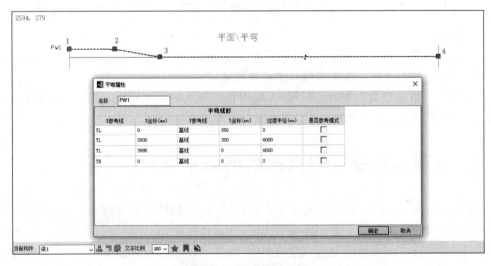

图 5.15　平弯线形示例

点1：必须落在第一根竖直线上，表示钢束的起点。横向左偏于钢束无平弯时的平面投影线350mm。

点2：纵向位置为距离纵向起点2000mm，横向左偏于钢束无平弯时的平面投影线350mm。

点3：纵向位置为距离纵向起点3985mm，横向落在钢束无平弯时的平面投影线上。

点4：纵向位置为钢束终点，横向落在钢束无平弯时的平面投影线上。

2）在竖弯视口中双击钢束打开"钢束属性"，选择已定义的平弯类型以创建钢束实例（图5.16）。

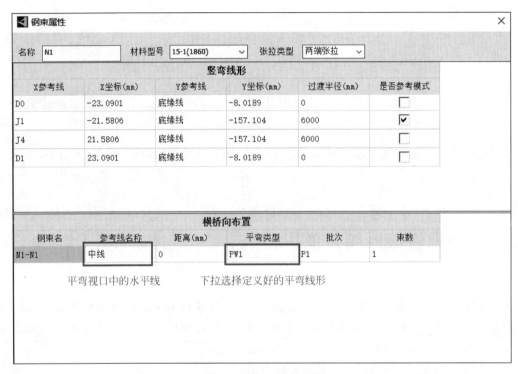

图5.16 定义平弯类型

资料链接："钢束设计"-05.平弯线形

05

5.12 钢束如何跨批次张拉？

问题描述：

设计图纸中对钢束张拉顺序进行了设计，如下所述。

钢束张拉顺序为：50％N2→100％N3→100％N2→100％N1。

程序中如何实现上述同一根钢束跨批次张拉：N2钢束第一批次张拉50％，第三批次张拉到100％？

解决方案：

N2钢束张拉两次，批次按照图5.17所示填写"P1,0.5,1"（表示N2钢束张拉批次为

P1，第一次张拉 50％，第二次张拉 100％）（注意："桥梁博士"版本不同，批次填写规则有差别，该规则适用于 V4.4.1 及以上版本）。

横桥向布置

钢束名	参考线名称	距离(mm)	平弯类型	批次	束数
N2-1	中线	0		P1,0.5,1	1

填写说明：
张拉批次名称
同一钢束多次张拉：张拉批次，第一次张拉力比例，第二次张拉力比例，…
当前值:P1,0.5,1
用户批注:无

钢束实例汇总

钢束名	竖弯名称	参考线名称	距离(mm)	平弯类型	批次	束数	材料型号	张拉类型
N1	N1	中线	0		P3	1	15-1(1860)	两端张拉
N2-1	N2	中线	0		P1,0.5,1	1	15-1(1860)	两端张拉
N3-1	N3	中线	0		P2	1	15-1(1860)	两端张拉

确定   取消

图 5.17   钢束批次定义

上述张拉顺序的实现可以定义 4 个施工阶段，施工阶段 1 张拉 P1 批次（N2）钢束，施工阶段 2 张拉 P2 批次（N3）钢束，施工阶段 3 再次张拉 P1 批次（N2）钢束，施工阶段 4 张拉 P3 批次（N1）钢束。

5.13   钢束连接器如何使用？

解决方案：

钢束连接器用于逐孔施工、悬浇、悬拼施工中，分段张拉钢束的情况下钢束连接器的模拟。可以将全联钢束按连接器位置自动分成若干段，然后在施工阶段通过分次安装钢束来分次张拉每节段钢束，具体操作如下。

1）设置连接器，连接器设置可采用两种方法。

（1）"钢束设计"里，双击需要设置连接器的钢束，在"连接器属性"里，填写连接器的"X 参考线""X 坐标"以及"施工方向"（图 5.18）。

连接器

X参考线	X坐标(mm)	施工方向

图 5.18   连接器设置窗口

（2）"钢束设计"里，选择设置连接器的参考线，右击选择"连接器设置"，打开连接器设置窗口，填写"竖弯名称""X 参考线""X 坐标"以及"施工方向"。

X 参考线：钢束连接器纵向位置布置时的参考线，为构件的施工缝节点及特征节点位置，只要能准确表达连接器纵向位置即可。

X 坐标：连接器纵向距离参考线的距离。

施工方向：施工首段左侧的连接器为向左施工,右侧的连接器为向右施工。

2)正确填写钢束张拉批次,连接器数量一致且分次张拉顺序一致的才能叫同一个批次名。例如底板束 D1 和腹板束 F1 都是第一次就开始张拉,但是 D1 不设置连接器,一次张拉完成,F1 设置 2 个连接器,即分 3 段进行张拉。那么 D1 和 F1 的张拉批次应分别命名。

3)"施工分析"里,分段张拉的钢束在不同施工阶段里分别安装即可。例如 F1 张拉批次名叫 Z1,但是设置了 2 个连接器,那么在施工阶段中随着钢束所在施工段的安装进行张拉,可张拉 1～3 次。

示例一：

单侧施工,钢束设置 2 个连接器,分 3 次张拉(图 5.19)。

图 5.19 单侧施工连接器图示

此时,"钢束属性"设置如图 5.20 所示,钢束设置 2 个连接器,均为"向右施工",张拉批次为 P1。

钢束属性

名称	N6		材料型号	15-1(1860)		张拉类型	两端张拉	

竖弯线形

X参考线	X坐标(mm)	Y参考线	Y坐标(mm)	过渡半径(mm)	是否参考模式
D0	-0	顶缘线	-475	0	☐
C1	0	顶缘线	-475	0	☐
D1	0	顶缘线	-475	0	☐

横桥向布置

钢束名	参考线名称	距离(mm)	平弯类型	批次	束数
N6-1	中线	0		P1	1

连接器

X参考线	X坐标(mm)	施工方向
C1	0	向右施工
C2	0	向右施工

确定　　取消

图 5.20 单侧施工连接器设置

"施工分析"设置如表 5.1 所示,梁分 3 个施工段安装,同样钢束也随梁的施工分 3 次张拉并灌浆。

表 5.1 "施工分析"设置

施工阶段	构件安装	钢束安装
安装 0#块	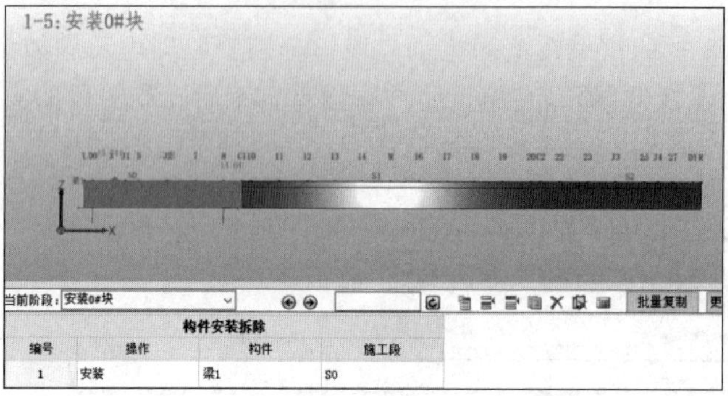	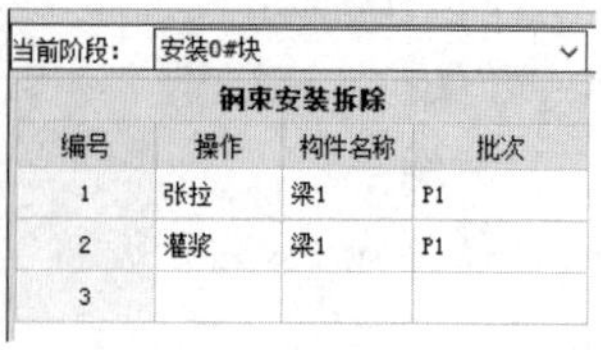
安装 1#梁段	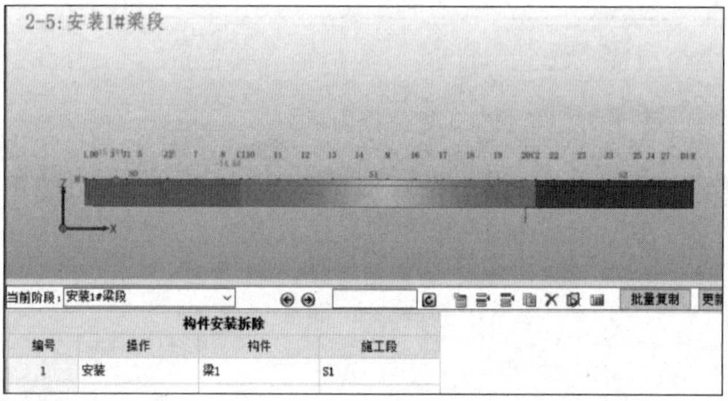	
安装 2#梁段	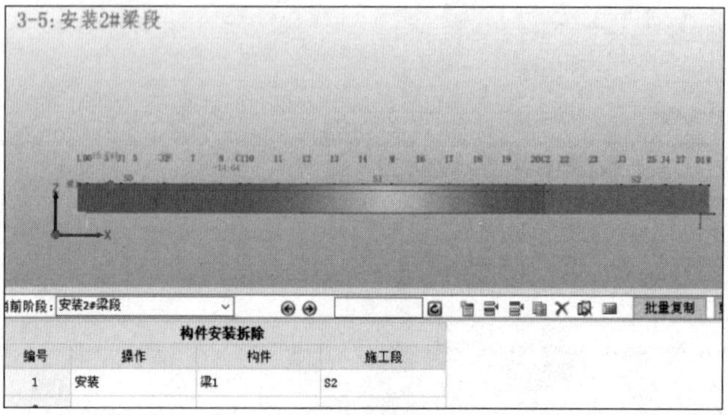	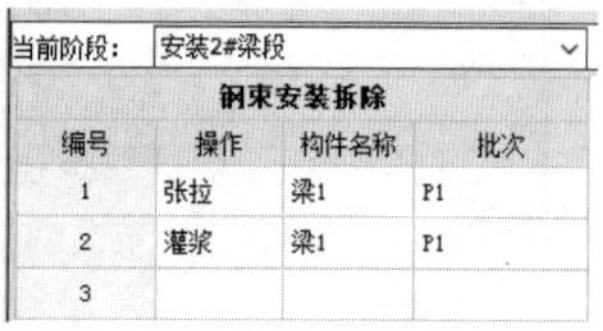

示例二:

对称施工,钢束设置 2 个连接器,分 0#梁段和 1#(1′#)梁段 2 次张拉(图 5.21)。

此时,"钢束属性"设置如图 5.22 所示,钢束设置 2 个连接器,C1 向左施工至左侧梁端,C1′向右施工至右侧梁端,张拉批次为 P1。

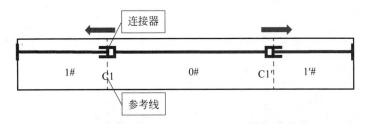

图 5.21 双侧对称施工连接器图示

钢束属性

名称 N6   材料型号 15-1(1860)   张拉类型 两端张拉

竖弯线形

X参考线	X坐标(mm)	Y参考线	Y坐标(mm)	过渡半径(mm)	是否参考模式
D0	-0	顶缘线	-475	0	☐
C1	0	顶缘线	-475	0	☐
D1	0	顶缘线	-475	0	☐

横桥向布置

钢束名	参考线名称	距离(mm)	平弯类型	批次	束数
N6-1	中线	0		P1	1

连接器

X参考线	X坐标(mm)	施工方向
C1	0	向左施工
C1'	0	向右施工

确定   取消

图 5.22 双侧对称施工连接器设置

"施工分析"设置如表 5.2 所示,梁分 2 次安装,同样钢束也随梁的施工分 2 次张拉。

表 5.2 "施工分析"设置

施工阶段	构件安装	钢束安装
安装 0#块	1-4:安装0#块 当前阶段:安装0#块 构件安装拆除 编号 操作 构件 施工段 1 安装 梁1 S1 2	当前阶段: 安装0#块 **钢束安装拆除** 编号 操作 构件名称 批次 1 张拉 梁1 P1 2 灌浆 梁1 P1 3

续表

施工阶段	构 件 安 装	钢 束 安 装
安装 1♯、 1′♯ 梁段	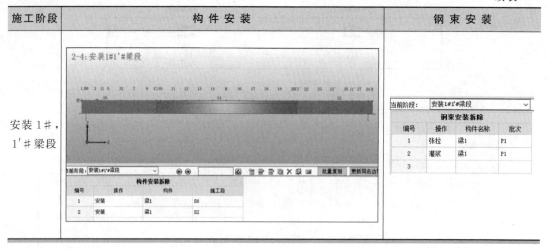	

内容拓展：

（1）程序不能实现从两侧向中间张拉钢束，也就是如图 5.23 所示的情况，此时，程序提示警告：钢束……位于（C1，0）和（C1′，0）的连接器的施工方向有误。实际工程中也没有这样的施工方式，施工无法实现。

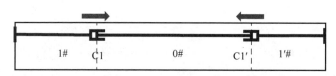

连接器		
X参考线	X坐标（mm）	施工方向
C1	0	向右施工
C1′	0	向左施工

图 5.23　双侧向内错误示意

（2）钢束连接器的设置是依托主梁施工段的，主梁施工段安装完成并设置钢束张拉，该施工段内所有张拉批次内的钢束张拉完成，与连接器数量无关。如示例一，在第一个施工阶段安装施工段 S0、S1、S2，张拉钢束批次 P1，此时连接器连接的三段钢束都进行了张拉，设置第二个阶段再次张拉 P1 则程序提示错误：模型……的施工分析中……中钢束张拉标识[P1]，没有找到可安装的钢束。

资料链接：E08 连接器设置

5.14　如何批量修改钢束信息？

解决方案：

当需要统一修改一批钢束的某一个信息时，可以先选中这批钢束，右击调出快捷菜单，并使用"钢束快速布置"和"钢束实例信息汇总"两个功能（图 5.24）。

钢束名	竖弯名称	参考线名称	距离(mm)	平弯类型	批次	束数	材料型号	张拉类型
TSB1	TSB1	TSB1	0		边跨现浇	1	15-15(1860)	两端张拉
TSB2	TSB2	TSB2	0		边跨现浇	1	15-15(1860)	两端张拉
TSB3	TSB3	TSB3	0		边跨合拢钢束	1	15-19(1860)	两端张拉
TSB4	TSB4	TSB4	0	填写说明:平弯类型 边跨合拢钢束	1	15-19(1860)	两端张拉
TSB5	TSB5	TSB5	0	当前值:无 边跨合拢钢束	1	15-19(1860)	两端张拉
TSB6-1	TSB6	TSB6	0	用户批注:无 边跨合拢钢束	1	15-19(1860)	两端张拉
TSB7	TSB7	TSB7	0		边跨合拢钢束	1	15-19(1860)	两端张拉
TSB8	TSB8	TSB8	0		边跨合拢钢束	1	15-19(1860)	两端张拉
TSB9	TSB9	TSB9	0		边跨合拢钢束	1	15-19(1860)	两端张拉
TSB10	TSB10	TSB10	0		边跨合拢钢束	1	15-19(1860)	两端张拉
TSB11	TSB11	TSB11	0		边跨合拢钢束	1	15-19(1860)	两端张拉
TSB12	TSB12	TSB12	0		边跨合拢钢束	1	15-19(1860)	两端张拉

图 5.24　批量修改钢束信息

使用"钢束快速布置"可以修改"材料型号""束数"和"张拉批次"三个属性。

使用"钢束实例信息汇总",可以将选中钢束的所有实例以表格的形式展开。表格内除钢束名以外的所有列均可修改,可与 Excel 表格交互。

5.15　调束功能使用方法

如图 5.25 所示,实现程序调束需要进行以下 4 步操作。

(1) 在"总体信息"中勾选"调束"。

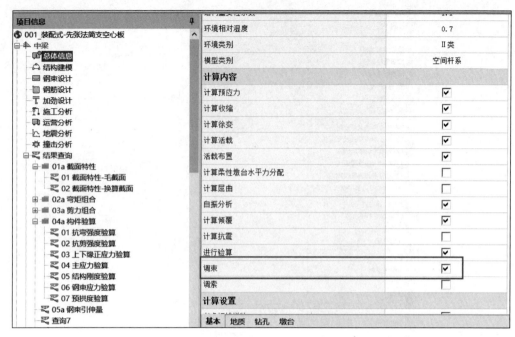

图 5.25　在"总体信息"中勾选"调束"

（2）在"施工分析"的"施工汇总"中张拉钢束阶段，"调束"选择"是"，见图 5.26；或者在"施工分析"的"总体信息"中勾选"生成调束信息"。

图 5.26　"施工分析"中"调束"选择"是"

（3）计算模型。

（4）在"钢束设计"中单击"调束"按钮调用"调束"工具，新建查询项，调整钢束实时查看应力，见图 5.27。

一般不能调束是因为上述步骤有缺失，较大概率是第二步操作未设置。

问题拓展：

调束界面中，构件的正截面应力没有考虑到收缩徐变的影响，结果查询中的应力值是成桥后的应力值，考虑了收缩徐变，所以存在调束阶段和结果查看时看到的应力值不一样的现象。

从结果查询再返回到调束界面时，会发现调束界面的应力值和最开始调束时不一样，而是和结果查询时一样，这是因为调束界面的应力值是继承了当前阶段的应力值。

资料链接：K 系统工具-K04 动态调整钢束

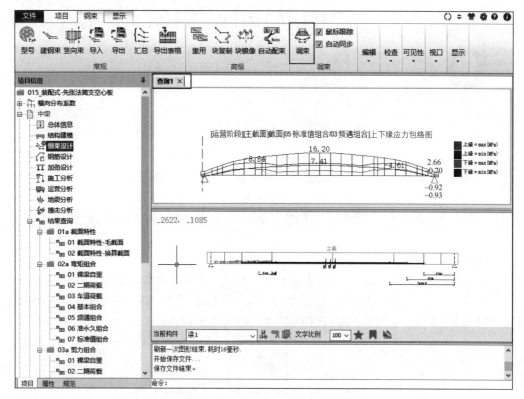

图 5.27　在"钢束设计"中调用"调束"工具

6 "钢筋设计"中常见问题

CHAPTER

"钢筋设计"用于定义普通钢筋,包括纵筋、箍筋和斜筋。对于"桥梁博士"自带的圆形和矩形截面,抗震计算所需的约束钢筋体积配箍率也将从该区块的定义中读取。

6.1 "钢束设计""钢筋设计"界面光标大小如何修改?

解决方案:

如图 6.1 所示,"钢筋设计"窗口采用十字形光标。光标大小样式的修改如图 6.2 所示,在命令窗口输入 set 命令,弹出"显示设置"窗口,在窗口左下角单击"捕捉设置",弹出"捕捉设置"窗口,在"光标设置"里修改"十字线长度",确认完成设置。

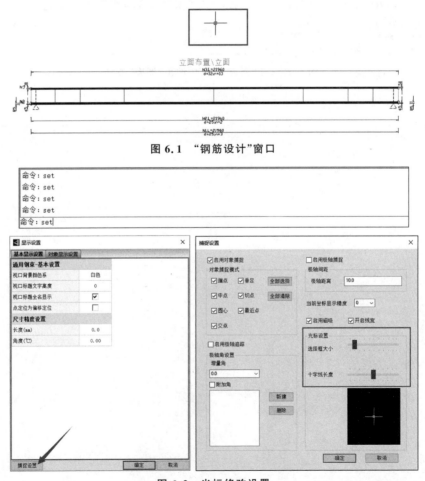

图 6.1 "钢筋设计"窗口

图 6.2 光标修改设置

6.2 关于"钢筋设计"中的"是否为骨架""并置根数"作何解释？

钢筋混凝土构件支持设置骨架筋及束筋，"钢筋设计"中的"是否为骨架""并置根数"，主要是为了计算钢筋砼构件的裂缝宽度（《公路钢筋混凝土及预应力混凝土桥涵设计规范》（JTG 3362—2018）第 6.4.3 条）。

（1）骨架钢筋的设置：选择钢筋，双击进入"钢筋编辑"窗口，勾选"是否为骨架"，根据上述规范，骨架钢筋的换算直径乘以 1.3 的系数。

（2）束筋的设置：选择钢筋，双击进入"钢筋编辑"窗口，填写"并置根数"，根据上述规范，束筋换算直径需考虑 $\sqrt{n}$ 的放大作用。

并置钢筋程序不区分上下并置和左右并置。

6.3 钢束和钢筋的横向布置

双击钢筋进入"钢筋编辑"窗口，在"横桥向布置"里填写钢筋的横向布置信息（图 6.3）。

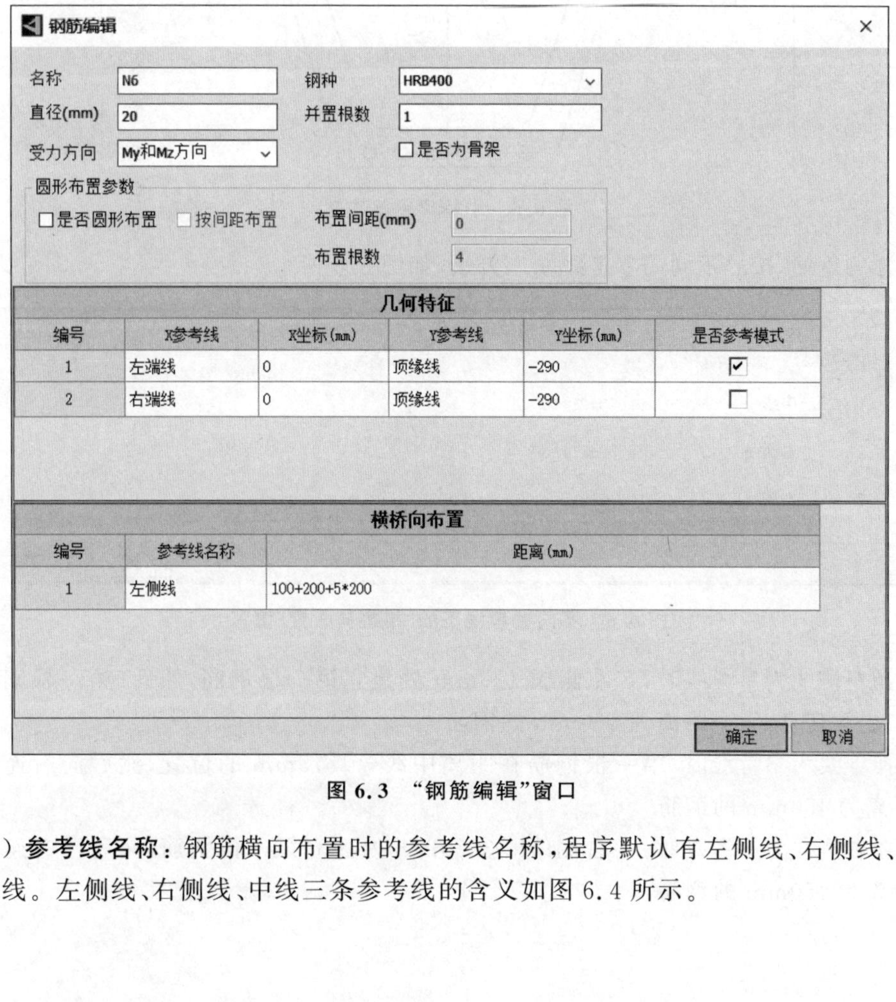

图 6.3 "钢筋编辑"窗口

（1）**参考线名称**：钢筋横向布置时的参考线名称，程序默认有左侧线、右侧线、中线三条参考线。左侧线、右侧线、中线三条参考线的含义如图 6.4 所示。

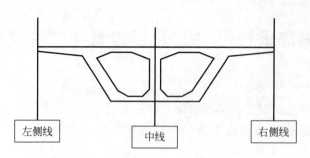

图 6.4　系统默认的三条横向参考线

（2）**距离**：钢筋位置到参考线的距离，支持形如 $d_1+n*d_2+d_3$ 的格式，d_1 为距离参考线的距离，d_2、d_3 为与前一个钢筋点布置位置的相对距离。

以图 6.5 所示小箱梁顶缘钢筋为例进行说明，以选择的参考线左负右正填写距离，第一个数为距离此参考线的距离，然后在这个位置再进行偏移。

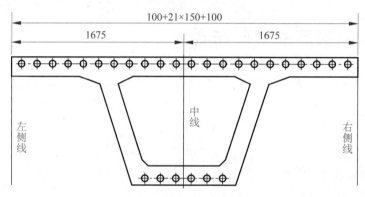

图 6.5　小箱梁钢筋布置

同样的钢筋，按照不同的参考线输入方法，如图 6.6 所示。

横桥向布置		
编号	参考线名称	距离(mm)
1	中线	-1575+21*150
2	右侧线	-3250+21*150
3	左侧线	100+21*150

确定　取消

图 6.6　不同参考线下的"横桥向布置"填写

选择左侧线为参考线时，在左侧线 100mm 处建立第一根钢筋，然后（第一根钢筋位置处）向右连续建立 21 个距离为 150mm 的钢筋。

选择中线为参考线时，第一根钢筋在距离中线 -1575mm 的位置，然后向右连续建立 21 个距离为 150mm 的钢筋。

选择右侧线为参考线时，在右侧线 -3250mm 处建立第一根钢筋，然后向右连续建立 21 个距离为 150mm 的钢筋。

这三种填写方式等效。

填写完成后,进入"施工分析",查看钢筋是否显示正确,见图6.7。

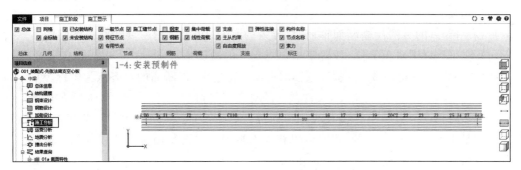

图6.7 "施工分析"中查看钢筋布置

6.4 如何进行断面配筋?

解决方案:

断面配筋可以通过两种方式实现:导入断面配筋和直接创建断面式纵筋。

1. 导入/导出

"导入"/"导出"是"桥梁博士"专门为特殊形状截面的普通钢筋输入开发的特色功能,只适用于当前钢筋视图为"断面"时。

按如下步骤导入断面钢筋。

(1)新建断面视图。

(2)双击断面视图名称,激活断面视口,然后再使用"导入"(im)/"导出"(et)命令,来导入/导出钢筋。

(3)双击断面或立面钢筋视口中的钢筋,弹出"纵筋布置信息"窗口,对"偏移值""布置间距""钢筋直径""钢筋距构件起终点距离""钢筋材料类型""是否并置"等属性进行修改。

2. 直接创建断面式纵筋

可以通过单击"断面式纵筋"图标或者输入TS命令的方法直接在断面视口上布置点筋。

按如下步骤创建断面钢筋。

(1)新建断面视图。

(2)双击断面视图名称,激活断面视口,单击"断面式纵筋"图标,按命令栏提示填写相关数据。

请选择沿着哪根线布置:单击图中的参考线。

指定钢筋中心距离边缘距离<60>:钢筋中心距截面外缘的距离。

指定纵向范围<0,0>:在立面上钢筋纵向起终点距离梁端的距离,均输入正值。

指定首尾偏距<60,60>:第一个值,在截面上布置钢筋时,第一根钢筋距离参考线偏移线起点的距离;第二个值,在截面上布置钢筋时,最后一根钢筋距离参考线偏移线终点的距离。

输入布置间距[或布置根数(C)]<100>:直接输入一个数,表示钢筋在偏移的参考线上布置时,相互的间距。

布置根数(C):沿参考线偏移线上,总的布置根数。

问题拓展:

1. 采用导入的方法建立断面钢筋时,导入的 CAD 文件绘制时要注意以下问题。

(1) 钢筋点以圆对象绘制,放置于用户自定义的图层中。

(2) 坐标系应保持一致:因程序在读取钢筋点位置时,以断面的对齐点为坐标原点,所以用户在准备好图形以后,应将 CAD 文件截面的对齐点移到 CAD 文件世界坐标系的原点。

(3) 若钢筋点是由不同的参考线偏移而成,则应放置于不同的图层。截面的参考线以及其名称是由程序自动生成的,用户可以在断面视图中单击截面构造线或灰色的辅助线,查看参考线名称。

2. 在进行断面钢筋布置时,程序会自动生成一个钢筋的"立面/模板"示意图,一般该视图名称为"立面/模板",如图 6.8 所示。为了与用户在立面视图中自定义的钢筋区分开来,程序将示意的钢筋绘制于构件外部。用户也可对"立面\模板"中的尺寸进行驱动,以修改相关属性,也可以双击钢筋,调出属性表,对其属性进行修改。

图 6.8 自动生成"立面/模板"视口

3. 断面式布筋的截面示意图,是以构件跨中最近的节点的截面作为示意图。对于变截面梁,布筋变化可以通过纵向起点和纵向终点实现,布置间距不能采用参数化。但通常不太建议变截面使用断面式布筋,可以通过纵筋配合截面定义钢束位(可参数)实现。

6.5 侧纵筋如何输入?

解决方案:

在设计时一般只考虑顶底缘主纵筋以及箍筋,因为主要受力是顶底板外框钢筋。截面上很多构造钢筋不作为钢筋必选项输入。但如果计算后出现因为钢筋因素没通过的情况,可以考虑加上构造钢筋,此时可以通过"纵筋"配合"侧纵筋"输入主纵筋和构件侧面的架立筋或受力筋。如图 6.9 所示,N1 和 N2 分别为顶、底缘钢筋,N3 为侧纵筋,距顶底 200mm,等间距布置 5 根。

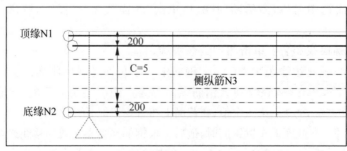

图 6.9 纵筋和侧纵筋布置

6.6　关于箍筋属性中垂直、水平方向的解释

垂直方向：构件在截面坐标系上平行于 Y 轴的箍筋布置情况。

水平方向：构件在截面坐标系上平行于 X 轴的箍筋布置情况，进行抗震计算时需要考虑水平方向的箍筋。

对于常见的矩形箍筋，可以视为垂直箍筋和水平箍筋的组合，如图 6.10 所示。

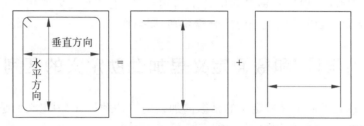

图 6.10　箍筋方向示意图

7C CHAPTER "加劲设计"中常见问题

"加劲设计"模块一般用于钢梁和组合梁结构计算,主要有三大作用:定义横隔板或刚性肋;定义横竖向加劲肋;定义钢混组合梁抗剪连接件。

7.1 "加劲设计"和截面定义里加劲肋定义的区别

如图 7.1 所示,截面定义里定义的是纵向加劲肋,"加劲设计"中定义的是横隔板以及横竖向肋,二者类型不一样,作用也不一样。

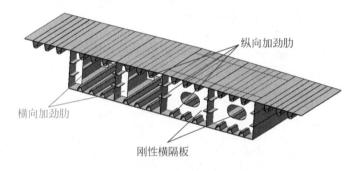

纵向加劲肋

横向加劲肋

刚性横隔板

图 7.1 钢箱梁构件示意图

在截面中定义的纵向加劲肋,计算时考虑纵向加劲肋的重量并计入加劲肋对截面刚度的贡献。

在"加劲设计"中定义的横隔板以及横竖向肋,用来执行受压板的刚柔性判断、受压板的局部稳定折减系数计算以及腹板加劲肋构造判断,不计入重量,因此对横隔板以及横竖向肋,需要采用提高结构自重系数或者定义节点集中荷载的方法来考虑横隔板以及横竖向肋的重量。

7.2 钢结构建模时加劲肋、横隔板需要如何模拟?

解决方案:

钢结构纵向加劲肋需要在截面定义里定义,程序自动计入重量。

横竖向加劲肋及横隔板需要在"加劲设计"中定义,程序不计重量,需手动计入重量,作为外荷载加到模型上。

横隔板上的加劲肋起隔板加劲作用,防止横隔板局部失稳。整体模型中不考虑,需手动计入重量,作为外荷载加到模型上。

7.3 横竖向加劲肋需要输入尺寸,而横隔板或刚性肋不需要输入尺寸的原因

按照《公路钢结构桥梁设计规范》(JTG D64—2015)第 5.1.6 条规定,受压板件纵向加劲肋临界刚度推导的前提是横向加劲肋为刚性,如图 7.2 所示。

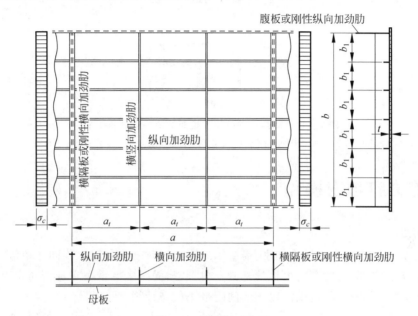

图 7.2 加劲板示意图

由于横竖向加劲肋并没有进行刚柔性判断,故程序需要对横竖向加劲肋尺寸信息先进行刚柔性判断后,再确定横向间距 a 以及 a_t。

横隔板或横向刚性肋程序已经确定为刚性,在这种情况下,程序直接取用图 7.2 所示的横向间距 a 以及 a_t 进行截面特性计算,故对尺寸无需求。并且程序不对横隔板或横向刚性肋进行验算。

7.4 如何理解"横竖肋属性"中的布置方式?

如图 7.3 所示,布置方式可在下拉菜单中选择"单侧"或"双侧",将影响加劲肋构造检查验算结果。

图 7.3 "横竖肋属性"窗口

按照《公路钢结构桥梁设计规范》(JTG D64—2015)第5.3.3条,腹板纵横向加劲肋惯性矩计算时,如果单侧设置加劲肋,加劲肋惯性矩为对 Y-Y 轴惯性矩,Y-Y 轴位于加劲肋与母板焊缝处。双侧设置时,加劲肋惯性矩为对母板中心线的惯性矩,如图7.4所示。

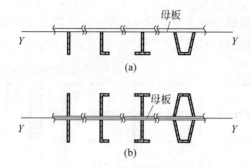

图7.4　计算加劲肋抗弯惯性矩的中性轴位置 Y-Y

(a) 单侧加劲肋的 Y-Y 轴位于加劲肋与母板焊缝处；(b) 双侧加劲肋的 Y-Y 轴位于母板中心处

7.5　剪力钉加密操作

解决方案：

剪力钉加密目前不支持二次加密,需要第一次布置时就分段输入不同间距值。

如果二次加密,即在现有剪力钉的基础上再加密,同一区域重叠布置相同间距和横向布置剪力钉时,程序会按该段范围内输入的间距最小值来计算。

如图7.5所示,梁上均布200mm间距的剪力钉,在支点区段进行加密,加密间距为100mm,按照图7.5所示进行二次加密操作,在支点位置只计入加密布置中的剪力钉,而不是均布布置＋加密布置之和,与实际不符。

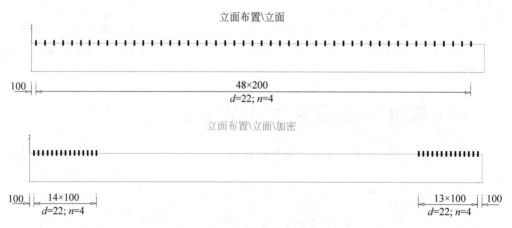

图7.5　剪力钉布置

"施工分析"中常见问题

"施工分析"主要包含两大部分内容，"施工分析"设置和"调索"工具。

在"施工分析"中可以将施工过程模拟为多个施工阶段，然后定义各施工阶段的持续时间、温度变化；构件、钢束的安装、拆除；边界条件的变化（支座、弹性连接、主从约束等）；荷载变化（集中荷载、线性荷载及强迫位移）；对采用悬浇施工方法的梁定义挂篮操作；定义缆索承重桥梁的索力变化；此外，还可以在指定的阶段内进行抗倾覆分析和屈曲分析。

"调索"工具则可以通过动态调整索力，实时同步查看索力调整后各项效应图的变化，并提取索力到施工阶段。

8.1 收缩徐变天数应该填在施工阶段还是运营阶段？

"运营分析"和"施工分析"的收缩徐变二者择一填写（图 8.1），二者的区别在于：填在"施工阶段"是符合规范的，把收缩徐变按永久荷载处理的一种做法，而填在"运营阶段"是按可变荷载处理的。

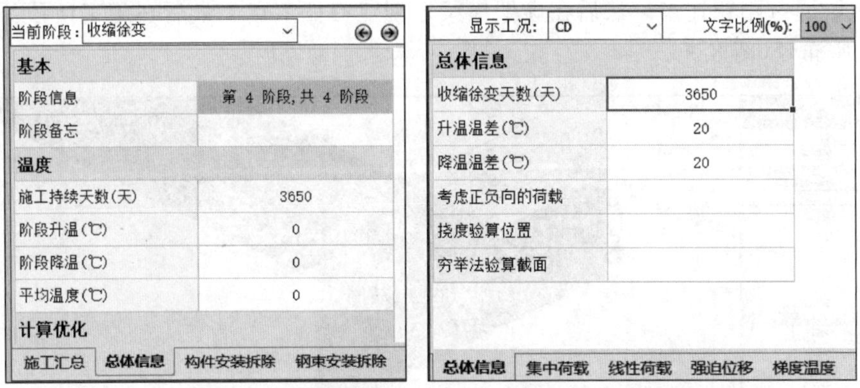

图 8.1 收缩徐变天数填写

(a) 在"施工分析"对话框填写收缩徐变；(b) 在"运营分析"对话框填写收缩徐变

运营阶段的收缩徐变效应是指从施工阶段的最终时刻经过在此输入的时间后得到的收缩徐变效应增量。如果不计算收缩徐变，系统将忽略该输入值。系统在进行荷载组合时，将运营阶段的收缩徐变效应作为可选荷载参与组合，即运营初期和后期取最不利效应进行组合。但根据《公路钢筋混凝土及预应力混凝土桥涵设计规范》(JTG 3362—2018)的编制理念，运营阶段的收缩徐变时间应为 0 天，而将结构的收缩徐变考虑到施工阶段中，即添加一个较长施工周期(3650 天)，用以完成结构的收缩徐变，而不在运营阶段考虑。

简单来说,在"施工分析"中添加收缩徐变更符合工程实际,因为收缩徐变是实际存在的作用;而在"运营分析"收缩徐变是作为有利和不利两种情况参与荷载组合。

8.2 横向多个支座(三个及以上)如何模拟?

可以采用两种方法模拟横向多个支座。

(1)采用弹性系数模拟,D_z用10000000,在"支座"→"一般支座"→"弹性系数"中填入10000000(图8.2)。

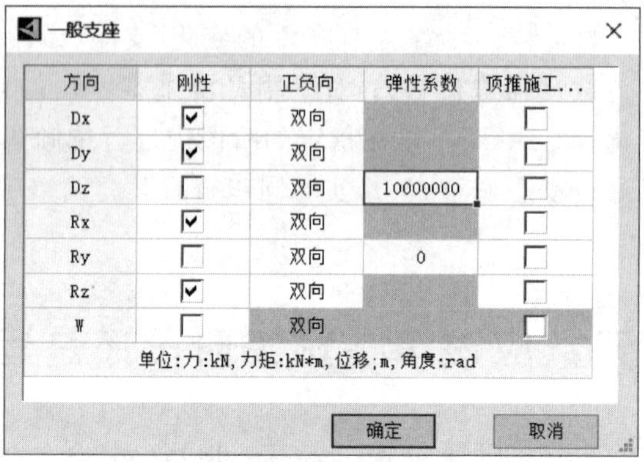

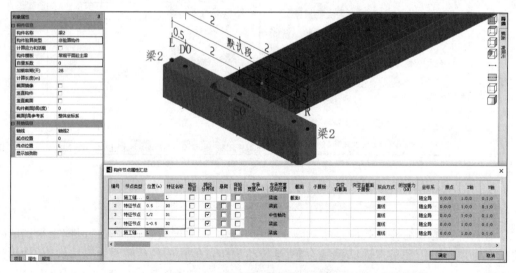

图8.2 "一般支座"用"弹性系数"填写

(2)在支座中心线处做一根虚拟横向构件。首先设置成"非验算构件","自重系数"调成0,跟主梁通过刚臂连接。然后在虚拟横梁上创建特征节点。最后在施工阶段添加支座,实现多支座布置(图8.3)。

图8.3 虚拟横梁模拟横向多支座

问题拓展:

上述问题同样可能发生在盖梁与柱式墩的连接上。对于盖梁与柱式墩的连接,可以多个刚臂连接(图 8.4),但三个刚臂中间段计算结果失真(程序也会报错)。悬臂部分和墩柱是静定的,刚臂的连接方式只影响中间这一段的内力,不影响悬臂和墩柱,如果只关心悬臂和墩柱,只连中间一个刚臂即可。

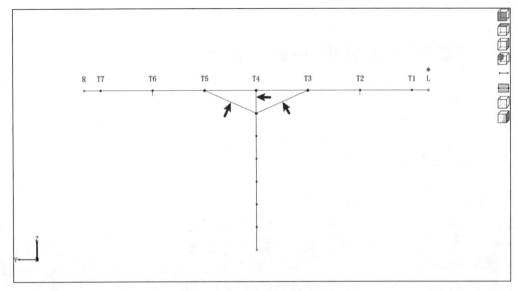

图 8.4　盖梁与柱式墩刚臂连接

8.3　施工阶段的自由度释放中节点左右选择的物理含义

节点选择时有"左""右"和"左右"三个选项(图 8.5)。

图 8.5　节点选择

假设需要释放特征点 C 的 R_y 的自由度,见图 8.6。

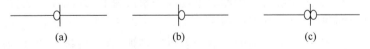

图 8.6　约束释放示意图

(a) 释放节点左约束;(b) 释放节点右约束;(c) 释放节点左右约束

选"左",相当于左侧加入一个铰。

选"右",相当于右侧加入一个铰。

选"左右",相当于左右各加一个铰。在单梁建模时,释放某节点的自由度选"左右"导致节点在释放的自由度上无约束,此时程序会刚度报错,因此只能释放一侧。但在梁格模型中,若 C 作为纵横交点,存在需要同时释放左右两侧自由度的可能。其他方向的自由度也是同样的道理。

8.4 荷载在"施工分析"中如何显示?

解决方案:

荷载的显示需要执行以下三步。

(1) 在"施工显示"中"荷载"下勾选"集中荷载"和"线性荷载"。

(2) 在"显示工况"中勾选定义好的荷载工况。

(3) 调整"文字比例(%)"至合适的比例。

如图 8.7 所示,显示定义的二期荷载。

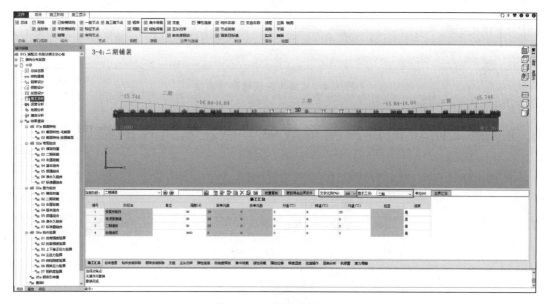

图 8.7   二期荷载显示

8.5 顶推施工的模拟

顶推施工法是指梁体在桥台背后路堤上逐段浇筑或拼装,并用顶推装置纵向顶推,使梁体通过各墩顶临时滑移装置而就位的施工方法。

顶推施工法是在沿桥纵轴方向的台后设置拼装场地,分节段拼装构件,通过水平千斤顶施力,将桥梁向前顶推出拼装场地,之后拼接一段纵向移动一段,跨越各中间桥墩,直达对岸,其施工流程一般为:准备顶推系统→拼接钢导梁→设置顶推过程中的滑块→拼装梁段→首轮顶推→循环拼装、顶推→落梁→拆除导梁→安装支座,完成体系转换。

顶推施工法模拟的本质,就是不断更换支座,程序中需额外注意的是支座需要勾选"顶推施工支墩"(图 8.8),"顶推施工支墩"勾选后在支座安装的同时,程序在该节点处施加强迫位移,以自动补足位移差,位移值总和是上一阶段该自由度上的累计位移。

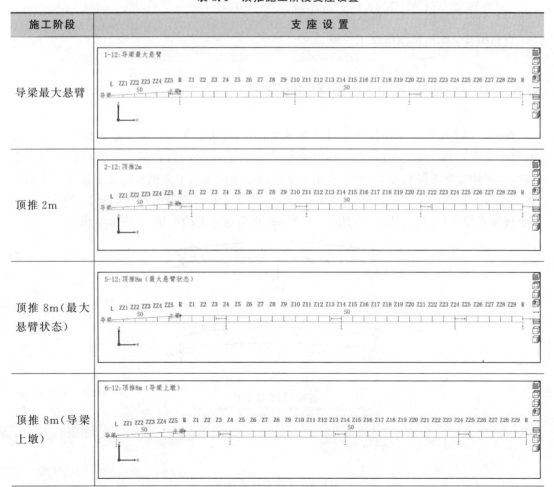

图 8.8　顶推施工支座的定义

如表 8.1 所示 60m 梁顶推,施工阶段支座设置如下。

表 8.1　顶推施工阶段支座设置

施工阶段	支 座 设 置
导梁最大悬臂	1-12:导梁最大悬臂
顶推 2m	2-12:顶推2m
顶推 8m(最大悬臂状态)	5-12:顶推8m(最大悬臂状态)
顶推 8m(导梁上墩)	6-12:顶推8m(导梁上墩)

续表

施工阶段	支 座 设 置
顶推14m	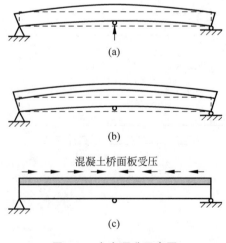
顶推20m	

问题拓展：

（1）顶推过程中，支座名称不得重名。

（2）不得与正向支座一起使用，只能用双向。

资料链接：钢桁桥顶推施工视频

08

8.6　组合梁支座顶升的实现方式

顶升法是为了给负弯矩区桥面板施加预压应力，该法是在浇筑中支点桥面板混凝土之前，将中支点上顶一定的高度，然后在钢梁上浇筑混凝土桥面板，待混凝土桥面板达到一定强度后，将中支点下降至原来位置，这相当于给组合梁施加一个由钢与混凝土共同承受的正弯矩，混凝土桥面板中存在预压力。该预压力可部分或全部抵消由荷载引起的负弯矩区混凝土桥面板中的拉应力，从而达到消除裂纹或减小裂缝宽度的作用，如图8.9所示。

图 8.9　支座顶升示意图

　　顶升施工方法的模拟主要是施加施工阶段强迫位移:架设钢梁时中支点增加向上的强迫位移,待桥面板形成刚度后增加反向强迫位移,如图 8.10 所示,程序当前仅支持横向双支座及横向单支座的强迫位移计算。

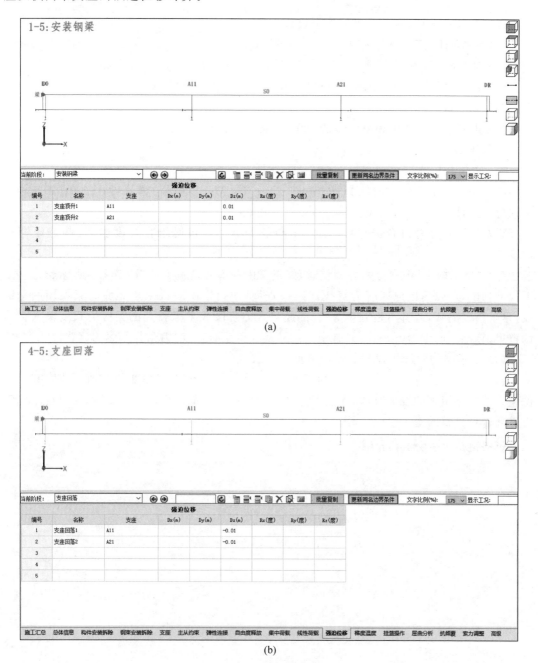

(a)

(b)

图 8.10　支座顶升设置

(a) 支座顶升;(b) 支座回落

8.7　自动调索功能

程序实现自动调索,需要进行如下设置。

(1) 在"总体信息"中勾选"调索"。

(2) 计算模型。

(3) 在"施工分析"→"调索"中,选择"自动调索"设置调索目标。

(4) 上传索力,重新计算。

(5) 重复上述第 3 步和第 4 步的操作,直到达到调索目标。

问题拓展:

(1) 调索目标支持。

施工阶段:单项内力阶段累计——N、Q_z、M_x、M_y;单项位移累计——D_x、D_y、D_z;单项应力累计——正应力。

运营阶段:内力组合——基本组合;位移组合——频遇组合挠度验算、频遇组合预拱度。

(2)"桥梁博士"中进行索力调整时,如索采用杆单元,"施工分析"中无应力索长是一个近似的长度,可以简单地理解为直线,"结果查询"中拉索阶段成果里无应力索长用的悬链线,是个精确的数,二者不是完全等效,因此将索力阶段成果里查到的无应力长度输入索力调整里,算出来的索力不一致,只有索采用悬链线单元时,无应力索长和索力闭合。

(3) 调索中的阶段累计与后处理数据不一致。

"桥梁博士"没有考虑收缩徐变的调索量,二者差值在于收缩徐变的差值。调索基于单位索力的影响矩阵的线性算法,无法考虑调整量引起的收缩徐变非线性影响,所以要上传索力重新进行完整的施工阶段计算。

资料链接:系统工具介绍

"运营分析"中常见问题

9 CHAPTER

在"运营分析"中,可以为桥梁模型添加运营阶段荷载,包括活载、整体升降温、梯度温度、自定义的集中荷载和线性荷载、强迫位移等。也可以指定自振分析、屈曲分析以及并发反力计算和抗倾覆验算等内容的分析。

9.1 为什么在运营阶段的"梯度温度"下拉选项中没有选择项?

解决方案:

在"桥梁博士"中,是否考虑梯度温度是在"运营阶段"的"梯度温度"中进行选择的,但有时用户会发现进行梯度温度定义时,对应的下拉选项框中没有相应的模式(图 9.1),这是因为用户在截面定义中没有定义"梯度温度"模式(图 9.2),只有在"截面定义"中选择"梯度温度"模式以后,才会在"运营阶段"的"梯度温度"中有下拉选项。

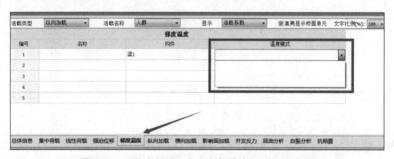

图 9.1 "梯度温度"中"温度模式"下拉无选项

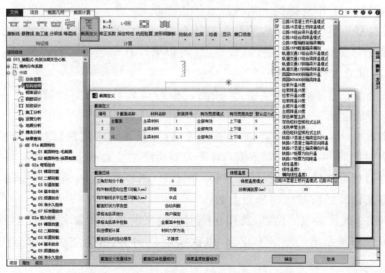

图 9.2 "截面定义"中勾选"梯度温度"模式

9.2 关于活载加载的说明

在"桥梁博士"中,活载的加载计算分为四种方式。

纵向加载:在纵向影响线上施加汽车、人群荷载求得最不利效应。适用于纵梁单梁模型。

横向加载:在横向影响线上施加汽车、人群荷载求得最不利效应。适用于盖梁柱式墩单梁模型或者桥面板模型。

行车线加载:在空间内力、位移、反力影响面上,施加汽车、人群荷载求得最不利效应。适用于梁格模型(横梁加载)。

影响面加载:在空间内力、位移、反力影响面上,施加汽车、人群荷载求得最不利效应。适用于梁格模型或者小变宽桥单梁模型。

1. 纵向加载(图9.3)

					纵向加载定义					
编号	名称	桥面单元	计算跨径(m)	活载类型	活载系数	行车线	横向布置(m)	冲击系数	单边人行道宽度(m)	包络名称
1	CD	梁1	21.36	公路-I级车道荷载	1|梁1|D0||厂…	轴线1	0	0^2;,0.233,0.233		
2										
3										
4										
5										

总体信息 集中荷载 线性荷载 强迫位移 梯度温度 纵向加载 横向加载 行车线加载 影响面加载 并发反力 屈曲分析 自振分析 人致振动 抗倾覆

图9.3 纵向加载

(1)名称:纵向加载里,类型相同但名称不同的多个荷载组合时相互叠加。例如双层桥,可分别输入荷载名称"上层汽车"和"下层汽车",此时程序会按相互叠加进行计算。

(2)桥面单元:下拉选择代表加载活载的桥面单元。

(3)计算跨径:用于确定某些活载的具体数值,例如公路、城市规范的车道荷载里的集中荷载标准值P_k,公路规范的人群荷载集度,均根据计算跨径计算而得。对于跨径不等的连续结构,一般以最大计算跨径为准。

(4)活载类型:选择活载的类型,下拉列表中的荷载具体布置计算形式在"规范库"→"总则"→"05荷载定义"中查看。

(5)活载系数:对于整体箱梁、整体板梁等结构,其车载活载系数就是其所承受的汽车总列数考虑横向折减、偏载后的修正值;对于预制拼装的空心板、T梁、小箱梁等结构,其车载系数指的是通过杠杆法、铰接板梁法、刚接板梁法、刚性横梁法(偏心压力法)或比拟正交异性板法等方法计算的荷载横向分布系数。

(6)行车线:布置活载的位置,选择在模型中定义的轴线对象名称,作为汽车荷载布置的参考线。可以与桥面单元轴线不重合,以此实现横向偏载,为空表示行车线为桥面单元轴线。

(7) 横向布置：输入一个值表示加载从"行车线"偏移的距离，左负右正；输入三个值表示描述桥面横向布置，以三个数为一组，前两个数表示某行车道（人行道）区域横向布置的起终点位置距"行车线"的偏移距离，第三个数为该区域内布置的车道数。如果是人行道，则第三个数不使用。多组之间用'；'隔开。横向布置区域内的宽度，包含车轮安全距离 0.5m，在计算时将自行扣除。

(8) 冲击系数：汽车荷载的冲击系数或列车荷载的动力系数，对人群荷载无效。

(9) 单边人行道宽度：用于确定城市桥梁人群荷载集度。当计算规范为城市规范时有效。

(10) 包络名称：多个纵向加载工况若设置相同的包络名称，则组合取它们的最不利包络。不设包络名称或包络名称不相同则组合时叠加。应用于多种布载模式下使程序自动考虑最不利的布载情况，例如：若三行"名称"分别对应左偏、对称、右偏三种情况，且"包络"输入相同的名称"活载最不利"，则在查看结果时，将以这三种情况的最不利效应进行显示。注意事项：一个包络名称下至少要有 2 个荷载名称，如果只有一个荷载，则不需要使用包络。

2. 横向加载（图 9.4）

横向加载定义									
编号	名称	桥面单元	横向布置	车载	车载系数	人群	人群系数	冲击系数	包络名称
1	横向加载	梁1	1|梁1|L|||;…	公路横向车道	1|梁1|||˜1`			0˜2;|;0.3,0.3	
2									
3									
4									
5									

总体信息　集中荷载　线性荷载　强迫位移　梯度温度　纵向加载　**横向加载**　行车线加载　影响面加载　并发反力　屈曲分析　自振分析　人致振动　抗倾覆

图 9.4　横向加载

(1) 横向布置：输入桥面横向布置的信息，指定各功能分区（人行道、车行道、隔离带）的宽度等信息。程序自动在人行道或车行道上加载，考虑了车轮距路缘的安全间距。

(2) 车载：选择横向车列模式。

(3) 车载系数：此时的活载系数，其大小就是一列汽车（或一辆挂车）对这个横向结构的作用力的大小。对一个桥墩盖梁（假设可以进行横向加载），一列汽车对它的作用力大小是根据纵向结构的特征计算而得到的，与结构纵向的跨径有关。跨径越大，参加作用的汽车越多；如果是连续梁，可能还要考虑其他跨的影响，此时汽车活载系数指的是汽车荷载在该桥墩位置处产生单车道支反力（不考虑折减系数）。对桥面板等模型采用横向加载进行结构分析时，通过车轮荷载的有效工作宽度 a，利用单个车轴重 P 除以 a 即可得到桥梁纵向单位宽度桥面板承担的车，车轴荷载 $p=P/a$。这个荷载 p，即为桥面板横向布置的活载系数（程序会自动将轴重按横向轮距分配给两个车轮）。

(4) 人群：选择横向人群模式。

(5) 人群系数：对于盖梁和横梁模型，此处的人群系数与汽车相同，指的是单位人行道宽度（1m）沿纵向对这个横向结构的作用力大小。计算这个纵向力时都会考虑人群集度的大小。对于桥面板模型，这里填写桥面板模型中截面的宽度（即桥面板沿纵桥向的长度）与人群荷载集度的乘积。

其余参数释义详见纵向加载。

3. 行车线加载（图 9.5）

行车线加载定义										
编号	名称	桥面横梁	计算跨径(m)	活载类型	活载系数	行车线布置	冲击系数	单边人行道宽度(m)	包络名称	
1	行车线加载	端横梁1,端横梁2...	30	公路-Ⅰ级车道荷载	1	轴线1,0	0~2;:0.3,0.3			
2										
3										
4										
5										

总体信息　集中荷载　线性荷载　强迫位移　梯度温度　纵向加载　横向加载　**行车线加载**　影响面加载　并发反力　屈曲分析　自振分析　人致振动　抗倾覆

图 9.5　行车线加载

（1）桥面横梁：计算影响线及施加活载作用的桥面横梁构件。

（2）活载系数：考虑车道数、车道横向折减和偏载效应后的效应增大系数。

（3）行车线布置：布载活载的位置，可与桥面单元不重合，以此实现横向偏载。为空表示行车线为桥面单元轴线。

其余参数释义详见纵向加载。

4. 影响面加载（图 9.6）

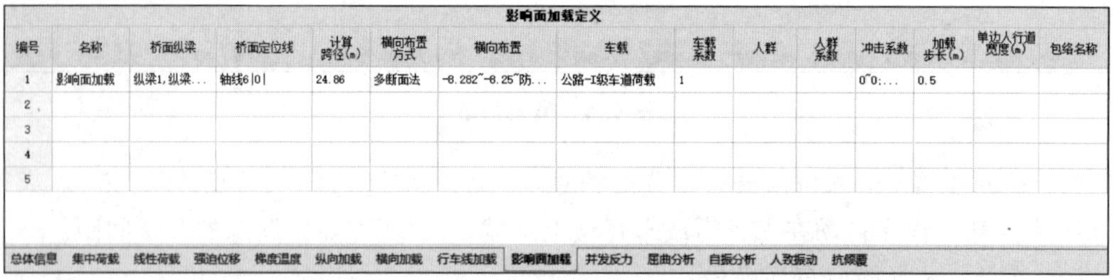

影响面加载定义													
编号	名称	桥面纵梁	桥面定位线	计算跨径(m)	横向布置方式	横向布置	车载	车载系数	人群	人群系数	冲击系数	加载步长(m)	单边人行道宽度(m)	包络名称
1	影响面加载	纵梁1,纵梁...	轴线6|0|	24.86	多断面法	-8.282~-6.25;防...	公路-Ⅰ级车道荷载	1			0~0:...	0.5	
2														
3														
4														
5														

总体信息　集中荷载　线性荷载　强迫位移　梯度温度　纵向加载　横向加载　行车线加载　**影响面加载**　并发反力　屈曲分析　自振分析　人致振动　抗倾覆

图 9.6　影响面加载

（1）桥面纵梁：下拉选择桥面单元中的纵梁。输入计算影响面及施加活载的桥面单元。用于确定使用阶段影响线计算的单位荷载作用点位置，以及判断剪力影响线的突变位置。简单说，程序就是根据输入的桥面单元来确定活载作用在哪些单元上。

（2）桥面定位线：桥面定位线是各位置桥面横向布置的参考线。

（3）横向布置方式：可选择多断面法和桥面线法。多断面法通过在不同纵向位置处的多个断面来形成一个桥面；桥面线法通过使用轴线对象作为各类区域的边线来形成桥面。

（4）车载系数/人群系数：对于单梁纵向影响线的加载情况，活载系数考虑了规范中的车道折减系数等因素。但在空间影响面上加载，已经脱离了单梁"单梁影响线加载效应＋经验系数"的传统模式，因此这两个系数建议均输入 1。

（5）加载步长：程序采用"先横后纵"的算法，此处为纵向的加载步长。若不填，则使用纵梁单元平均长度的 0.5 倍。

其余参数释义详见纵向加载。

9.3 纵向加载中,活载系数如何填写?

解决方案:

定义纵向加载时,有两种填写方式:一种是活载系数只填荷载的放大系数,横向布置中设置横向加载工况;另一种是活载系数填写车道数×车道横向折减系数×荷载放大系数,横向布置中输入偏载距离。

如果横向布置里按横向自动布置填写,那么活载系数只是汽车荷载的放大系数,不放大即为1。例如横向布置为(-5,5,3),表示按行车线左偏5m,右偏5m,形成一个行车区间,这个区间有3个车道,程序自动根据布载位置进行横向折减,此时,活载系数只填1或者1.15(考虑偏载系数)。

如果横向布置里按单一位置加载,例如横向布置为0,表示中载加载,活载为3车道,考虑折减后,活载系数就为3(车道数)×0.78(横向折减系数)=2.34或者3(车道数)×0.78(横向折减系数)×1.15(偏载系数)=2.691。

两种方式是等效的,举例如下。

采用第一种方式,假设荷载放大系数为1,活载系数填放大系数1,横向布置(-7.5,7.5,1)表示扣除每侧0.5m的护轮带,在行车线左偏7m和右偏7m所形成的行车区间内有1个车道。采用第二种方式,活载系数为1(车道数)×1.2(车道横向布载系数)×1(放大系数)=1.2,根据车辆的横向布置,1车道的最不利偏载距离是(7.5-0.5-1.8/2)m=6.1m。

两种方式下的活载布置填写和支反力如图9.7所示。

纵向加载定义										
编号	名称	桥面单元	计算跨径(m)	活载类型	活载系数	行车线	横向布置(m)	冲击系数	单边人行道宽度(m)	包络名称
1	汽车自动布载	梁1	21.36	公路-I级车道荷载	1|梁1|L||`1`	轴线1	-7.5,7.5,1	0`2;0,0		
2	汽车手动偏载1	梁1	21.36	公路-I级车道荷载	1|梁1|L||`1.2`1|梁1|R||`1.2`	轴线1	-6.1	0`2;,0,0		汽车手动偏载
3	汽车手动偏载2	梁1	21.36	公路-I级车道荷载	1|梁1|L||`1.2`1|梁1|R||`1.2`	轴线1	6.1	0`2;,0,0		汽车手动偏载
4										
5										

总体信息　集中荷载　线性荷载　强迫位移　梯度温度　**纵向加载**　横向加载　行车线加载　影响面加载　并发反力　屈曲分析　自振分析　人致振动　抗震要

(a)

工况:	运营阶段 ∨	内容:	支反力汇总表 ∨	支座:	11 ∨	荷载:	汽车自动布载Mi... ∨

11支座反力汇总表						
荷载类型	Fx	Fy	Fz	Mx	My	Mz
	(kN)	(kN)	(kN)	(kN.m)	(kN.m)	(kN.m)
汽车自动布载Min_Qz/Dz/Fz	0	0	-150.7	0	0	0
汽车自动布载Max_Qz/Dz/Fz	0	0	725.0	0	0	0
汽车手动偏载Min_Qz/Dz/Fz	0	0	-150.8	0	0	0
汽车手动偏载Max_Qz/Dz/Fz	0	0	725.3	0	0	0

(b)

图 9.7　纵向加载两种填写方式的对比

(a) 活载加载;(b) 支反力结果查询

可见,两种填写方式的计算结果是一致的。

9.4　如何理解偏载系数 1.15？

箱梁在偏心荷载作用下由刚性扭转和畸变引起纵向应力的增大,根据一些工程的内力分析,活载引起的扭转应力一般为活载弯曲应力值的 15%,因此计算时,在各肋平均分担外荷载的基础上,把边肋上所受荷载增大 15% 作为偏载系数(纵向应力增大系数)。

按照《公路钢筋混凝土及预应力混凝土桥涵设计规范》(JTG 3362—2018)的附录 A.2.3 条文说明,由于目前采用的箱梁宽度比以往要宽,统一采用 1.15 的应力放大系数并不准确,设计人员应根据工程实际取舍。

问题拓展：

建模计算有以下几点需要注意：

(1) 小箱梁通过横向分布系数确定活载系数并不需要考虑偏载系数。

(2) 对于宽箱梁,需要同时定义考虑横向布置的偏载和考虑车道数×横向折减×1.15 的中载,以求解正确的支反力、内力和应力。

(3) 采用精细化分析模型,如空间网格、折面梁格计算时可不计入 1.15。

9.5　纵向加载中,人群荷载如何填写？

解决方案：

程序在纵向加载中人群荷载的填法有以下两种。

(1) 在活载系数中填写：在活载系数中填写桥上人行道的总宽度,人群集度程序会根据前面选择的活载类型自动计算。这时后面的横向布置里一般仅填写一个数值,代表人群荷载根据所选轴线来确定加载位置。

(2) 在横向布置中填写：在横向布置中的填法和汽车横向布置的方法类似,也是根据所选轴线的位置,填写一个范围,如：−5,−1,3；1,5,3。可以填写多个范围,中间用";"隔开,但这时数据中的第三个数字是不起作用的,因为前面两个数字已经确定了人行道宽度,而人群集度同样是通过前面所选的人群模式来确定,这时前面的活载系数是一个荷载放大系数,一般填 1。

举例如下。

(1) 按单梁模式输入,不考虑横向支反力分配情况,对应图 9.8 第一行。"活载类型"选"公路人群",计算跨径 $L=35$m,程序会根据输入的计算跨径,按照《公路桥涵设计通用规范》(JTG D60—2015)的表 4.3.6 计算人群荷载集度,此时人群活载系数为全桥人行道合计宽度 1.5m+0.75m=2.25m。"行车线"选择"轴线 1","横向布置"填 0。

(2) 按单梁模式输入,不考虑横向支反力分配情况,对应图 9.8 第二行。活载类型里选择"单位荷载 1kN/m²",此时根据规范算出人群荷载集度应取 3.0kN/m²,人群活载系数为 $(1.5m+0.75m)×3kN/m²=6.75kN/m²$。"行车线"选择"轴线 1","横向布置"填 0。

(3) 按单梁模式输入,考虑横向支反力分配情况,对应图 9.8 第三、四行。人群荷载应按两行且不同名称分别进行输入。名称为"公路左侧人群"和"公路右侧人群",名称不同的同类型荷载可以叠加,同时又能考虑两者不同时加载对支反力最不利情况的影响。此时,如果"活载类型"选择"公路人群",则"活载系数"里分别输入左、右侧人行道的净宽 1.5m 和 0.75m,"横向布置"里分别输入左、右侧人行道中心距离箱梁中心线(模型里的轴线 1)的距离,符号规则同前,左负右正。

(4) 按梁格模式输入,即横向布置里输入多个数,人群活载系数一般填 1,对应图 9.8 第五行。"横向布置"以行车线为基线(原点),输入左右侧人行道区域范围(人行道起终点位置)。根据标准横断面图可知,本示例行车道横向起终点为 $-6.875 \sim -5.375$m(合计 1.5m)和 $6.125 \sim 6.875$m(合计 0.75m)。

纵向加载定义										
编号	名称	桥面单元	计算跨径(m)	活载类型	活载系数	行车线	横向布置(m)	冲击系数	单边人...	包络名称
1	公路人群单梁模式	梁1	35	公路人群	1|梁1|L|||`2.25`1|梁1|R|||`2.25`	轴线1	0			
2	单位荷载单梁模式	梁1	35	单位荷载1kN/m2	1|梁1|L|||`6.75`1|梁1|R|||`6.75`	轴线1	0			
3	公路左侧人群	梁1	35	公路人群	1|梁1|L|||`1.5`1|梁1|R|||`1.5`	轴线1	-6.125			公路人群荷载
4	公路右侧人群	梁1	35	公路人群	1|梁1|L|||`0.75`1|梁1|R|||`0.75`	轴线1	6.5			公路人群荷载
5	公路人群	梁1	35	公路人群	1|梁1|L|||`1`1|梁1|R|||`1`	轴线1	-6.875,-5.375,0;6.125,6.875,0			

总体信息　集中荷载　线性荷载　强迫位移　梯度温度　纵向加载　横向加载　行车线加载　影响面加载　并发反力　屈曲分析　自振分析　人致振动　抗倾覆

图 9.8　纵向加载人群荷载填写示意

问题拓展:

(1) 最后一列"单边人行道宽度",这个数据是用来确定城市人行荷载的人群集度的,只有选用城市规范时才有用,且必须填写,不能为 0。填写后程序按照单边人行道宽度计算人群荷载的集度,参照《城市桥梁设计规范(2019 年版)》(CJJ 11—2011)第 10.0.5 条规定。

(2) 城市人群荷载的加载长度的确定,在"桥梁博士"里是根据最不利影响线的加载长度确定的,即公式中 L 的取值可能不是全桥长或整跨长。

(3) 纵向加载中,公路人群荷载按单梁模式输入,不考虑横向支反力分配情况时,活载系数应输入人行道总宽度,否则应按两侧分别定义人群荷载。

9.6　两侧人行道宽度不一致的情况下,单边人行道宽度如何填写?

解决方案:

需要定义两个人群活载的工况,取不同名称(如人群左侧、人群右侧),两种工况的横向布置分别填写其单边的范围即可,单边人行道宽度也填写各自单边的宽度(图 9.9)。

纵向加载定义									
编号	名称	桥面单元	计...	活载类型	活载系数	行车线	横向...	冲...	单边人行道宽...
1	左侧人群	梁1	30	城市人群	1|梁1|L|||`3`1|梁...	轴线1	-10		3
2	右侧人群	梁1	30	城市人群	1|梁1|L|||`4`1|梁...	轴线1	10		4

图 9.9　两侧人行道宽度不一致的人群荷载定义

9.7　人行天桥荷载大小计算

问题描述：

活载类型为人行天桥荷载时，"影响线面"查询中的荷载大小怎样计算得到？

解决方案：

按照《城市人行天桥与人行地道技术规范》(CJJ 69—1995)规定，计算人群荷载的 L 为加载长度，也就是影响线面中所有荷载终点坐标－起点坐标求和的长度。

以图 9.10 为例，人群荷载计算过程：

$$L = [(18-1.25)+(54-36)+(72-70.75)]m = 36m$$

$$W = [(5-2\times(36-20)/80)\times(20-1.85)/20]kN/m = 4.1745kN/m$$

与影响线面荷载大小一致。

显示工况:	人群,风荷载 ∨	文字比例(%):	100 ∨	单位(m)

				纵向加载定义			
编号	计算跨径(m)	活载类型	活载系数	行车线	横向布置(m)	冲击系数	单边人行道宽度(m)
1	18	人行天桥人群	1|主梁|L||...	轴线1	0	0~0;简支梁,1|主...	1.85

工况:	影响线面 ∨	内容:	活载布置(内力) ∨	荷载:	人群 ∨	效应:	最大竖弯矩My ∨	节点:	3|L ∨		100%	刷新

		最大竖弯矩My						
类型	单位	荷载大小	起点坐标x	起点坐标y	起点坐标z	终点坐标x	终点坐标y	终点坐标z
			(m)	(m)	(m)	(m)	(m)	(m)
纵向均布荷载布置	〈kN/m〉	4.2	1.250	0	0	18.000	0	0
		4.2	36.000	0	0	54.000	0	0
		4.2	70.750	0	0	72.000	0	0

图 9.10　人行天桥荷载定义及查询结果

9.8　纵向加载中，汽车冲击系数采用规范方法计算时，m 值如何填写？

解决方案：

当采用公路规范自动计算冲击系数时，系统会自动根据指定节点截面计算截面惯性矩特性和自重质量，如果用户还需要在自重基础上考虑铺装和其他附加质量，输入 m 值即可。m 为结构跨中处的单位长度质量(《公路桥涵设计通用规范》(JTG D60—2015))条文说明 4.3.2)。

系统自动计算自重质量 m_c 时注意 g 值取 9.8。

9.9　计算冲击系数时基频是否考虑铺装等二期荷载？

根据《公路桥梁设计规范答疑汇编》，针对竖向基频做出以下几点意见作为参考。

(1) 多跨进行计算时应取小跨径。

(2) 变截面梁计算基频时可取跨中截面的惯性矩。

（3）计算基频时不应考虑桥面铺装。

以简支梁为例，《公路桥涵设计通用规范》(JTG D60—2015)中的频率公式为

$$f_1 = \frac{\pi}{2l^2}\sqrt{\frac{EI_c}{m_c}}$$

$$m_c = \frac{G}{g}$$

可知，质量与频率关系成反比，而频率又正比于冲击系数。故质量越小，则冲击系数越大。

9.10 纵向加载中，变宽桥梁/局部加载如何填写？

解决方案：

1. 变宽桥梁

对于变宽桥梁，车道范围为纵向变化的区域，通过横向布置不能实现纵向变化，可通过以下两种方法进行纵向加载，或者采用影响面加载。

第一种，仅考虑中载布置，通过活载系数实现纵向变化，如图 9.11 所示，L 到 D_1 位置两车道，活载系数为 2(车道数)×1(车道折减)×1.15(偏载系数)=2.3，D_1 到 R 位置三车道，活载系数为 3(车道数)×0.78(车道折减)×1.15(偏载系数)=2.691。

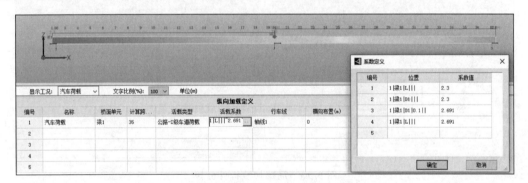

图 9.11 变宽桥梁活载中载布置定义

第二种，考虑偏载布置，按照车道线定义手动定义左偏、右偏及中载车道，如图 9.12 所示，定义左偏车道 1、2、3，左偏车道 3 通过活载系数实现局部范围加载活载系数为偏载系数 1.15，横向布置为车道距离行车线距离，对于不规则车道可单独定义轴线作为行车线。该方法无法考虑多车道折减。

2. 局部加载

第一种，在局部加载区段对构件进行分段，然后对局部构件进行加载(图 9.13)。

第二种，通过活载系数实现，如变宽桥梁方法一，注意此时横向布置只能填一个数(图 9.14)。

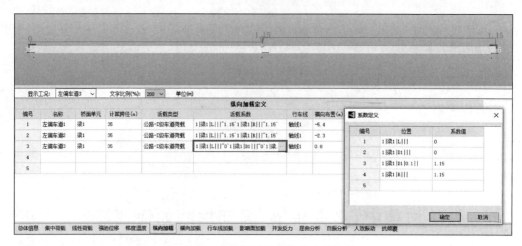

图 9.12　变宽桥梁活载偏载布置定义

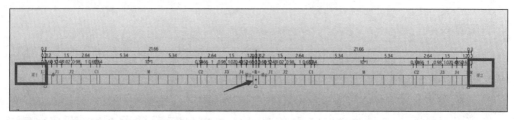

图 9.13　局部加载构件分段

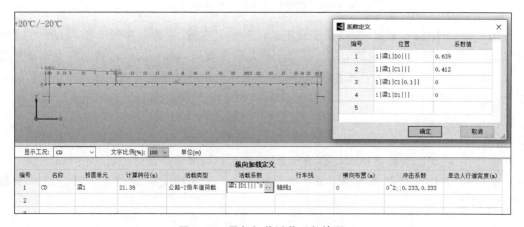

图 9.14　局部加载活载系数填写

9.11 横向加载中的活载系数如何填写？

解决方案：

1. 盖梁、横梁

在盖梁、横梁等横向构件分析中，活载系数指的是汽车荷载在该桥墩位置处产生单车道支反力(不考虑折减系数)，对于人群荷载则是单位宽度(横向 1m)的人群荷载在纵向加载时在该桥墩位置处产生的支反力。这个反力可以通过建立一个同等跨径的模型，截面可以任意，在“运营分析”中通过填写车道系数为 1 来实现，提取该墩在汽车活载 Max-Qz 对应的支反力。人群同理。

以 2×35m 中支点盖梁计算为例，建立计算活载系数的纵梁模型，截面随意，横向单支座，活载中心布置，活载系数为 1，加载示意如图 9.15 所示。

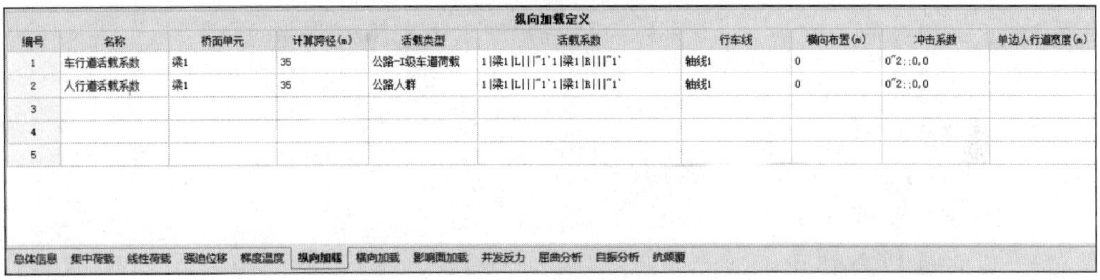

纵向加载定义

编号	名称	桥面单元	计算跨径(m)	活载类型	活载系数	行车线	横向布置(m)	冲击系数	单边人行道宽度(m)
1	车行道活载系数	梁1	35	公路-I级车道荷载	1|梁1|L|||~1`1|梁1|R|||~1`	轴线1	0	0~2;;0,0	
2	人行道活载系数	梁1	35	公路人群	1|梁1|L|||~1`1|梁1|R|||~1`	轴线1	0	0~2;;0,0	
3									
4									
5									

总体信息　集中荷载　线性荷载　强迫位移　梯度温度　纵向加载　横向加载　影响面加载　并发反力　屈曲分析　自振分析　抗倾覆

图 9.15　计算盖梁活载系数的纵梁模型

计算完成后提取支反力，得到汽车和人群的活载系数分别为 847.1 和 128.9，如图 9.16 所示。

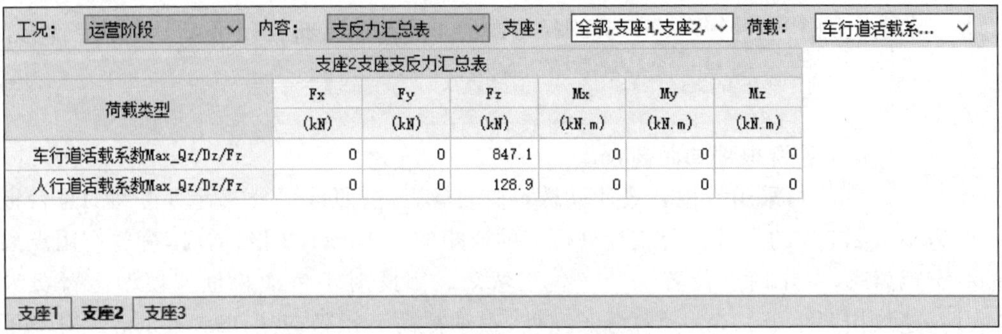

工况：运营阶段　内容：支反力汇总表　支座：全部,支座1,支座2,　荷载：车行道活载系...

支座2支座支反力汇总表

荷载类型	Fx (kN)	Fy (kN)	Fz (kN)	Mx (kN.m)	My (kN.m)	Mz (kN.m)
车行道活载系数Max_Qz/Dz/Fz	0	0	847.1	0	0	0
人行道活载系数Max_Qz/Dz/Fz	0	0	128.9	0	0	0

支座1　支座2　支座3

图 9.16　盖梁汽车和人群的活载系数查询

2. 桥面板

通过车轮荷载的有效工作宽度 a、单个车轴重 P 可得到桥梁纵向单位宽度桥面板承担的车辆荷载 $p=P/a$。这个荷载 p 作为程序桥面板横向布置的活载系数，直接用于桥梁纵向单位宽度桥面板的受力分析。

通过车轮传递到板上的荷载分布宽度计算分为两种情况。

(1) 整体单向板计算。

平行于板的跨径方向的荷载分布宽度如下。

$$b = b_1 + 2h \tag{9-1}$$

垂直于板的跨径方向的荷载分布宽度如下。

① 单个车轮在板的跨径中部时:

$$a = (a_1 + 2h) + l/3 \geqslant 2l/3 \tag{9-2}$$

② 多个相同车轮在板的跨径中部时,当各单个车轮按上式计算的荷载分布宽度有重叠时:

$$a = (a_1 + 2h) + l/3 + d \geqslant 2l/3 + d \tag{9-3}$$

③ 车轮在板的支承处时:

$$a = (a_1 + 2h) + t \tag{9-4}$$

④ 车轮在板的支承附近,距支点的距离为 x 时:

$$a = (a_1 + 2h) + t + 2x \tag{9-5}$$

⑤ 按本款算得的所有分布宽度,当大于板全宽时取板全宽。

⑥ 彼此不相连的预制板,车轮在板内分布宽度不大于预制板宽度。

式(9-1)~式(9-5)中:

a——有效工作宽度,m;

a_1——垂直于板跨方向车轮着地尺寸,m;

h——铺装层厚度,m;

t——板的跨中厚度,m;

b、b_1——分别为平行于板跨方向的荷载分布宽度和车轮着地尺寸,m;

l——板的计算跨径,m;

d——纵向轮轴间距,m。

(2) 悬臂板计算。

当 $l_c \leqslant 2.5$m 时,悬臂板垂直于其跨径方向的车轮荷载分布宽度可按下列规定计算:

$$a = (a_1 + 2h) + 2l_c \tag{9-6}$$

式中:

l_c——车轮至悬臂根部的距离,m。

当 $l_c > 2.5$m 时,采用沙柯公式计算悬臂板的弯矩,按照沙柯公式计算得到的悬臂板弯矩一般为小于 2.5m 的悬臂板公式计算得到的弯矩的 1.15~1.3 倍,同时,荷载作用点离自由端一定距离时,在作用点位置也会产生正弯矩。因此对于桥面板框架模型悬臂板大于2.5m 时,建议按照小于 2.5m 计算分布宽度,手动提高弯矩效应 1.15~1.3 倍。对于可能出现的正弯矩,按照负弯矩区的一半配置正弯矩区钢筋。

对于如图 9.17 所示桥面板模型进行活载系数计算:$a_1 = 0.2$m;$h = 0.11$m;$t = 0.25$m;$l = 3.775$m;$d = 1.4$m。

垂直于板的跨径方向的荷载分布宽度计算如下。

① 单个车轮在板的跨径中部时,按式(9-2)计算

$a = (0.2 + 2 \times 0.11 + 3.775/3)$m $= 1.678$m $< (2 \times 3.775/3)$m $= 2.517$m,取 $a = 2.517$m。

② 多个相同车轮在板的跨径中部时,当各单个车轮按式(9-3)计算的荷载分布宽度有

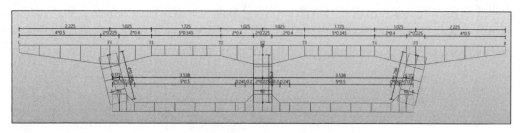

图 9.17　桥面板计算模型

重叠时：

$$a=(0.2+2\times0.11+3.775/3+1.4)\text{m}=3.078\text{m}<2l/3+d=2.517+1.4=3.917\text{m},$$

取 $a=3.917\text{m}$。

③ 车轮在板的支承处时,按式(9-4)计算：

$$a=(0.2+2\times0.11+0.25)\text{m}=0.67\text{m}$$

④ 车轮在板的支承附近,距支点的距离为 x 时,按式(9-5)计算：

悬臂板垂直于其跨径方向的车轮荷载分布宽度计算：

悬臂端 $a=(0.2+2\times0.11+2\times2.225)\text{m}=4.87\text{m}$

悬臂根 $a=(0.2+2\times0.11)\text{m}=0.42\text{m}$

活载系数设置如图 9.18 所示。

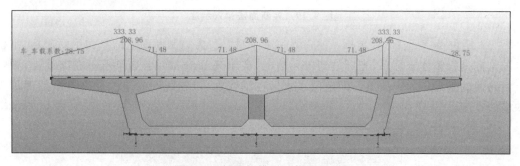

图 9.18　桥面板模型活载系数设置

问题拓展：

(1) 对于盖梁、横梁等横向构件分析中,如果纵梁模型为多支座模型,且考虑偏载,示例如 12.6.5 节,此时需要设置并发反力组,用于求解盖梁、横梁的活载系数。

(2) 过渡墩上的盖梁存在两侧加载的情况,偏保守的算法是左右两侧均计算得到活载系数相加作为过渡墩的活载系数,但重复计入了集中荷载的效应,可能导致验算不通过。也可以相加以后手动扣除一个集中力作为活载系数。

9.12　梁格法影响面加载说明

1. 多断面法(图 9.19)

采用定位点的方式描述桥面横向布置的信息(功能分区的类型名称、宽度以及定位等),

即沿纵桥向输入一个或多个定位点的坐标以及该点处对应的横向布置信息。两个定位点之间的横向布置信息,程序会按线性内插自动计算。如果输入的定位点不在前面用户定义的道路设计线上,则程序会自动做此点到这条线的垂足,将其作为定位点。

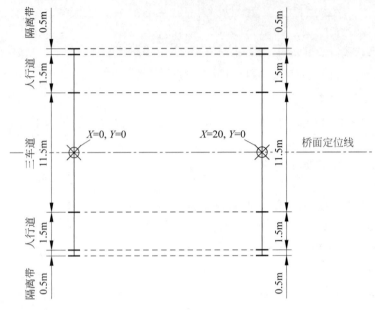

图 9.19   多断面法输入示意

(1)定位点 X 坐标/Y 坐标:对应图 9.19 中标记,为控制断面上的点的绝对坐标,定位点的坐标是指整体坐标系,光标放到单元格上,会出现 hint 提示;如果点不在路线上,则过点做路线的垂足作为定位点。即定位点永远在轴线上,以轴线上的定位点来判断后面填入的横向宽度。

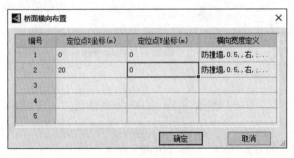

图 9.20   定位点坐标输入

(2)横向宽度定义:指定在一个横向布置位置上,横向各区域的宽度和类型,若是“行车道”则需要输入车道数(图 9.21)。

(3)桥面定位线:一组横向布置需要与定位线之间的对齐方式。若某行区域选择“中”,则表示该区域中心位置为定位线。

2. 桥面线法(图 9.22)

采用桥面线的方式描述桥面横向布置的信息(桥面线的类型名称、平面线形以及车道数

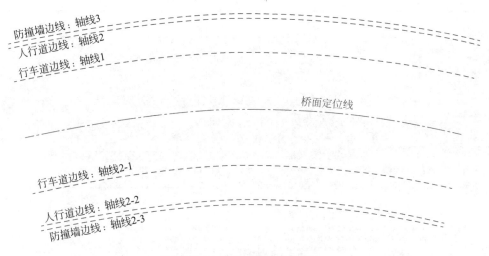

图 9.21　多断面法：桥面横向布置

等）。即通过输入多条桥面线（防撞墙边线、人行道边线、隔离带边线、轨道中心线）将桥面划分成不同的功能区域，来确定桥面的横向布置信息（图 9.23）。

图 9.22　桥面线法输入示意

图 9.23　桥面线法：桥面横向布置

（1）线类型：对应桥面附属结构的边线类型。线类型由该条线右侧区域类型确定，最后一条线的类型由该条线左侧区域类型确定。

（2）轴线：轴线对象定义在"结构建模"中，此处选择轴线对象的名称。

（3）偏移值：线类型中的边线与轴线＋偏移值在平面位置上一一对应。

（4）车道数：仅当线类型为行车道边线时有效。

3. 两种方法举例

如图 9.24 所示变宽车道布置，采用多断面法进行活载加载，分别取起点（绝对坐标（0，0））行车道宽 8.5m 的两车道，中点（绝对坐标（30，0））行车道宽 12m 的两车道，中点（绝对坐标（30.1，0））行车道宽 12m 三车道和终点（绝对坐标（60，0））行车道宽 12m 三车道 4 个断面，按照截面宽度和车道变化分别设置横断面来模拟桥面布置，实现活载加载。

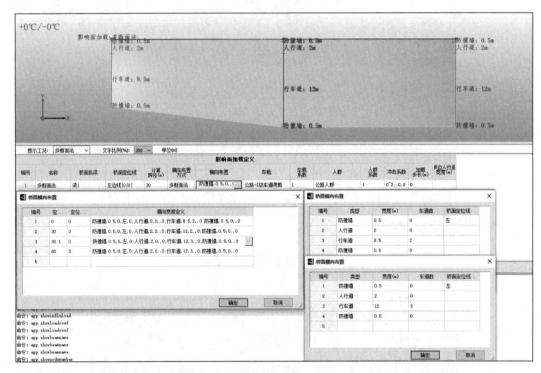

图 9.24　多断面法影响面加载示例

如图 9.25 所示变宽人行桥，采用横向布置方式为桥面线法进行活载加载，对应桥面边线和人行道边线定义 4 条轴线，用轴线来模拟桥面布置实现活载加载。

问题拓展

（1）定位点的坐标是指整体坐标系，光标放到单元格上，会出现 hint 提示：如果点不在路线上，则过点做路线的垂足作为定位点。即定位点永远在轴线上，以轴线上的定位点来判断后面填入的横向宽度。

（2）使用铁路规范定义相关车载为列车荷载时，横向布置方式必须为桥面线法；当使用多断面法时，则以报错形式予以拦截。

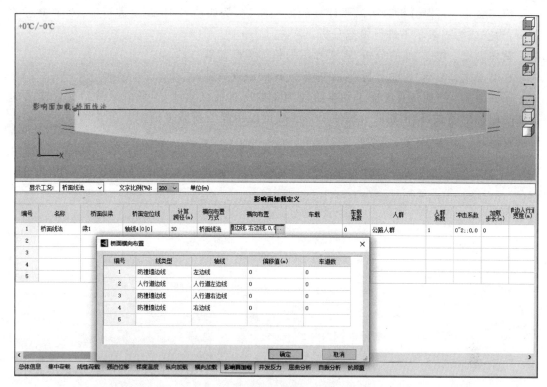

图 9.25   桥面线法影响面加载示例

9.13 屈曲计算对荷载的考虑

屈曲分析主要用于研究结构在特定载荷下的稳定性以及确定结构失稳的临界载荷,屈曲分析包括线性屈曲分析和非线性屈曲分析。"桥梁博士"当前只能进行线性屈曲分析。

屈曲分析分为两步:

(1) 在"总体信息"中勾选"计算屈曲";

(2) 填写"屈曲分析"信息表(图 9.26)。

屈曲分析	
模态数量	10
整体温度	升温温差
梯度温度	梯度升温
屈曲荷载	

编号	名称	荷载
1	汽车满布	\`1 左系梁 |M||\`\`\`-720\`\`\`\`整体坐标系\`\`1 右系梁…
2		
3		
4		
5		

图 9.26   输入屈曲分析数据

模态数量：自振分析时所需要计算的振型阶数，例如填入 10 表示进行前 10 个模态的分析，为空或为 0 表示不进行模态分析。

整体温度：勾选"屈曲分析"需要考虑的整体温度荷载。

梯度温度：勾选"屈曲分析"需要考虑的梯度温度荷载。

屈曲荷载：屈曲计算考虑了到本阶段为止的所有荷载累计，不考虑活载。此处输入的荷载是附加的荷载，仅供屈曲分析使用。活载可以用静力荷载来模拟。荷载填写不同名取叠加效果。

10 CHAPTER

"地震分析"中常见问题

抗震计算所需的参数集中在"地震分析"区块中,该区块中可以完成一座桥梁抗震计算所需的全部分析。在"地震分析"中可以建立多个阶段,例如 E1 地震、E2 地震(弹性验算)、E2 地震(弹塑性验算)及能力保护等,各阶段互不影响。在同一个阶段中,根据需求可同时进行反应谱分析、时程分析以及 Pushover 分析等。

10.1 "地震分析"静力模型建模注意事项

(1) 装配式上部结构在进行抗震分析时,为了方便计算,可以采用单梁模型(整体式截面)来模拟,由此带来的支座反力失真问题可以通过将主梁自重系数设为 0,在施工阶段手动施加标准图中给出的反力绕开,并在"地震分析"的"附加均布质量"中给上部结构添加质量。

(2) 在"地震分析"中,上部结构"构件节点属性汇总"中"跨径分界线"是否勾选不影响"地震分析"结果。盖梁则需要正确勾选"跨径分界线",原因是程序需要根据柱间距和盖梁高的比值去确定盖梁使用一般梁还是深受弯梁的算法来进行盖梁结构验算,与此同时,盖梁构件验算类型应正确选择钢筋砼盖梁(或者自定义预应力盖梁)。

(3) 抗震分析模型应准确输入地质钻孔信息。

(4) 普通板式橡胶支座剪切刚度(水平刚度):抗震计算的刚度取 1.2MPa,静力计算的刚度取 1MPa,前者是后者的 1.2 倍,但是该值影响也很小。

10.2 抗震分析的若干注意事项

(1) 在"地震分析"中,结构单元的质量由程序自动考虑。桥面铺装、护栏等质量,一般在静力分析中已经通过荷载的形式进行了输入,这时可以在"总体信息"选项卡的"荷载转化为质量"中予以选择。其他情况可以通过"附加集中质量"选项卡、"附加分布质量"选项卡中的表格予以输入。

(2) 基础约束的模拟。建议在建模阶段输入实际地质条件,并在桩基构件属性中设置 m 法计算模拟土弹簧特性形成约束条件。也可以用一般支座模拟,但要用实际弹性系数模拟,不建议使用刚性约束条件,其不符合工程实际,也会影响程序抗震分析效率。

(3) "地震分析"模型的所有边界条件及内部约束(主从约束、弹性连接、非线性连接)都需要在各地震阶段完整输入,程序并不自动从静力分析模型中继承。

(4) 塑性铰采用按弯矩曲率分析时,需要总体积配箍率和等效塑性铰长度,对于程序自带的矩形和圆形截面,空白或输入 0 可以自动计算总体积配箍率。屈服面参数和最大容许转角空白或输入 0,程序会自动计算。

（5）Pushover 分析时,推覆荷载的加载一定要注意,推覆力和位移控制方向要一致,不能荷载是 F_y,而位移控制方向是 D_x。如果节点采用了局部坐标系,推覆荷载也要对应选择局部坐标系,或者将荷载分解到整体坐标系下进行推覆。

（6）推覆荷载加载位置,对于顺盖梁轴线方向,可以直接加载在盖梁端部,对于垂直盖梁轴线方向,建议加载在盖梁中心,不要偏心加载,会导致位移验算异常情况。

10.3　E1 地震下的强度验算步骤

根据《公路桥梁抗震设计规范》(JTG/T 2231—01—2020)第 7.2.2 条、第 7.3.1 条,《城市桥梁抗震设计规范》(CJJ 166—2011)第 7.2.1 条等进行 E1 地震下的强度验算。

一般情况下只是计算模型中的部分构件需要进行验算,例如只验算墩柱而不验算上部梁体。可在本阶段"总体信息"选项卡的"强度验算构件"中选择要采用反应谱法及时程法得到的内力进行验算的构件。

进行 E1 地震下的强度验算时,"总体信息"的"正截面强度计算方法"一般应选择"规范设计值",表示正截面的验算方法采用设计规范上的算法,并且材料参数采用其设计值。

地震作用效应可采用反应谱法或者时程法计算。

1. 采用反应谱法计算

（1）在"总体信息"中设置"自振模态数"以启动自振计算。《公路桥梁抗震设计规范》(JTG/T 2231—01—2020)第 6.3.3 条或《城市桥梁抗震设计规范》(CJJ 166—2011)第 6.3.2 条对模态数提出了要求,但程序并不自动判断是否满足这些要求,需用户自己执行判断。

（2）在"总体信息"中设置"结构阻尼比"等参数。

（3）输入"反应谱分析"选项卡中的参数。

（4）运行计算,查看结果。

2. 采用时程法计算

（1）在"地震波"选项卡中输入地震波信息。本程序可通过反应谱生成人工地震波。

（2）如果"时程计算方法"选择了"振型叠加法",需要在"总体信息"中设置"自振模态数"以启动自振计算。选择"直接积分法"则不需要进行自振计算。

（3）在"总体信息"中设置"结构阻尼比"等参数。

（4）在"总体信息"中设置"时程工况取值原则"。

（5）如果要考虑滑动支座的非线性影响,需在"非线性连接"选项卡中输入相应的非线性连接单元,并采用非线性时程分析。

（6）输入"时程分析"选项卡中的相应参数。每一行代表一个时程工况。

（7）运行计算,查看结果。

程序可以既进行反应谱计算,又进行时程计算。此时需注意设置"总体信息"中的参数"与时程工况比较时反应谱工况折减系数",依据见《公路桥梁抗震设计规范》(JTG/T 2231—01—2020)第 6.4.3 条。

10.4　E2 地震下的塑性铰转动能力验算

根据《公路桥梁抗震设计规范》(JTG/T 2231—01—2020)第 7.4.3 条,《城市桥梁抗震设计规范》(CJJ 166—2011)第 7.3.4 条进行 E2 地震下的塑性铰转动能力验算。

该项验算只能通过非线性时程分析实现,步骤如下。

(1) 在"抗弯刚度"选项卡中对延性构件的抗弯刚度进行折减。

(2) 在"塑性铰"选项卡中定义塑性铰。"屈服面类型"一般可选择"P_My_Mz 铰","时程分析铰特性"一般可选择"按弯矩-曲率分析"。"等效塑性铰长度"需由用户根据规范确定后输入,或者由用户输入铰截面到反弯点的距离,程序自动计算。

(3) 在"地震波"选项卡中输入地震波信息。本程序可通过反应谱生成人工地震波。

(4) 如果要考虑滑动支座的非线性影响,需在"非线性连接"选项卡中输入相应的非线性连接单元。

(5) 输入"时程分析"选项卡中的参数。必须选择"非线性计算",时程计算方法也只能选择"直接积分法"。

(6) 运行计算,查看结果。

10.5　减隔震验算

减隔震桥梁的非线性时程分析步骤如下。

(1) 在"非线性连接"选项卡中输入非线性连接参数以模拟减隔震支座。

(2) 如果有阻尼器,在"阻尼器"选项卡中输入阻尼器参数。

(3) 在"地震波"选项卡中输入地震波信息。本程序可通过反应谱生成人工地震波。

(4) 输入"时程分析"选项卡中的参数。必须选择"非线性计算",时程计算方法也只能选择"直接积分法"。

(5) 运行计算,查看结果。

问题拓展:

(1) 根据《公路桥梁抗震设计规范》(JTG/T 2231—01—2020)第 10.3.4 条,《城市桥梁抗震设计规范》(CJJ 166—2011)第 9.3.1 条条文说明,一般情况下减隔震桥梁宜采用非线性动力时程分析方法。程序推荐采用该分析方法。《城市桥梁抗震设计规范》(CJJ 166—2011)第 9.3 节给出的反应谱法中等效刚度、等效阻尼比等参数需要迭代计算,"桥梁博士"不能自动计算。若采用反应谱法进行减隔震桥梁抗震分析,需要用户手动迭代几次进行计算。

(2) 减隔震桥梁一般设置有减隔震支座或者阻尼器。减隔震支座采用非线性连接单元模拟,普通的活动支座也可采用非线性连接单元模拟。阻尼器采用专门的阻尼器单元模拟。

(3) 根据《城市桥梁抗震设计规范》(CJJ 166—2011)第 9.1.2 条、第 9.4.1 条,减隔震桥梁只进行 E2 下的强度验算。并且,E2 下的地震内力应进行折减。内力折减通过"总体信息"中的"构件内力折减系数"实现,此时"总体信息"的"正截面强度计算方法"一般应选择"规范设计值"。

(4)一般情况下只是计算模型中的部分构件需要进行验算,例如只验算墩柱而不验算上部梁体。可在本阶段"总体信息"选项卡的"强度验算构件"中选择需进行验算的构件。

10.6 E2 地震下的墩顶位移验算

根据《公路桥梁抗震设计规范》(JTG/T 2231—01—2020)第 7.4.3 条,《城市桥梁抗震设计规范》(CJJ 166—2011)第 7.3.4 条进行 E2 地震下的墩顶位移验算。程序进行该项验算时墩顶位移值约定为通过反应谱法计算获得。

采用反应谱法计算墩顶位置值,步骤如下。

1)在"总体信息"中设置"自振模态数"以启动自振计算。

2)在"总体信息"中设置"结构阻尼比"。

3)在"抗弯刚度"选项卡中对延性构件的抗弯刚度进行折减。

4)输入"反应谱分析"选项卡中的所有参数。

5)设置 Pushover 参数。

(1)在"抗弯刚度"选项卡中对延性构件的抗弯刚度进行折减(该折减与反应谱共用)。

(2)在"塑性铰"选项卡中定义位移 Pushover 塑性铰。"屈服面类型"一般可选择"P_My_Mz 铰""P_My 铰"或"P_Mz 铰","位移 Pushover 铰特性"一般可选择"按弯矩-曲率分析"。"等效塑性铰长度"需由用户根据规范确定后输入,或者输入铰截面到反弯点的距离,程序自动计算。

(3)在 Pushover 选项卡中输入相应参数。

①"强度验算构件"及"正截面强度计算方法"一般不输入。

②"位移验算点"一般选择墩顶的某个点在推覆方向上的自由度。

③"推覆荷载定义"中输入假想的推覆荷载,尽量接近地震惯性力的分布。

④"最大位移控制值"的位置一般可与位移验算点相同,其数值应保证超过墩顶位移容许值,若未超过则需要重新设置并重新运行程序。

(4)同一个桥可以有多个 Pushover 分析工况,每个工况对应 Pushover 输入参数表格中的一行;一般情况下各桥墩应分别定义 Pushover 工况,同一个桥墩的不同方向也应分别定义相应工况。

6)运行计算,查看结果。

10.7 能力保护构件验算

根据《公路桥梁抗震设计规范》(JTG/T 2231—01—2020)第 6.7 节及第 7.3.6 条,《城市桥梁抗震设计规范》(CJJ 166—2011)第 6.6 节及第 7.4 节进行能力保护构件验算。

以验算能力保护构件为目的而进行的 Pushover 计算的步骤如下。

1) 在"抗弯刚度"选项卡中对延性构件的抗弯刚度进行折减(该折减与反应谱共用)。

2) 在"塑性铰"选项卡中定义强度 Pushover 塑性铰。"屈服面类型"一般可选择"P_My_Mz 铰""P_My 铰"或"P_Mz 铰","强度 Pushover 铰特性"一般可选择"按超强弯矩"。"等效塑性铰长度"不输入。

3) 在 Pushover 选项卡中输入相应参数。

(1)"验算构件"选择能力保护构件,如盖梁、基础等。

(2)"正截面强度计算方法"选择规范标准值。

(3)"位移验算点"不输入。

(4)"荷载定义"中输入假想的推覆荷载,尽量接近地震惯性力的分布。

(5)"最大位移控制值"的位置一般可选择墩顶的某个点,其数值应保证能让结构充分形成塑性铰而成为几何可变体系,推覆荷载不再增加。若推覆荷载尚能继续增加,则需要重新设置并重新运行程序。

4) 同一个桥可以有多个 Pushover 分析工况,每个工况对应 Pushover 输入参数表格中的一行;一般情况下各桥墩应分别定义 Pushover 工况,同一个桥墩的不同方向也应分别定义相应工况。

5) 运行计算,查看结果。

10.8　支座验算

程序能查询连接单元(一般是用来模拟支座的)的内力和变形,但不进行验算,验算需由用户将连接单元的内力变形与相应支座构件的容许值进行比较,手动验算。

当执行《公路桥梁抗震设计规范》(JTG/T 2231—01—2020)第 7.2.3 条、《城市桥梁抗震设计规范》(CJJ 166—2011)第 7.2.2 条进行 E1 下的验算时,支座内力及变形可通过反应谱法或时程法得到。

当执行《公路桥梁抗震设计规范》(JTG/T 2231—01—2020)第 7.5.1 条、第 7.5.2 条和《城市桥梁抗震设计规范》(CJJ 166—2011)第 7.4.5 条、第 7.4.6 条进行 E2 下的验算时,由于 E2 下一般会出现塑性铰,反应谱法得到的连接单元内力可能显著偏大,故支座内力应通过非线性时程或者 Pushover 法得到,此时塑性铰特性采用超强弯矩,而不采用弯矩-曲率分析。

10.9　结构阻尼比的取值

如图 10.1 所示,可参照《城市桥梁抗震设计规范》(CJJ 166—2011)第 10.2.7 条:混凝土拱桥的结构阻尼比取 0.05,斜拉桥的结构阻尼比取 0.03,悬索桥的结构阻尼比取 0.02。也可参照《公路桥梁抗震设计规范》(JTG/T 2231—01—2020)第 6.2.2 条:混凝土结构和组合结构的阻尼比可取为 0.05,钢结构阻尼比可取为 0.03。

考虑P-Δ效应	☐
结构阻尼比	0.05
强度计算采用材料标准值	☑
正截面强度按弯矩输出	☐
地基m值调整系数	2
地基承载力调整系数	
荷载转化为质量	支反力

总体信息 附加集中质量 附加均布质量 补充地震力 抗弯刚度 支座 主从约束 自由度释放 弹性连接 非线性连接

图 10.1　输入抗震分析"总体信息"的结构阻尼比

10.10　桥墩刚度模拟

根据《公路桥梁抗震设计规范》(JTG/T 2231—01—2020)第 6.1.9 条：在进行桥梁抗震分析时,E1 地震作用下,常规桥梁的所有构件抗弯刚度均应按全截面计算；E2 地震作用下,采用等效线弹性方法计算时,延性构件的有效截面抗弯刚度应按下述公式计算,但其他构件抗弯刚度仍应按全截面计算：

$$E_c \times I_{\text{eff}} = \frac{M_y}{\phi_y}$$

该条文的实现在"抗弯刚度"选项卡中,如图 10.2 所示。

抗弯刚度调整					
编号	构件	代表截面	抗弯刚度系数Iy	抗弯刚度系数Iz	抗弯刚度系数函数Iy	抗弯刚度系数函数Iz
1	桥墩1		0.21	0.21		
2	桥墩2		0.21	0.21		
3						
4						
5						

图 10.2　输入抗弯刚度调整系数

(1) 构件：延性构件的名称,一般为桥墩、系梁构件。

(2) 代表截面：选择代表截面,则程序对代表截面进行弯矩曲率分析,自动得到 I_y 及 I_z 的刚度系数,该刚度系数应用于整个构件。

(3) 抗弯刚度系数 I_y/I_z：以系数形式进行抗弯刚度折减,此时整个构件应用一个系数值。该系数值需用户根据规范手算。

(4) 抗弯刚度系数函数 I_y/I_z：当延性构件抗弯刚度折减不是沿着构件均匀分布时,以函数系数形式进行抗弯刚度折减。其中,位置(m)指构件起点沿构件坐标系 x 轴方向到该点的距离；值为该点处的抗弯刚度折减系数。对于构件其他位置处的抗弯刚度折减系数值,程序内部采用直线内插外推计算得到。

图 10.2 中代表截面、抗弯刚度系数和抗弯刚度系数函数只需要填写一个。

10.11 如何模拟摩擦摆支座的刚度?

解决方案:

摩擦摆支座属于非线性支座,需要在非线性连接—弹塑性连接中输入对应的初始刚度、屈服后刚度和屈服强度。其相关计算公式可参考《公路桥梁摩擦摆式减隔震支座》(JT/T 852—2013)的附录 A 或《公路桥梁抗震设计规范》(JTG/T 2231—01—2020)的第 10.3.3 条第 2 款中相关计算公式。现将部分公式摘抄如下。

支座初始刚度取 $d_y = 2.5\text{mm}$ 位移的刚度(kN/m):

$$K_p = \frac{\mu W}{d_y}$$

支座屈服后刚度(kN/m):

$$K_c = \frac{W}{R}$$

式中:

W——竖向荷载,kN;

d_y——屈服位移,mm,通常取 2.5mm;

R——曲率半径,m;

μ——动摩擦系数,建议取值 0.05;

μW——屈服强度,kN。

10.12 "地震分析"限位装置如何填写?

解决方案:

在"地震分析"→"非线性连接"→"类型"中选择"限位装置"并填写参数(图 10.3)。

图 10.3 限位装置的填写

可以填入正负向间隙以及刚度。

如图 10.3 所示填写:当位移小于间隙,限位装置不提供刚度,查看连接单元内力为 0;当位移大于间隙,限位装置开始提供刚度。

其余参数同弹性连接一致,需特别注意两点。

(1) 方向角度:输入连接的局部 X 轴与整体坐标系 X 轴的夹角,0 表示两者方向一致。(斜弯桥特别需要注意方向角)

(2) 此行的弹塑性连接不需要填。

10.13　反应谱多个角度如何输入？

解决方案：

根据《公路桥梁抗震设计规范》（JTG/T 2231—01—2020）第 6.2.5 条：进行直线桥梁地震反应分析时，可分别考虑沿顺桥向和横桥向两个水平方向的地震动输入；进行曲线桥梁地震反应分析时，可分别考虑沿一联两端桥墩连线（割线）方向和垂直于连线水平方向进行多方向地震动输入，以确定最不利地震响应。

程序支持反应谱多个角度输入，操作步骤如下（图 10.4）。

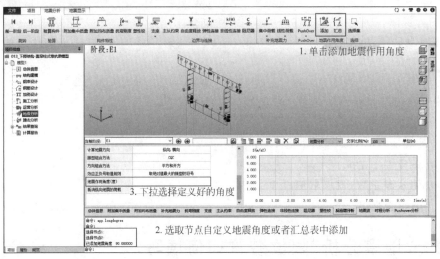

图 10.4　地震作用角度填写

（1）在"地震分析"的"地震作用角度"命令组中单击添加。

（2）按照命令栏提示选取节点定义地震角度。

（3）在"反应谱分析"的"地震作用角度"选项的下拉菜单中选择定义好的角度，可多选。

10.14　"反应谱分析"中效应正负号取值规则

在"地震分析"→"反应谱分析"中的"效应正负号取值规则"中可填写"不考虑"或"取绝对值最大的振型的符号"，如图 10.5 所示。

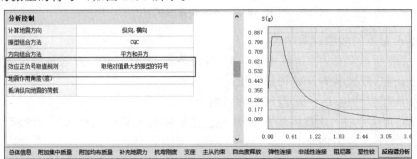

图 10.5　效应正负号取值规则

若"不考虑"则输出的均为正值,若"取绝对值最大的振型的符号"则存在正负,如图10.6所示。

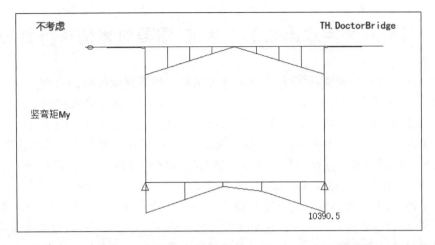

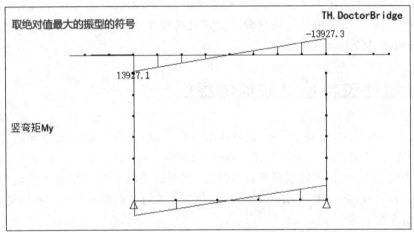

图10.6　效应正负号取值规则下的内力输出

10.15　"桥梁博士"在"地震分析"中是否可以考虑几何非线性?

《公路桥梁抗震设计规范》(JTG/T 2231—01—2020)第9.3.3条及其条文说明提到的几何非线性有三个方面。

(1)(斜拉桥、悬索桥的)缆索垂度效应,一般用等效弹性模量模拟。

(2)梁柱效应,即梁柱单元轴向变形和弯曲变形的耦合作用,一般引入几何刚度矩阵来模拟,只考虑轴力对弯曲刚度的影响。

(3)大位移引起的几何形状变化。但研究表明,大位移引起的几何形状变化对结构地震响应影响较小,一般可忽略。

针对以上三个方面,"桥梁博士"可以考虑第1条和第2条,不能考虑第3条。对于第1条,"桥梁博士"的拉索刚度通过Ernst公式计算,计算时的拉力取恒载拉力;对于第2条,在"地震分析"→"总体信息"中勾选"考虑 p-delta 效应"时,"桥梁博士"按恒载轴力引入几何刚度。

10.16　用反应谱生成出来的地震波,需要对峰值进行处理吗?

采用地震信号分析模型,反应谱生成出来的地震波可以直接使用。

《公路桥梁抗震设计规范》(JTG/T 2231—01—2020)第 5.3.2 条规定如下:

未作地震安全性评价的桥梁工程场地,可根据本规范设计加速度反应谱,合成与其匹配的设计加速度时程;也可选用与设定地震震级、距离大体相近的实际地震动加速度记录,通过调整使其反应谱与本规范设计加速度反应谱匹配,每个周期值对应的反应谱幅值的相对误差应小于 5% 或绝对误差应小于 0.01g。

也就是说,对人工波的核心要求是与设计反应谱尽量一致,而不是峰值与《公路桥梁抗震设计规范》(JTG/T 2231—01—2020)中式(5.2.2)的 $S_{max}/2.5$ 一致。规范并未对人工波的峰值提出要求。当采用天然波时,由于很难保证天然波的反应谱与设计反应谱匹配,行业中才有了对天然波调整峰值这种简化做法。建筑结构规范比较强调采用天然波,桥梁规范并不建议采用天然波调峰后使用。

10.17　塑性铰特性是如何考虑的?

"桥梁博士"只针对《公路桥梁抗震设计规范》(JTG/T 2231-01-2020)规范规定的塑性铰特性进行支持,上述规范只有双折线且屈服后刚度为 0 的塑性铰,"桥梁博士"也只支持这种,只有一个屈服点,比如等效屈服弯矩(对应的物理意义既不是混凝土开裂也不是混凝土或钢筋的某个应变达到极限,而是上述规范中图 7.4.7 的等面积图示)。"桥梁博士"不支持三折线,没有多次屈服。

10.18　如何定义 Pushover 分析中的推覆荷载?

在"地震分析"→Pushover 分析中需要依次定义"推覆荷载定义""最大位移控制值",如图 10.7 所示。

编号	名称	安装构件	强度验算构件	正截面验算构件	塑性铰区抗压	位移验算点	基础固定	承台性能力	推覆荷载定义	最大位移控制值	位移等分数	力容差(kN或...)	位移容差(比例)
1	Pushover 横桥向	柱式墩7基础	柱式墩7基础	规范标准值	选式第12墩柱	1 柱式墩7墩	✓		1 柱式墩7墩...	1 柱式墩7墩...	100		
2	Pushover 纵桥向	柱式墩7基础	柱式墩7基础	规范标准值	选式第12墩柱	1 柱式墩7墩	✓		1 柱式墩7墩...	1 柱式墩7墩...	100		
4													

图 10.7　推覆荷载定义

推覆荷载定义:分别进行顺桥向和横桥向的推覆,推覆荷载填 1kN 即可;坐标系和方向可以选择整体坐标系和局部坐标系;对于盖梁柱式墩,其横桥向的推覆可以在盖梁任意位置施加水平力(图 10.8),顺桥向推覆可以在盖梁中点加顺桥向推覆力;双柱墩则对两柱的墩顶分别填入推覆荷载。

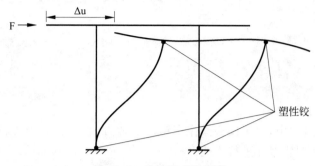

图 10.8　盖梁柱式墩推覆

问题拓展：

（1）当为斜桥或曲线桥，应该选择以局部坐标系进行推覆，需要在构件节点属性汇总中将节点坐标系改成随构件。

（2）最大位移控制值：此处坐标系为节点坐标系，最大位移控制值不宜过大（否则影响精度），也不能过小（否则无法达到屈服）。

11 CHAPTER

错 误 提 示

在操作和计算过程中,对于模型操作有错误的地方,程序会有警告、严重警告和错误提示,方便客户甄别模型错误并进行修改。

本章对用户常见典型错误进行摘录并给出解决方案,方便用户快速修改模型报错。

11.1 其他报错

1. 错误:保存文件错误,请确认文件操作的权限。

解决方案:
文件命名不能含有特殊符号,如"＊－＃￥％"等。

2. 错误:项目文件打不开,错误原因是:"访问未命名的文件时尝试越过其结尾。"/
错误:项目文件打开失败。

解决方案:
这是文件损坏导致,可在项目文件所在文件夹下找到与.dbr 文件同名的.bak 文件,把 bak 改成 dbr 后打开。

3. 错误:内核有限元分析未能正常完成。

解决方案:
如无其他报错提示,则是杀毒软件造成,一般需要卸载并重新安装程序(注意事项:从压缩包里解压时,开始就要关闭安全软件和杀毒软件,避免误杀文件。安装、运行、计算的整个过程都应保持杀毒软件关闭);或者查找 360 等杀毒软件的恢复区,看是否有误杀的相关文件,将其恢复即可。

4. 错误:CInfSurfDB_MardDisk2∷GetIfSFileID ...计算失败。

解决方案:
有了基础后还在墩底加支座,所以提示如上报错。墩底的约束和基础二者择一即可。

5. 错误:CBrg_GenUI∷solve 失败 23。

解决方案:
需检查在"施工分析"阶段是否对挂篮存在多余操作,一般是多加了拆除挂篮的操作导致。

6. 错误：confirm_K()中 confirm_K_dll()返回 false!

解决方案：

前面多处错误导致模型无法计算，修改前述报错。

如前述无提示报错，则检查模型的边界条件，即“结构建模”的刚臂连接、“施工分析”的支座、自由度释放、主从约束和弹性连接以及“地震分析”的支座、自由度释放、主从约束、弹性连接和非线性连接。

7. 错误：CLiveLdRst_HD::GetSimVal 中读取单元并发内力数据失败！单元号=……，是否最大值=……，分量序号=……

解决方案：

回到“结构建模”界面，双击该构件打开构件节点属性汇总，将空白的构件信息如“拟合方式”“坐标系”等完善即可(图 11.1)。

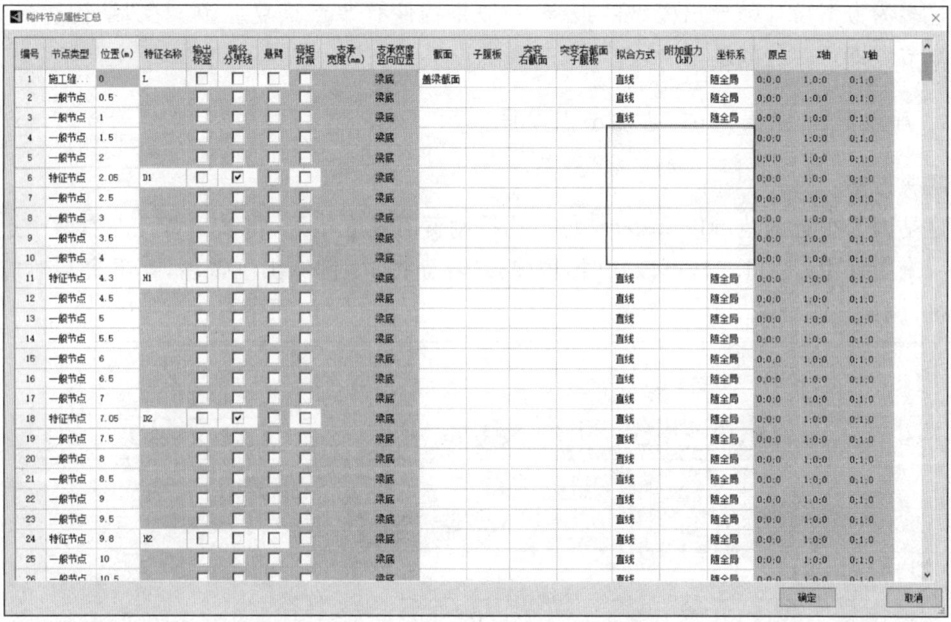

编号	节点类型	位置(m)	特征名称	输出标签	跨径分界线	悬臂	弯矩折减	支承宽度(mm)	支承宽度竖向位置	截面	子腹板	突变右截面	突变右截面子腹板	拟合方式	附加重力(kN)	坐标系	原点	X轴	Y轴
1	施工缝...	0	L	☐	☐	☐	☐		梁底	盖梁截面				直线		随全局	0;0;0	1;0;0	0;1;0
2	一般节点	0.5		☐	☐	☐	☐		梁底					直线		随全局	0;0;0	1;0;0	0;1;0
3	一般节点	1		☐	☐	☐	☐		梁底					直线		随全局	0;0;0	1;0;0	0;1;0
4	一般节点	1.5		☐	☐	☐	☐		梁底								0;0;0	1;0;0	0;1;0
5	一般节点	2		☐	☐	☐	☐		梁底								0;0;0	1;0;0	0;1;0
6	特征节点	2.05	D1	☐	☑	☐	☐		梁底								0;0;0	1;0;0	0;1;0
7	一般节点	2.5		☐	☐	☐	☐		梁底								0;0;0	1;0;0	0;1;0
8	一般节点	3		☐	☐	☐	☐		梁底								0;0;0	1;0;0	0;1;0
9	一般节点	3.5		☐	☐	☐	☐		梁底								0;0;0	1;0;0	0;1;0
10	一般节点	4		☐	☐	☐	☐		梁底								0;0;0	1;0;0	0;1;0
11	特征节点	4.3	H1	☐	☐	☐	☐		梁底					直线		随全局	0;0;0	1;0;0	0;1;0
12	一般节点	4.5		☐	☐	☐	☐		梁底					直线		随全局	0;0;0	1;0;0	0;1;0
13	一般节点	5		☐	☐	☐	☐		梁底					直线		随全局	0;0;0	1;0;0	0;1;0
14	一般节点	5.5		☐	☐	☐	☐		梁底					直线		随全局	0;0;0	1;0;0	0;1;0
15	一般节点	6		☐	☐	☐	☐		梁底					直线		随全局	0;0;0	1;0;0	0;1;0
16	一般节点	6.5		☐	☐	☐	☐		梁底					直线		随全局	0;0;0	1;0;0	0;1;0
17	一般节点	7		☐	☐	☐	☐		梁底					直线		随全局	0;0;0	1;0;0	0;1;0
18	特征节点	7.05	D2	☐	☑	☐	☐		梁底					直线		随全局	0;0;0	1;0;0	0;1;0
19	一般节点	7.5		☐	☐	☐	☐		梁底					直线		随全局	0;0;0	1;0;0	0;1;0
20	一般节点	8		☐	☐	☐	☐		梁底					直线		随全局	0;0;0	1;0;0	0;1;0
21	一般节点	8.5		☐	☐	☐	☐		梁底					直线		随全局	0;0;0	1;0;0	0;1;0
22	一般节点	9		☐	☐	☐	☐		梁底					直线		随全局	0;0;0	1;0;0	0;1;0
23	一般节点	9.5		☐	☐	☐	☐		梁底					直线		随全局	0;0;0	1;0;0	0;1;0
24	特征节点	9.8	H2	☐	☐	☐	☐		梁底					直线		随全局	0;0;0	1;0;0	0;1;0
25	一般节点	10		☐	☐	☐	☐		梁底					直线		随全局	0;0;0	1;0;0	0;1;0
26	一般节点	10.5		☐	☐	☐	☐		梁底					直线		随全局	0;0;0	1;0;0	0;1;0

图 11.1　“构件节点属性汇总”表

11.2　模型导入报错

1. 请检查指定图层中的曲线是否是断开的，必须保证首尾相接！

解决方案：

导入纵梁和部分横梁出现该提示，一般为 CAD 设置有误，需着重检查以下内容。

(1) 纵梁和横梁需设置在不同图层。

(2) 一根梁一个图层。

（3）同一图层的线不能断开。

（4）图层内除了导入的梁轴线不能有多余线段。

2. 从 CAD 中导入截面时，提示错误：Invalid ResBuf。

解决方案：

CAD 文件有误，此 CAD 文件中存在由其他软件生成的特殊图元，建议用 PU 命令清理后再重新导入。

11.3　建模分析报错

1. 警告：悬臂端厚度不应小于 100mm。

解决方案：

这多为方案设计师导出模型的报错，一般是构件有节点重复导致。在"结构建模"中删除重复节点即可解决问题。

2. 严重警告/错误：……左右节点同号。

解决方案：

这是因为很近的范围内有多个节点，连接刚臂时发生错误，将某一单元左右两个点连接在同一个刚臂中（图 11.2），可以在"结构建模"界面按 F3 键调出刚臂表，查看提示对应的刚臂连接，删掉该刚臂或其中一个节点。

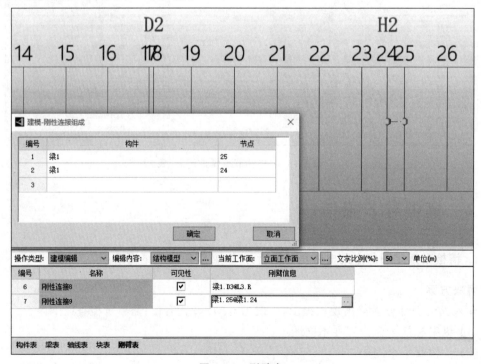

图 11.2　刚臂表

3. 错误：加固截面"抗剪验算"阶段"……"单元"……"节点"……"公路桥梁加固设计规范斜截面抗剪分析系数取值……不合理。

解决方案：

这是未定义抗剪修正系数导致。

在"结构建模"里单击构件，在"对象属性"里填写抗剪修正系数（图 11.3）。可根据《公路桥梁加固设计规范》(JTG/T J22—2008)第 5.2.8 条指定。

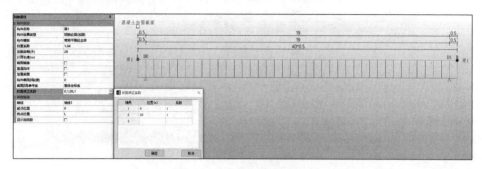

图 11.3　抗剪修正系数定义

4. 错误：加载龄期必须大于 0，请检查构件"……"的加载龄期。

解决方案：

这是构件龄期定义错误导致，可按照以下方法排查原因（图 11.4）。

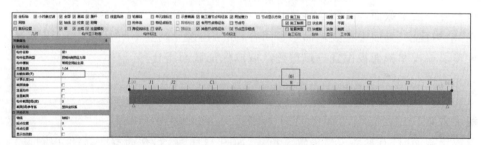

图 11.4　构件龄期定义

（1）在"结构建模"界面单击构件，检查构件属性表里加载龄期是否合适。

（2）在"结构建模"界面"施工信息"里重新定义报错构件的龄期信息（该处设置构件局部位置的加载龄期，填写或者修改后优先级大于构件属性）。

11.4　截面报错

1. 错误：截面[……]和[……]无法进行直线插值拟合，请检查构件节点的截面。

解决方案：

采用两个截面内插生成渐变截面，但两个截面的区域点数量不一致导致程序无法内插形成变截面,如图 11.5 所示,用四个区域点的矩形截面和六个区域点的带倒角矩形截面进行内插,程序提示上述报错。

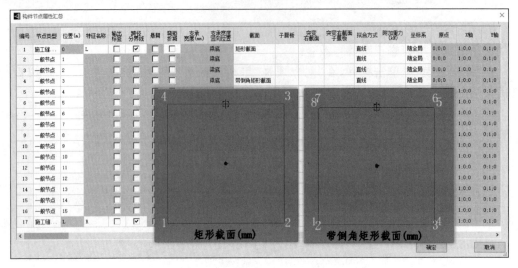

图 11.5　定义渐变截面报错

按照提示检查对应的截面的区域点号数量和顺序是否一致。

2. 警告:截面为非单连通域的组合截面

解决方案:

该警告一般是截面没有闭合导致。

在"结构建模"界面中检查截面是否闭合,如结构设计确实不闭合,可忽略该警告。另外组合梁建议顶板和桥面板设置一点重叠区域以保证截面闭合。

3. 错误:截面宽度应大于 0,请检查。

解决方案:

参数化截面时,有参数定义设置了负数,如图 11.6 所示,截面宽度、高度控制点 Y(mm)一般应为大于 0 的数值,特别地,对于从 0 开始渐变的参数,建议输入近 0 参数如 0.01,避免截面区域点号发生变化而导致其他错误。

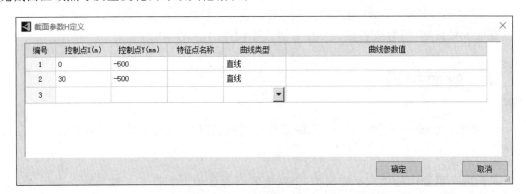

图 11.6　截面参数定义

4. 错误：截面中折板设置了悬臂端刚性肋，起点应选择"自由"。

解决方案：

板件"对象属性"中勾选"起点自由"或者"加劲肋定义"里是否"悬臂端"不勾选(图 11.7)。关于悬臂端刚性肋的问题详见 4.38 节。

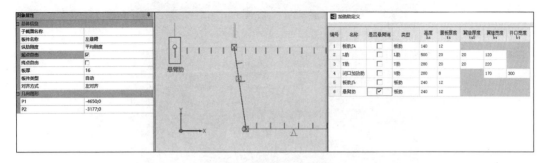

图 11.7　悬臂端加劲肋定义

5. 错误：截面中折板的加劲肋超出折板范围，相对距离为……，板件长度为……

解决方案：

多数情况是变截面定义，板件宽度变窄但加劲肋布置间距保持不变导致加劲肋超出板件范围。对于宽度变化的板件，加劲肋布置应相应地采用参数化的形式。

6. 错误：腹板约束数量取值不合理是什么原因？(或者板件起点和终点均为自由端，不符合规范要求)

解决方案：

通常情况下，钢结构腹板是和上下翼缘板分别连接的，其起点自由和终点自由不可同时设置。出现此报错需排查以下三点。

(1) 检查腹板两端是否都勾选"起点自由"/"终点自由"。

(2) 检查板件端部刚性加劲肋是否以腹板的形式进行模拟。

(3) 检查提示板件的加劲肋布置，首道加劲肋布置间距为 0 也可能导致该错误。

7. 错误：截面计算剪切面积时出错。

解决方案：

提示截面剪切面积出错在一般情况下是由于截面错误导致的，可以勾选"区域点号"，检查下截面是否是一个完整的闭合截面。如图 11.8 所示，截面原点附近有多余的图元，删除即可。

8. 警告：扭转常数小于 $1e\text{-}20m^4$，计算结果可能有误！/Z 向惯性矩小于 $1e\text{-}20m^4$，计算结果可能有误！

解决方案：

该错误一般是截面拟合错误或者钢束超出截面位置导致，具体可按下述方法一一排查。

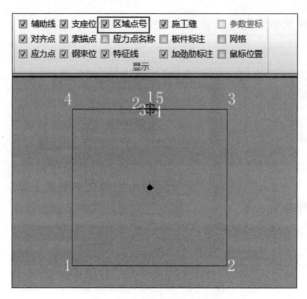

图 11.8 检查截面区域点显示

（1）实体显示出现图 11.9 所示情况，截面拟合出错导致无法计算截面特性，检查截面设置。

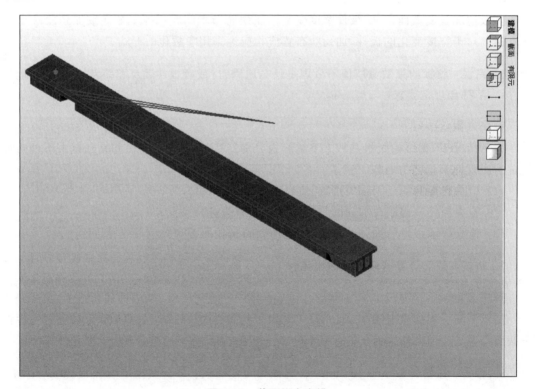

图 11.9 截面拟合出错

（2）梁格模型采用程序自动剖分截面，在截面定义中，"抗扭惯矩计算"由"汉勃利法"切换为"材料力学方法"（图 11.10）。

图 11.10　抗扭惯矩计算方法定义

案例一：现浇板整体截面如图 11.11(a)所示，采用梁格法计算剖分后的纵梁截面如图 11.11(b)所示，用汉勃利法计算抗扭惯矩需要用到截面的顶底板厚度，该剖分截面程序无法获取顶底板厚度，故无法计算截面抗扭惯矩，所以出现警告提示。改为"材料力学方法"或采用如图 11.11(c)所示的剖分方式，计算过程无警告和错误提示。

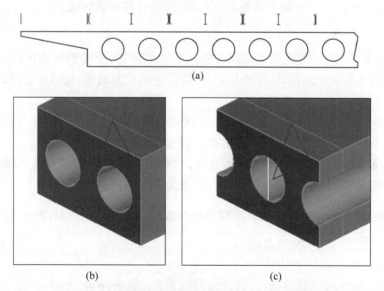

(a)

(b)　　　　　　　　　　　　(c)

图 11.11　现浇板整体截面两种梁格剖分方法

(a) 现浇板整体截面；(b) 剖分方式一；(c) 剖分方式二

案例二：梁截面如图 11.12 所示,采用梁格法自动剖分截面。与案例一同理,因为本案例截面没有下翼缘,也是不能采用汉勃利方法计算抗扭惯矩,需采用材料力学方法。

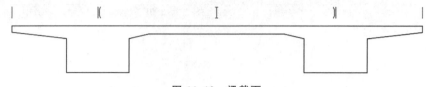

图 11.12   梁截面

(3) 钢束在空间位置上超出了截面的范围,可以在"施工显示"中勾选"钢束",显示检查相对位置(图 11.13)。

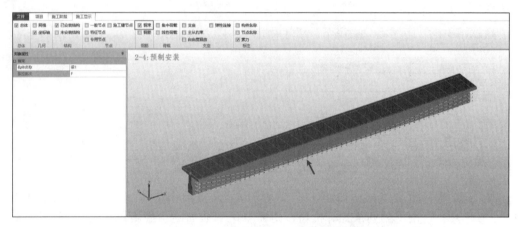

图 11.13   在"施工分析"中检查钢束位置

9. 错误：截面"……"三角形网格剖分失败,无法计算截面特性。

解决方案：

(1)"桥梁博士"的在线版和高校版可能产生这个错误,原因是网络环境问题或者账号到期,需检查网络连接是否正常,账号是否到期,如果都没有问题,可以尝试退出程序后重新打开登录。

(2) 截面三角形网格划分个数不合适,无法进行截面网格划分,在"截面定义"窗口修改"三角形划分个数"值,改为小于 200 的值进行调试,如图 11.14 所示。

(3) 导入截面没有清理干净,除截面轮廓的线条以外,还存在多余图元,如图 11.15 所示的一条折线(虚线)形成一个所谓的截面,自然无法实现截面的剖分。

10. 错误：截面"……"必须是首尾相连的多边形,索引号[……]与前一点的连线,不能与不相邻的边相交。

解决方案：

这种错误一般为截面拟合错误,可以按照以下方法排查原因。

(1) 截面显示区域点号,检查截面是否闭合,一个位置是否存在多个区域点号。

(2) 构件采用渐变截面,但是两个渐变的截面区域点号数量不一致,不能内插形成有效

图 11.14　三角网格划分个数修改

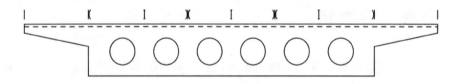

图 11.15　存在多余图元的截面

渐变。

（3）检查截面特征线定义，对于类空心板截面，定义分梁线会导致截面剖分出错从而报错。

（4）构件采用两个截面内插渐变，检查两个截面"截面定义"→"截面总体"→"截面拟合时自动排序"的排序方式是否一致（图 11.16）。

11. 加固模型提示报错截面"……"中不存在名称为"……"的子截面，无法施工，请在"结构建模"→"截面视图"中，使用安装顺序命令更改。

解决方案：

可根据以下原因一一排查。

（1）加固截面定义了湿接缝，删除湿接缝可解决该问题。

（2）加固模型不支持采用多个截面程序自动内插形成截面变化，建议修改为参数化截面。

图 11.16   "截面定义"里的自动排序选择

11.5   有效宽度报错

1. 严重警告：有效分布宽度点—腹板宽度，截面"跨中断面"中的公式"……"计算出现错误。

解决方案：

检查截面的参数设置，这个问题多为定义有效分布宽度的三个步骤操作有缺失或者有误导致，有效宽度的定义及注意事项可参照 4.3 节的相关内容。

2. 警告：有效分布宽度的全宽为负值。

解决方案：

该类型警告一般为有效分布宽度计算的参数即跨径分界线的定义、截面特征线（悬臂线、分梁线和腹板线）的定义填写有误。

以用户模型为例（图 11.17），模型为 63.84＋115＋63.84（m）悬臂浇筑的变高梁，边腹板为斜腹板。警告位置集中在中支点附近。在中支点附近，由于梁高变高，底板逐渐变窄，如果分梁线的底板横向位置不填，可能会出现分梁线底缘切分到腹板位置使得外侧切分的实际板宽变为负值，从而报错。

此问题会导致底板的有效宽度比合理计算小，如果各种承载力及正常使用验算都能通过，那么忽略此问题也是可以的，因为结果是偏于安全的。

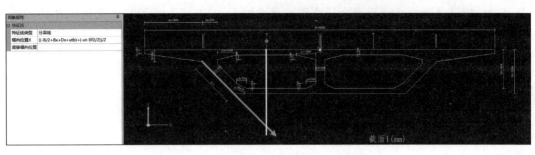

彩图 11.17

图 11.17 斜腹板箱梁分梁线数据缺失

3. **错误**：截面"……"的有效分布宽度［……］与［……］类型相同，都为"腹板线"，请在截面编辑器中改正。/截面"……"的有效分布宽度［顶部位置＝……］与后一位置［顶部位置＝……］不能都为腹板线，请在截面编辑器中改正。

解决方案：

检查腹板线、分梁线定义。这种错误多为缺失分梁线定义或者重复腹板线定义导致。如图 11.18 所示，截面定义了悬臂线、腹板线，在腹板线之间缺少分梁线定义，所以报错，在图示位置补充分梁线即可解决该问题。

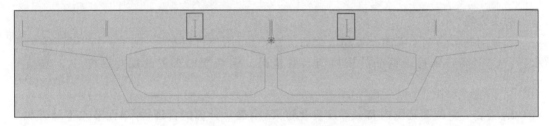

图 11.18 缺少分梁线定义

4. **警告**：截面……的腹板……处没有生成有效截面，请检查相关数据。

解决方案：

有效宽度的计算不仅要正确定义特征线，还要正确选择有效宽度模式和有效宽度类型，该报错主要是钢梁的"有效宽度类型"只选择了"下缘"导致，改为"上下缘"即可（图 11.19）。

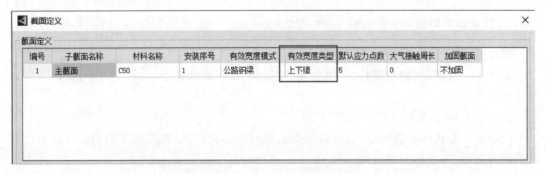

图 11.19 有效宽度类型选择错误

此外,错误选择构件模板也会导致该提示。如图 11.20 所示,用户在选择构件模板时,把"空间组合梁"误选成"常规空间砼主梁",导致该报错。

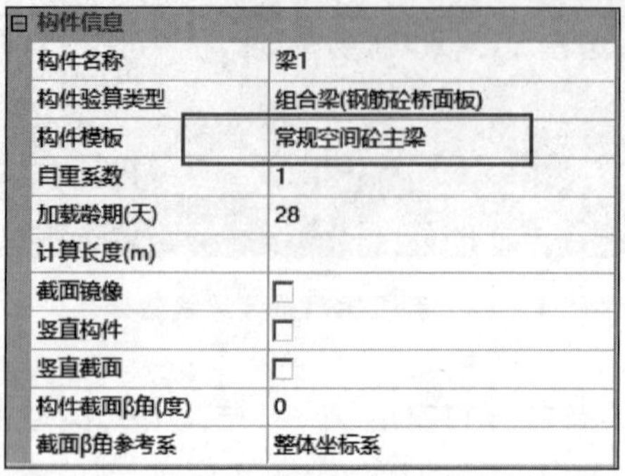

图 11.20　构件模板选择错误

11.6　钢筋/钢束报错

1. 警告：截面中[……]构件[……]钢筋[……]位于截面外/已忽略/已安装到主截面。

解决方案：

这种问题多为钢筋横向布置超出截面位置导致,用户可以结合"施工分析"界面施工显示(勾选"钢筋")来检查钢筋的横桥向布置情况。钢筋横向布置的填写参考 6.3 节相关内容。

2. 警告：斜截面范围内有效高度变化过大,请确认计算的合理性/单元节点下缘无纵筋,h_0 按截面高度计算。/在计算单元＝……的右截面的有效高度时,截面上无纵向钢筋和钢束,可能是钢束在该截面处全部弯起。

解决方案：

检查截面钢筋和截面参数定义,一般提示单元为梁端单元或者截面高度突变单元。如果为梁端单元,可能是钢筋布置时留了端距,未通长设置导致；如果为截面高度突变单元,则该提示是正确的,无误可忽略该警告。

3. 建立钢筋时提示未知命令 steel.ZJX。

解决方案：

如图 11.21 所示"钢束设计"/"钢筋设计"窗口,提示未知命令 steel.ZJX,可从以下三方面检查问题。

(1) 左下角"当前构件"中未选择构件。

(2) 未双击名称激活模型视口(背景为黑色时激活为红色,未激活为白色；背景为白色时激活为蓝色,未激活为黑色)。

(3) 模型视口和命令不对应,如在立面视口采用断面配筋命令,再如导入/导出命令仅对断面视口有效。

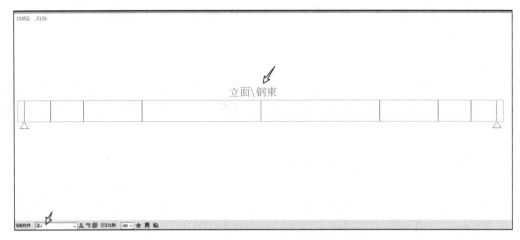

图 11.21 "钢束设计"/"钢筋设计"窗口

4. 错误:"材料对象不存在""钢筋对象数据有误"。

解决方案:

一般该报错在抗剪强度验算中提示,此处需要检查"钢筋设计"里箍筋的材料信息。

可在"总体信息"里定义一种新材料,然后再重新添加"钢筋设计"中的箍筋信息,即可解决此类问题。

5. 墩柱已配筋,但计算时报错构件没有配筋。

解决方案:

墩柱构件需要同时计算 M_Y 和 M_Z 两个方向,采用"纵筋"命令只输入了一个 M_Y 方向的钢筋,因此,计算 M_Z 方向时,该处确实是没有钢筋的。所以,对于墩柱构件,需要采用断面配筋,具体操作如下。

(1) 单击"建视口"创建断面视口。

(2) 双击新建的断面视口名称,变红即为可编辑状态。

(3) 单击"断面式纵筋"创建墩柱钢筋。

6. 错误:钢束"……"长度查询错误。

解决方案:

在钢束编辑器定义过钢束的构件被删除了,但是"钢束设计"中却还有相关数据残留导致报错,需要单击"无效清理"按钮清除失效构件,再重新计算(图 11.22)。

图 11.22 无效清理

7. 错误：某截面的净截面参数异常。请检查此截面的钢筋钢束信息，比如位置、孔道面积等！

解决方案：

这个问题是钢束空间上的位置超出了截面的范围导致。用户可以结合"施工分析"页面"施工显示"（勾选"钢束"）来检查钢束的横桥向布置情况。可参考 11.4 节第 8 个问题中的解答（3）。

8. 警告：施工阶段应该先安装构件再张拉钢束。

解决方案：

这个问题由以下两种情况导致。

（1）未安装张拉钢束所在的构件。

（2）钢束超出了安装构件。以用户模型为例，结构为简支变连续小箱梁，在预制阶段张拉的钢束出现报错，检查发现是预制梁的钢束设置超出预制梁端，伸入到现浇段（图 11.23），改正至钢束包含在预制梁内即可。

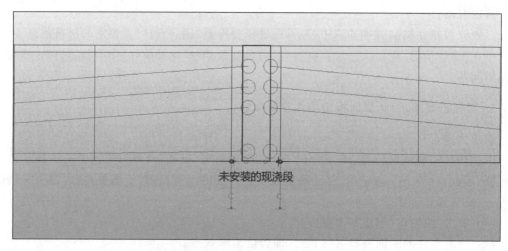

图 11.23　钢束布置超出单元位置

9. 错误：构件的钢束安装张拉次数小于张拉批次中指定的次数。

解决方案：

这个问题是因为在"钢束设计"时对钢束定义了张拉批次，但是"施工分析"时却没有对钢束进行张拉模拟。在"施工分析"中加上对该钢束的张拉灌浆操作即可解决该报错。

10. 错误：施工分析中钢束"……"张拉批次"……"在钢束编辑器中不存在。

解决方案：

这个问题是钢束的张拉批次和"施工分析"对不上所致，可按以下方法进行排查。

（1）检查"钢束设计"里钢束汇总信息是否有钢束没有输入钢束张拉批次。

（2）检查"施工分析"中"钢束安装与拆除"中是否填写了操作和构件名称，但没有填写批次信息。

11．错误：钢束初始化失败！

解决方案：

单元距离太短导致钢束计算错误，提示该报错。

检查模型，将节点间距太小的一般节点/特征节点删除即可解决问题。

12．错误：弯起体内束永存预应力，取值不合理。

解决方案：

一般是钢束形状有误导致该报错，在"钢束设计"中检查钢束倒角形状信息，也可以在"施工分析"中勾选"钢束"显示检查钢束三维形状是否有误。

此外，还可能由钢束的张拉控制应力有误导致该报错。

13．错误：视口中名称为……的钢束数据有误？

解决方案：

检查钢束，按照当前角度和距离，无法按照用户要求的半径画出相切的圆弧连接（钢束几何数据有矛盾）。

14．错误：名称为……的钢束，数据有误；钢束：第……段出现回头或打折，请检查数据！

解决方案：

检查钢束，按照当前数据，钢束无法绘制正确形状。

11.7 "施工分析"/"运营分析"报错

1．严重警告：模型[……]的施工分析中[……]中部分单元约束不足，单元号位……，相关构件为……。/警告：第…号节点的线位移 $U_x/U_y/U_z$ 超过 1e6 米，模型可能不合理。

解决方案：

该报错为边界不合理导致，检查"施工分析"中的边界条件：支座、主从约束、弹性连接。

2．错误：施工分析"……"未定义边界条件。

解决方案：

该报错为未定义边界条件导致。"桥梁博士"施工阶段边界条件不继承，每个施工阶段都要定义边界条件。

3．错误：安装挂篮轨迹时，没有安装对应的轨迹单元。

解决方案：

用户在安装挂篮轨迹之前需要安装对应的单元（安装对应的构件），不然不符合实际且程序会报此错误。

4. 错误：构件不存在。

解决方案：

构件已删除，但是施工阶段构件安装拆除表里使用到该构件，会导致该错误。

在"结构建模"界面按 F3 键（或者 Fn＋F3 组合键）看构件表里该构件是否存在，若不存在，进施工阶段查看是否有用到该构件的地方，如有删除即可。

5. 错误：刚性连接……：构件"……"节点［……］找不到对应的节点。

解决方案：

"结构建模"里双击构件打开"构件节点属性汇总"，查看错误提示里的刚性连接里的节点编号/名称是否存在。

6. 错误：荷载类型与前面不一致，请修改荷载名称或荷载类型。

解决方案：

这个错误是因为不同阶段相同荷载名称的两个荷载类型不一致，按照提示检查荷载定义，修改名称。

7. 错误：位置为空，请检查输入错误。

解决方案：

检查"施工分析""运营分析""地震分析""撞击分析"中每个需要引用节点的单元格，看有没有引用不存在节点甚至构件的情况，重新选择调整即可，特别是"运营分析"定义横向加载时"横向布置"的"起点位置"数据，如图 11.24 所示未输入起点节点信息，报此错。

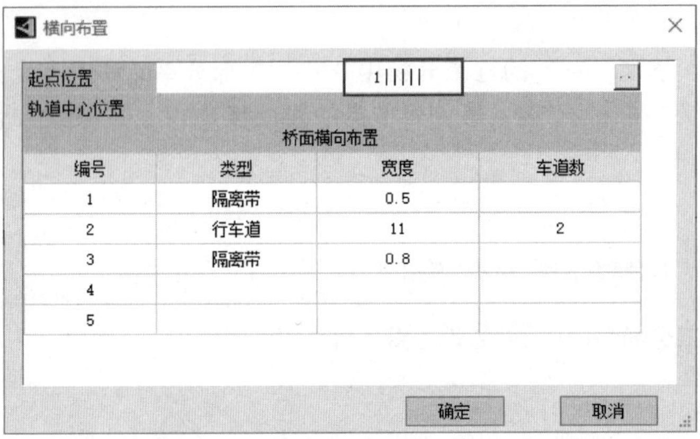

图 11.24   "横向布置"的"起点位置"数据

8. 错误："支座……在施工阶段……和……中的数据不一致"。

一般情况下，这是模型中支座在不同的施工阶段名称一致，但支座节点、支座位置等数据不一致造成的。当支座节点、支座位置变化时，对应支座应重新命名，不能沿用前面阶段的支座名称。

9. 错误：纵向影响线"……"横向分布系数……对应的位置……求不到？

解决方案：

出现此报错是因为活载加载参数填写有误，可按照以下原因一一排查。

（1）定义中的桥面单元施工阶段安装后又误被拆除。

（2）活载系数中定义系数的节点已经被删除。

（3）行车线选择有误。

10. 警告：模型……的运营分析中影响面［……］没有指定活载。

横向布置里类型输入与荷载输入不符（图 11.25），如横向布置里选的是"人行道"，在影响面加载下拉菜单里只选择了"车载"，人群荷载没有输入。

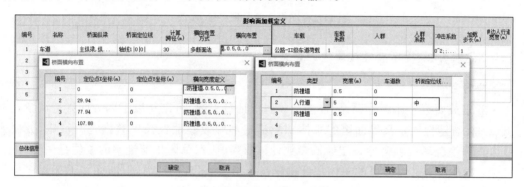

图 11.25　荷载和断面布置类型不符

11.8　抗震报错

1. 错误：达到最小时间步。

解决方案：

抗震阶段约束条件有误，可能原因如下。

（1）缺少约束条件。

（2）进入弹塑性阶段，但是边界条件为弹性连接，没有定义非线性连接。

2. 错误：Pushover 分析［……］失败，达到最小位移步（1e-8 米）。

解决方案：

（1）存在固定支座，此时单独推覆墩柱，受到梁体约束报错。解决方法是在安装构件时勾选主梁。

（2）推覆位移设置有误，可以调整推覆位移重新计算。

（3）承载力计算迭代条件无法满足，修改"地震分析"→"Pushover 分析"→"力容差""位移容差"，数值修改稍微大一点重新计算（图 11.26）。

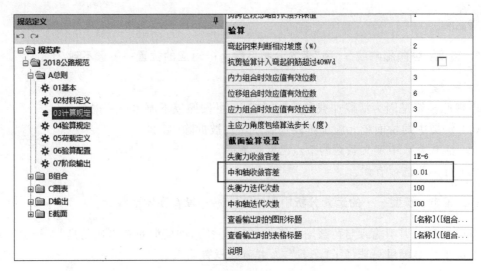

图 11.26 "中和轴收敛容差"修改

3. "地震分析"提示塑性铰属性计算失败？

解决方案：

一般是截面箍筋计算有误，导致塑性铰属性计算失败，可以从以下两方面进行调整。

（1）检查塑性铰定义界面里的总体积配箍率和等效塑性铰长度数据是否填错，数据太小或太大等不合理现象会导致塑性铰参数计算错误（注意总体积配箍率的单位是％）。

（2）塑性铰定义界面里的总体积配箍率没有填，程序自动计算，但断面并不是程序自带的矩形截面和圆形断面，导致总体积配箍率计算出错。

4. 错误：弯矩-曲率迭代不收敛/抗震计算卡在 **Pushover** 分析不动。

解决方案：

抗震阶段 Pushover 定义有误，可以从以下三方面进行调整。

（1）推覆位移设置有误，可以设置稍微大一点或者小一点的数值试试看。

（2）添加一下系梁塑性铰，系梁钢筋需要按照实际布置填写横向布置。

（3）钢筋布置较多，承载力计算迭代条件无法满足，可在"规范库"→"A 总则"→"03 计算规定"→"验算"→"中和轴收敛容差"中将该值由 0.01 改为 0.1，重新计算。

11.9 验算报错

1. 严重警告：总体刚度矩阵对角线元素为 **0**，方程号＝……，可能原因为结构约束不足或者单元之间的刚度相差过大/**警告**：［……］阶段构件［……］单元［……］节点［……］正截面承载力验算内力……，超出截面轴力承载极限/**错误**：正截面强度计算单元的左/右截面，计算不收敛。

解决方案：

这些问题可以从以下四方面进行调整。

（1）检查边界条件，多为边界定义有问题。

（2）检查构件验算类型，可能是预应力结构构件验算类型选择为钢筋混凝土，导致没有计算预应力或者截面受力太大，超出承载力范畴而报错。

（3）检查组合或单项内力是否异常，与组合内力及加载路径有关。

（4）当出现个别单元报错时，上述问题已检查，可在"A 总则"→"03 计算规定"→"验算"→"中和轴收敛容差"中将该值由 0.01 改为 0.001。

2. 错误：连接件验算剪力键承载力验算混凝土抗压极限强度取值不合理。

解决方案：

（1）检查"抗剪连接件属性"中"子截面"是否勾选（图 11.27）。

（2）更新"规范库"。

图 11.27　抗剪连接件选择子截面

3. 错误：应力应变曲线（EQK）维数（1），取值不合理／材料应变曲线为空，取值不合理。／材料应力曲线为空，取值不合理。／［抗剪验算］阶段［0］单元［……］节点［……］材料应力曲线为空，取值不合理。

解决方案：

钢筋钢束在计算时还没到设计值，应变就已经超出了程序规定的最大的 0.01 的拉应变，所以不做验算结果，在系统库"A 总则"→"03 计算规定"计算参数中把钢筋的容许极限拉应变修改大一点就可以验算，具体数值由用户指定。桥梁规范对于该参数没有规定，程序按照建筑规范来进行。

4. 警告：施工阶段的屈曲分析已过滤……阶稳定系数为负数的模态。

解决方案：

计算屈曲分析时，会出现警告，程序会忽略稳定系数为负数的模态。以简支桁架为例，受向下的荷载，上压下拉可能出现一种失稳；受向上的荷载，下压上拉也可能出现失稳。从失稳稳定系数计算的过程来看，两种工况方向刚好相反，对应的稳定系数将为相反数，故会出现负稳定系数的情况。该警告不影响计算结果，可以忽略。

11.10　查询报错

1. 错误：在规范库"……"中没有找到该查询项的配置内容。

解决方案：
(1) 当前构件不支持该项内容查询。
(2) 更新"规范库"。
(3) 编辑"规范库"中的该项查询内容。

2. 错误：规范[……]组合[……]复合荷载[……]子类型组合规范不一致。

解决方案：
更新"规范库"：在树形菜单"规范"选项卡→"规范库"中，右击规范库，选择"使用系统库"。

3. 错误："构件"="……"时，正截面强度输出类型同时存在"弯矩"和"轴力"，系统无法组织"效应"="maxMy"的图表，请单选"构件"。

解决方案：
查询正截面强度时，构件里同时选中构件验算类型为墩柱和梁的构件(图 11.28)，墩柱的正截面强度按轴力输出，梁的正截面强度按弯矩输出，二者发生冲突，此时需要下拉构件，只选择墩柱构件或者梁构件，刷新结果显示即可。

图 11.28　查询构件选墩柱和主梁

4. 错误：没有求出切线/没有求出构件局部坐标系。

解决方案：
这种问题一般发生在索结构抗剪强度验算时，是查询构件中选择了索构件导致的(图 11.29)，取消全部和索单元的勾选即可。此外，桥墩轴线自定义工作面也可能导致此报错。

5. 错误：生成报告"……"失败！原因可能是用户取消，或模板文件/报告文件独占打开。

解决方案：
1) 曾经可以生成计算书，或者案例模型能够生成：
(1) 检查是否执行了计算或者存在计算结果文件。
(2) 检查是否重复打开计算书文档，关掉相关 Word 文档或者保存软件重新打开生成计算书。
(3) 在模型的"总体信息"里选择"规范"，确认构件的"验算类型"是否与"计算书模板"保持统一。

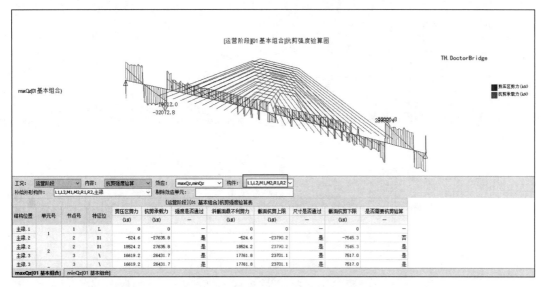

图 11.29　查询构件选全部构件

（4）存在多个基础构件，每个基础都应单独输出计算书，不能一次性多选构件输出。

2）程序刚安装完成，不存在上述的所有情况：这是系统补丁问题，需在同豪官方"桥梁博士"群内文件里搜索"解决不能生成计算书"的系统补丁，安装后重新生成。

后处理篇

计算结果查询

12 CHAPTER

结果查询是在程序界面上,对模型信息、计算结果、验算结果,通过效应图和表格的方式呈现。当模型执行完计算且计算成功后,即可使用结果查询对计算、验算结果进行查看。首先使用树形菜单添加一个查询对象,查询对象的显示内容默认是在"规范库"内设置好的。一个查询对象包括若干效应图和表格的输出。当打开一个查询对象时,将在图形输出区和表格输出区显示该对象的结果。

12.1 查询内容速览

查询工况分为"总体信息""施工阶段""施工汇总""运营阶段""撞击阶段""地震阶段"和"影响线面"共 7 个工况,每个工况的查询内容如下。

(1)"总体信息"内容查询(图 12.1)。

(2)"施工阶段"内容查询(图 12.2)。

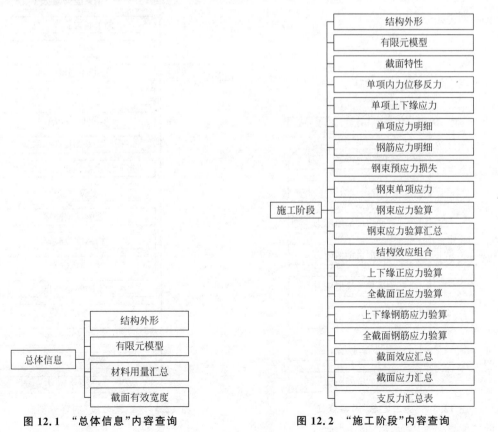

图 12.1 "总体信息"内容查询   图 12.2 "施工阶段"内容查询

"施工阶段"内容查询与构件类型、施工阶段等有关,不同类型、不同阶段查询内容不同。以公路桥梁 A 类预应力验算类型查询项为例。

(3)"施工汇总"内容查询(图 12.3)。

(4)"运营阶段"内容查询(图 12.4)。

"运营阶段"内容查询,与构件类型有关,不同类型查询内容不同。以连续刚构上部结构和下部结构查询项为例。

图 12.3   "施工汇总"内容查询   图 12.4   "运营阶段"内容查询

（5）"撞击阶段"内容查询（图 12.5）。

（6）"地震阶段"内容查询（图 12.6）。

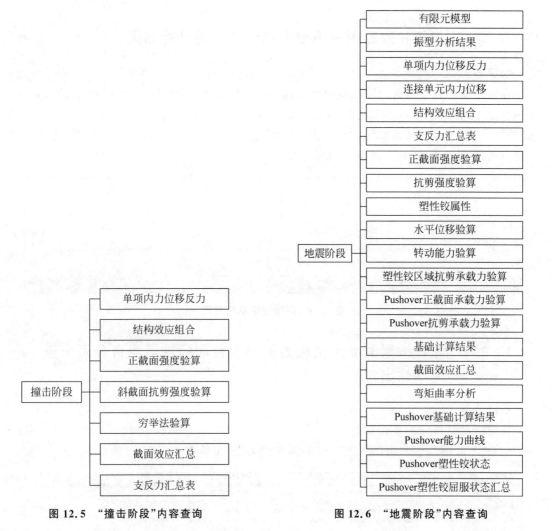

图 12.5 "撞击阶段"内容查询

图 12.6 "地震阶段"内容查询

（7）"影响线面"内容查询（图 12.7）。

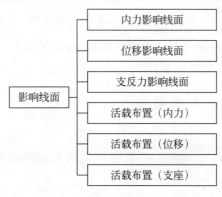

图 12.7 "影响线面"内容查询

12.2　查询图表处理

12.2.1　如何在效应图中不显示部分单元的计算结果？

解决方案：

在效应图的右下角有剔除效应单元功能，单击图 12.8 中"剔除效应单元"后的文本框，填写不显示的单元号，各单元之间用逗号隔开，单元描述支持同豪表达式，填写完再单击"刷新"按钮，即可不显示所写单元的效应图。如图 12.8 所示，填写"5,7-12,30-40"即剔除 5 号单元、7～12 号单元和 30～40 号单元的结果显示。

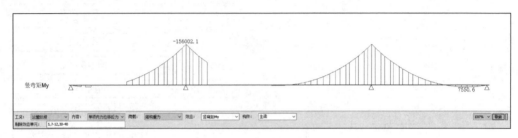

图 12.8　剔除效应单元显示

12.2.2　怎样设置混凝土主应力频遇组合和标准值组合分两个查询项输出？

解决方案：

在"规范库"里分两步设置。

（1）"A 总则"→"06 验算配置"→"验算主应力"表格修改如图 12.9 所示。

				验算主应力					
编号	构件验算类型	工况阶段	验算条目	主应力组合名称	主压应力组合名称	主压应力控制值	主拉应力控制值	安全系数	说明
1	预制全预应力梁	运营阶段	主应力验算	05 标准组合	03 频遇组合	0.6*[fck]	0.7*[ftk]		
2	现浇全预应力梁	运营阶段	主应力验算	05 标准值组合	03 频遇组合	0.6*[fck]	0.4*[ftk]		
3	预制B类预应力梁,预制加类预应力梁	运营阶段	主应力验算	05 标准值组合	03 频遇组合	0.6*[fck]	0.7*[ftk]		
4	现浇A类预应力梁,现浇B类预应力梁	运营阶段	主应力验算	05 标准值组合	03 频遇组合	0.6*[fck]	0.5*[ftk]		
5									
6	现浇A类预应力梁	运营阶段	主应力验算标准	05 标准组合		0.6*[fck]			
7	现浇A类预应力梁	运营阶段	主应力验算频遇		03 频遇组合		0.5*[ftk]		
8									

图 12.9　"验算主应力"表格修改

（2）"A 总则"→"07 阶段输出"→"主应力验算"修改如图 12.10 所示。

重新计算得到图 12.11，完成设置。

12.2.3　怎样设置图表单项显示？

解决方案：

如图 12.12 所示，图表内有多项图例，此时可以单击验算结果图表，在左侧属性表中修改图表属性，以钢梁全截面正应力验算为例。

图例中有 4 项显示：σ_{max}、$[\sigma_{max}]$、σ_{min}、$[\sigma_{min}]$。

规范各阶段输出定义				
编号	工况阶段	输出条目名	子验算项	说明
1	施工阶段	钢束应力验算	预应力钢筋应力验算	
2	施工阶段	上下缘正应力…	正应力验算, 钢管正应力验算-施工, 正应力验…	
3	施工阶段	全截面正应力…	正应力验算, 钢管正应力验算-施工, 正应力验…	全截面正应力…
4	施工阶段	剪应力验算	中性轴处剪应力验算, 剪应力验算	
5	施工阶段	折算应力验算	折算应力验算	
6	施工阶段	上下缘钢筋应…	钢筋应力验算	
7	施工阶段	全截面钢筋应…	钢筋应力验算	全截面钢筋应…
8	施工阶段	主缆应力验算	基本组合主缆强度验算, 标准值组合主缆强度…	
9	施工阶段	拉索应力验算	基本组合拉索强度验算, 标准值组合拉索强度…	
10	施工阶段	结构倾覆验算	倾覆稳定性验算	
11				
12	运营阶段	主应力验算	主应力验算标准, 主应力验算频遇	
13				

图 12.10 阶段输出定义主应力验算

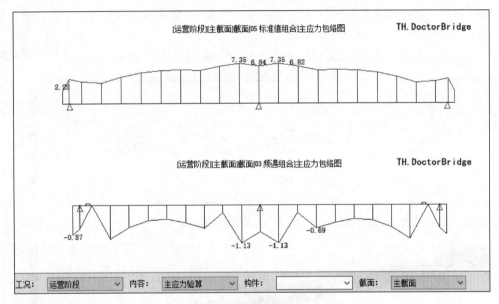

图 12.11 主应力验算分开显示查询

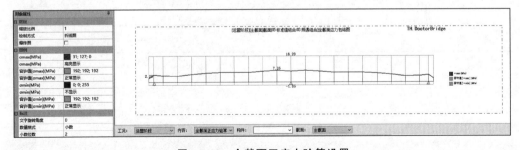

图 12.12 全截面正应力验算设置

第一行修改显示颜色,第二行可选择"正常显示""不显示"和"高亮显示"。设置需要的内容为"正常显示",不需要的内容为"不显示"即可。

问题拓展：

1. 属性表中其他参数的含义。

（1）缩放比例：效应图中值的缩放比例越大，效应图越"高耸"。

（2）绘制方式：有折线图、折线云图、消隐云图、实体云图、线框云图，如图 12.13 所示。

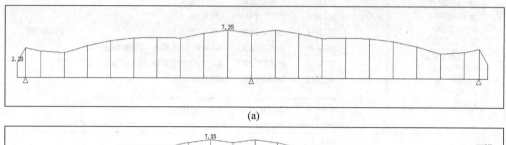

(a)

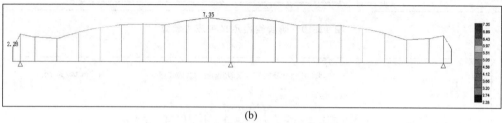

(b)

彩图 12.13

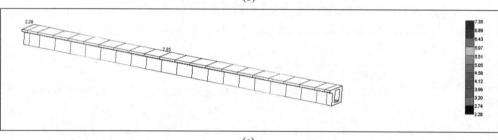

(c)

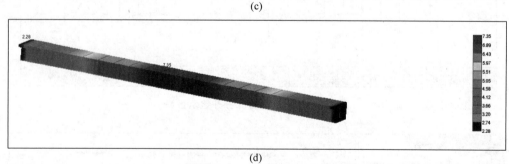

(d)

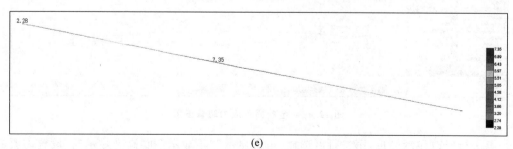

(e)

图 12.13　绘制方式显示

（a）折线图；（b）折线云图；（c）消隐云图；（d）实体云图；（e）线框云图

（3）文字旋转角度：默认为 0 时，文字水平绘制，90°表示竖直绘制。

2．图片文字大小的修改。

单击"高级设置"图标，设置图片文字的大小（图 12.14）。

查询输出设置		×
文字高度		
主标题文字高度	20	
子标题文字高度	18	
图例文字高度	14	
标注文字高度	14	
标题		
标题文字颜色	■ 250	
Logo位置	右上角	
单元		
单元线宽	1	
单元绘制颜色	■ 250	
实体单元半透明度	1	
绘制实体单元轮廓线	☐	

输出单位及精度	**图表显示设置**	爆炸图设置

| 装载默认值 | 存为默认值 | | 确定 | 取消 |

图 12.14　图片文字显示设置

12.2.4　包络图输出

解决方案：

（1）在"桥梁博士"的后处理查询中只能直接查到汽车荷载作用下的单项内力是最大或最小，图是分开的，并不能以包络图的形式显示给用户。

（2）对于基础变位作用即沉降，只能在单项内力位移反力中查询单个沉降的内力，同样也是没有包络的结果。

下面以汽车荷载包络图和沉降包络图输出为例说明如何配置组合以达到图 12.15 所示的效果。

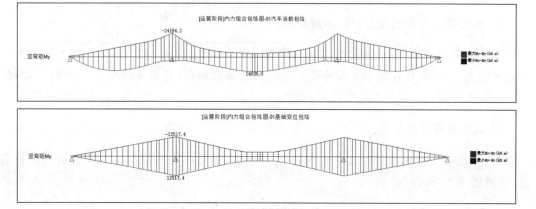

彩图 12.15

图 12.15　包络图

1. 添加"01 汽车活载包络"和"01 基础变位包络"荷载组合。

单击"规范"→"B 组合",右击选择"添加规范库中的组合",然后在添加的组合名称上右击"重命名"该组合,本例分别命名为"01 汽车活载包络""01 基础变位包络"(图 12.16)。

命名完成后分别双击进入这两个组合内部参数页面,用上面的 01 基本组合的参数通过复制粘贴的方式初步定义好两个新组合的相关参数。

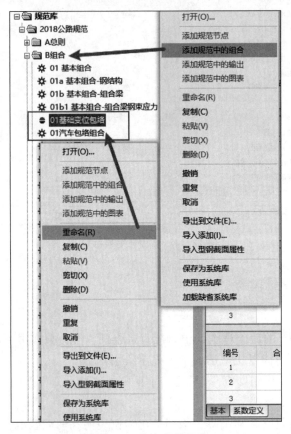

图 12.16   定义荷载组合

2. 修改荷载组合的荷载类型和系数。

汽车活载组合中,可以保留车道车辆荷载的组合系数,其余项荷载的系数全部改为 0;基础变位组合中,可以保留和基础变位相关类型的荷载系数,其余全部改为 0。修改后效果如图 12.17 所示。

3. 组合效应验算配置。

在"A 总则"→"06 验算配置"→"验算组合效应"表格中添加如图 12.18 所示的两行数据,添加后单击"保存"按钮。

4. 模型计算后查询结构效应组合(选择新建的两个组合)即可。

图 12.17 修改荷载组合荷载类型和组合系数

组合系数定义				
编号	荷载类型	受力不利时系数	受力有利时系数	说明
1	结构重力及附加重力	0	0	
2	施工措施荷载	0	0	
3	预加力次效应_施工阶段	0	0	
4	预加力次效应_运营阶段	0	0	有利系数设0;也...
5	土的重力	0	0	
6	土侧压力	0	0	
7	收缩_施工阶段	0	0	
8	收缩_运营阶段	0	0	有利系数设0;也...
9	徐变_施工阶段	0	0	
10	徐变_运营阶段	0	0	有利系数设0;也...
11	水的浮力	0	0	
12	基础变位_施工阶段	0	0	其对应的徐变效...
13	基础变位	0	0	当挑最值或携有...
14	车道(含冲击力、离心力)	1.4	0	
15	车辆(含冲击力)	1.8	0	
16	汽车引起的土侧压力	0	0	
17	汽车制动力	0	0	
18	人群(含直接荷载)	0	0	
19	施工活载	0	0	系数参照人群,...
20	施工风	0	0	用于施工阶段的...
21	极限风	0	0	
22	有车风	0	0	
23	流水压力	0	0	
24	冰压力	0	0	
25	流...			

基本 | 系数定义

组合系数定义				
编号	荷载类型	受力不利时系数	受力有利时系数	说明
1	结构重力及附加重力	0	0	
2	施工措施荷载	0	0	
3	预加力次效应_施工阶段	0	0	
4	预加力次效应_运营阶段	0	0	有利系数设0;也...
5	土的重力	0	0	
6	土侧压力	0	0	
7	收缩_施工阶段	0	0	
8	收缩_运营阶段	0	0	有利系数设0;也...
9	徐变_施工阶段	0	0	
10	徐变_运营阶段	0	0	有利系数设0;也...
11	水的浮力	0	0	
12	基础变位_施工阶段	1	1	其对应的徐变效...
13	基础变位	0.5	0	当挑最值或携有...
14	车道(含冲击力、离心力)	0	0	
15	车辆(含冲击力)	0	0	
16	汽车引起的土侧压力	0	0	
17	汽车制动力	0	0	
18	人群(含直接荷载)	0	0	
19	施工活载	0	0	系数参照人群,...
20	施工风	0	0	用于施工阶段的...
21	极限风	0	0	
22	有车风	0	0	
23	流水压力	0	0	
24	冰压力	0	0	
25	流...			

基本 | 系数定义

规范定义

- 规范库
  - 2018公路规范
    - A总则
      - 01基本
      - 02材料定义
      - 03计算规定
      - 04验算规定
      - 05荷载定义
      - 06验算配置
      - 07阶段输出
    - B组合
      - 01 基本组合
      - 01a 基本组合-钢结构
      - 01b 基本组合-组合梁
      - 01b1 基本组合-组合梁钢束应力
      - 01基础变位包络
      - 01汽车活载包络
      - 02a 地震组合
      - 02a1 pushover组合
      - 02b 偶然组合
      - 02b1 偶然组合-地基基础
      - 03 频遇组合
      - 03a 频遇组合-预制全预应力
      - 03b 频遇组合-现浇全预应力
      - 03c 频遇组合-挠度验算
      - 03c2 汽车人群-挠度验算
      - 03d 频遇组合-预砼预拱度

验算组合效应					
编号	工况阶段	组合效应条目	组合名称	效应类型	说明
1	施工阶段	标准值组合-内力	05 标准值组合	内力	
2	施工阶段	标准值组合-位移	05 标准值组合	位移	
3	施工阶段	标准值组合-应力	05 标准值组合	应力	
4	施工阶段	标准值组合-反力	05 标准值组合	反力	
5					
6	运营阶段	标准值组合-内力	05 标准值组合	内力	
7	运营阶段	标准值组合-位移	05 标准值组合	位移	
8	运营阶段	标准值组合-应力	05 标准值组合	应力	
9	运营阶段	标准值组合-反力	05 标准值组合	反力	
10	运营阶段	基本组合-反力	01 基本组合	反力	D64-2015等规范中有基...
11					
12	运营阶段	频遇组合-内力	03 频遇组合	内力	自动配束所需
13	运营阶段	频遇组合-预制全...	03a 频遇组合-预...	内力	自动配束所需
14	运营阶段	频遇组合-现浇全...	03b 频遇组合-现浇...	内力	自动配束所需
15	运营阶段	准永久组合-A类...	04a 准永久组合-...	内力	自动配束所需
16					
17	运营阶段	基础变位包络	01基础变位包络	内力	
18	运营阶段	汽车活载包络	01汽车活载包络	内力	
19					
20	地震阶段	地震组合-反力	02a 地震组合	反力	
21					
22					

图 12.18 定义验算组合效应

12.3　中间结果查看

　　在命令栏输入 Checkopt 或者单击"项目"下的"文本" 图标,打开如图 12.19 所示界面,根据需要查看中间结果,勾选相应内容。

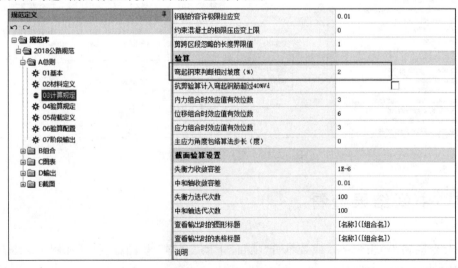

图 12.19　中间结果查询

12.3.1　程序截面有效高度的计算及考虑

程序计算有效高度时会自动考虑钢束和钢筋的影响。

程序会自动判断钢束是否为弯起钢束,如果是弯起钢束则计算 h_0 时不会考虑弯起坡度超过一定角度钢束的贡献(程序判断依据可更改,方法为"规范库"→"A 总则"→"计算规定"→"验算"→"弯起钢束判断相对坡度"如图 12.20 所示)。如果是纵向钢束,程序会根据计算纵向钢束和钢筋的合力点确定 h_0, h_0 的计算过程和结果可以从中间结果中查询,在中间结果界面勾选"截面特征计算",并输入查询单元。

规范定义		钢筋的容许极限拉应变	0.01
		约束混凝土的极限压应变上限	0
规范库		剪跨区段忽略的长度界限值	1
2018公路规范		**验算**	
A总则		弯起钢束判断相对坡度(%)	2
01基本		抗剪验算计入弯起钢筋超过40%Vd	
02材料定义		内力组合时效应值有效位数	3
03计算规定		位移组合时效应值有效位数	6
04验算规定		应力组合时效应值有效位数	3
05荷载定义		主应力角度包络算法步长(度)	0
06验算配置		**截面验算设置**	
07阶段输出		失衡力收敛容差	1E-6
B组合		中和轴收敛容差	0.01
C图表		失衡力迭代次数	100
D输出		中和轴迭代次数	100
E截面		查看输出时的图形标题	[名称][组合名]
		查看输出时的表格标题	[名称][组合名]
		说明	

图 12.20　弯起钢束判断

例如,生成中间结果如图 12.21 所示,注意此处输出面积为钢束面积×强度设计值。

```
有效高度h0的计算过程:
形心: xC=0.00, yC=-500.00
钢筋(形心以下): Area=259.18, y=-955.00, ID=1
钢筋(与形心x坐标相同): Area=259.18, x=0.00, ID=1
钢束(形心以下): Area=175140.00, y=-800.00, ID=1
钢束(与形心x坐标相同): Area=175140.00, x=0.00, ID=1
上侧受压: 上缘Ymax=0.00 下缘受拉钢筋形心高度ys=-800.23 有效高度h0_Top=800.23
下侧受压: 有效高度h0_Bot=1000.00(截面全高)
左侧受压: 有效高度h0_Left=1000.00(截面全宽)
右侧受压: 有效高度h0_Right=1000.00(截面全宽)
```

图 12.21　有效高度中间结果示例

对于带横坡截面,尤其注意程序不能识别带横坡截面的 h 值,故对于带横坡截面,程序默认取截面最高点到最低点之间的距离为横坡截面的 h,故 h 及 h_0 的计算与实际情况有差异,应予以注意。该问题也反映在"钢束设计""钢筋设计"窗口显示的梁高与实际梁高不一致上。

12.3.2　荷载效应组合的查询

解决方案:

效应组合输出选择对应查看的组合,勾选输出阶段,填写单元号,以基本组合内力组合结果为例(图 12.22),中间结果输出包含四部分内容:单项内力值、参与组合的荷载、组合得到的内力值和组合系数。

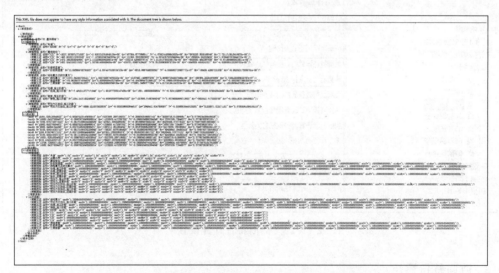

彩图 12.22

图 12.22　结构效应组合中间结果示例

单项内力值与后处理查询中的单项内力位移反力值相对应。

组合得到的内力值是由参与组合的荷载内力与组合系数相乘得到的,与后处理查询中的结构效应组合内力值相对应。

12.4　截面特性查询

解决方案:

程序输出 3 种截面特性:毛截面、考虑钢筋的换算截面、考虑剪力滞折减的有效换算截面。

1. 主截面、子截面特性

设置子截面，程序计算时分别计算主截面、子截面，后处理中截面特性按照总截面、主截面、子截面分别输出，可自行在“截面”选项下拉菜单中查看对应特性(图 12.23)。

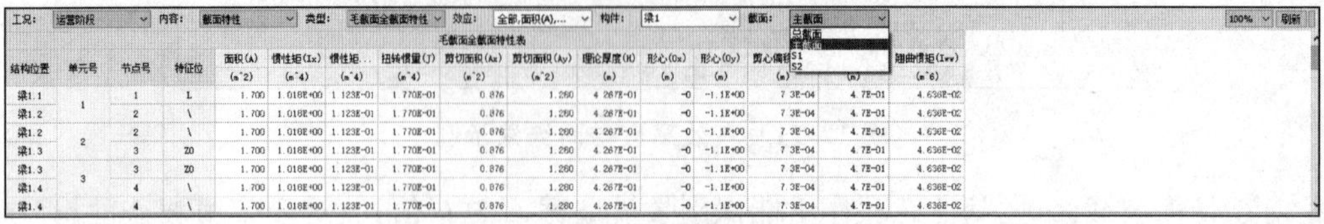

结构位置	单元号	节点号	特征位	面积(A) (m^2)	惯性矩(Ix) (m^4)	惯性矩... (m^4)	扭转惯量(J) (m^4)	剪切面积(Ax) (m^2)	剪切面积(Ay) (m^2)	理论厚度(H) (m)	形心(Ox) (m)	形心(Oy) (m)	剪心偏移... (m)	(m)	翘曲惯矩(Iww) (m^6)
梁1.1	1	1	L	1.700	1.018E+00	1.123E-01	1.770E-01	0.876	1.260	4.267E-01	-0	-1.1E+00	7.3E-04	4.7E-01	4.636E-02
梁1.2		2	\	1.700	1.018E+00	1.123E-01	1.770E-01	0.876	1.260	4.267E-01	-0	-1.1E+00	7.3E-04	4.7E-01	4.636E-02
梁1.2	2	2	\	1.700	1.018E+00	1.123E-01	1.770E-01	0.876	1.260	4.267E-01	-0	-1.1E+00	7.3E-04	4.7E-01	4.636E-02
梁1.3		3	ZO	1.700	1.018E+00	1.123E-01	1.770E-01	0.876	1.260	4.267E-01	-0	-1.1E+00	7.3E-04	4.7E-01	4.636E-02
梁1.3	3	3	ZO	1.700	1.018E+00	1.123E-01	1.770E-01	0.876	1.260	4.267E-01	-0	-1.1E+00	7.3E-04	4.7E-01	4.636E-02
梁1.4		4	\	1.700	1.018E+00	1.123E-01	1.770E-01	0.876	1.260	4.267E-01	-0	-1.1E+00	7.3E-04	4.7E-01	4.636E-02
梁1.4		4	\	1.700	1.018E+00	1.123E-01	1.770E-01	0.876	1.260	4.267E-01	-0	-1.1E+00	7.3E-04	4.7E-01	4.636E-02

图 12.23　截面特性查询

2. 计算采用的截面特性。

在计算单项内力位移时，程序不考虑有效宽度的折减，采用换算截面全截面特性，但在验算时，程序计算采用考虑剪力滞折减以后的有效换算截面。

相关定义在“规范库”→“A 总则”→“03 计算规定”→“规范计算方法”中定义，可修改(图 12.24)。

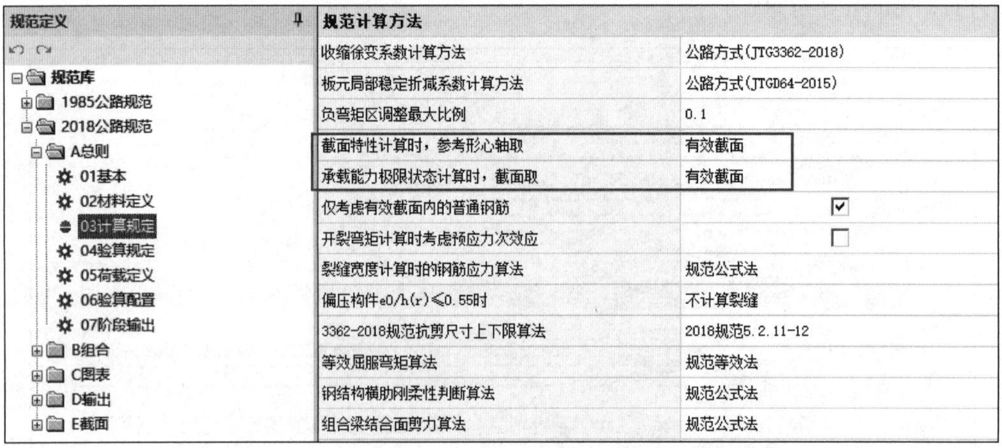

规范计算方法	
收缩徐变系数计算方法	公路方式(JTG3362-2018)
板元局部稳定折减系数计算方法	公路方式(JTGD64-2015)
负弯矩区调整最大比例	0.1
截面特性计算时，参考形心轴取	有效截面
承载能力极限状态计算时，截面取	有效截面
仅考虑有效截面内的普通钢筋	☑
开裂弯矩计算时考虑预应力次效应	☐
裂缝宽度计算时的钢筋应力算法	规范公式法
偏压构件e0/h(r)≤0.55时	不计算裂缝
3362-2018规范抗剪尺寸上下限算法	2018规范5.2.11-12
等效屈服弯矩算法	规范等效法
钢结构横肋刚柔性判断算法	规范公式法
组合梁结合面剪力算法	规范公式法

图 12.24　截面特性计算设置

3. 截面抗扭惯矩。

“桥梁博士”和 Midas 计算截面抗扭惯矩，都是对截面进行有限元网格划分之后计算的，并不是采用桥梁工程书里的简单公式 $\sum C_i b_i t_i^3$，这个公式是对简单截面简化的方便手算的公式，适用条件有限(对于截面有倒角情况就不适用)，不是精确解的公式。“桥梁博士”网格划分是三角形网格划分方式，而 Midas 是四边形网格划分方式。两个软件的计算结果都与网格划分精细程度有很大关系。

问题拓展：

(1) 截面有效宽度查询项为：“总体信息”→“截面有效宽度”(图 12.25)。

有效宽度的计算按照规范相关条文执行，以公路规范为例：

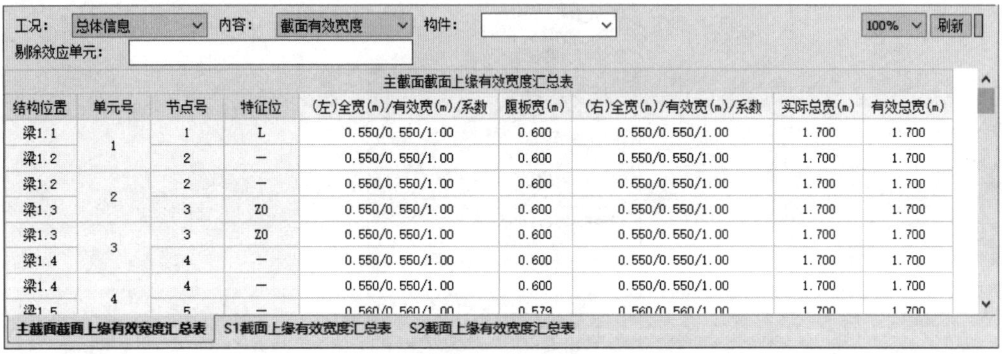

主截面截面上缘有效宽度汇总表

结构位置	单元号	节点号	特征位	(左)全宽(m)/有效宽(m)/系数	腹板宽(m)	(右)全宽(m)/有效宽(m)/系数	实际总宽(m)	有效总宽(m)
梁1.1	1	1	L	0.550/0.550/1.00	0.600	0.550/0.550/1.00	1.700	1.700
梁1.2		2	—	0.550/0.550/1.00	0.600	0.550/0.550/1.00	1.700	1.700
梁1.2	2	2	—	0.550/0.550/1.00	0.600	0.550/0.550/1.00	1.700	1.700
梁1.3		3	ZO	0.550/0.550/1.00	0.600	0.550/0.550/1.00	1.700	1.700
梁1.3	3	3	ZO	0.550/0.550/1.00	0.600	0.550/0.550/1.00	1.700	1.700
梁1.4		4	—	0.550/0.550/1.00	0.600	0.550/0.550/1.00	1.700	1.700
梁1.4	4	4	—	0.550/0.550/1.00	0.600	0.550/0.550/1.00	1.700	1.700
梁1.5		5	—	0.560/0.560/1.00	0.579	0.560/0.560/1.00	1.700	1.700

图 12.25 有效宽度查询

公路T梁参照《公路钢筋混凝土及预应力混凝土桥涵设计规范》(JTG 3362—2018)第4.3.3条。

公路箱梁参照《公路钢筋混凝土及预应力混凝土桥涵设计规范》(JTG 3362—2018)第4.3.4条。

公路钢梁参照《公路钢结构桥梁设计规范》(JTG D64—2015)第5.1.8条。

公路组合梁参照《公路钢混组合桥梁设计与施工规范》(JTG/T D64—01—2015)第5.3.2条、《公路钢结构桥梁设计规范》(JTG D64—2015)的附录F以及《钢-混凝土组合桥梁设计规范》(GB 50917—2013)第4.1.5条。

计算结果依赖于用户正确定义有效宽度模式、特征线以及跨径分界线。

(2) 对于有体系转换的结构，统一按照成桥状态下有效宽度来计算的，不计施工阶段带来的有效宽度变化。

(3) 对于多箱室截面，底缘虚空部位也输出有效宽度计算结果，但实际进行截面特性计算时不计入底缘虚空部位，对实际计算结果无影响。

12.5 输出效应理解

12.5.1 汽车荷载及汽车冲击力荷载工况

汽车荷载及汽车冲击力荷载工况：Min和Max表示最小和最大；N、Qy、Qz、T、My、Mz表示轴力、横剪力、竖剪力、扭矩、竖向弯矩、横向弯矩；Dx、Dy、Dz、Rx、Ry、Rz表示X、Y、Z方向的线位移和转角；Fx、Fy、Fz、Mx、My、Mz表示X、Y、Z方向的反力和反力偶(图12.26)。

Min_N/Dx/Fx子工况下的内力效应是minN及对应的(同时发生的)其他内力，位移效应是minDx及对应的其他位移，反力是minFx及对应的其他反力。

Min_Qy /Dy/Fy子工况下的内力效应是minQy及对应的(同时发生的)其他内力，位移效应是minDy及对应的其他位移，反力是minFy及对应的其他反力。

Min_Qz /Dz/Fz子工况下的内力效应是minQz及对应的(同时发生的)其他内力，位移效应是minDz及对应的其他位移，反力是minFz及对应的其他反力。

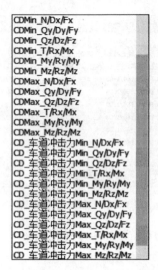

图 12.26　汽车荷载及汽车冲击力荷载工况

其余效应类似。

12.5.2　支反力查询 M 的含义

如图 12.27 所示,支反力效应图中每个方向前的数字表示反力,M 后数字表示弯矩反力。

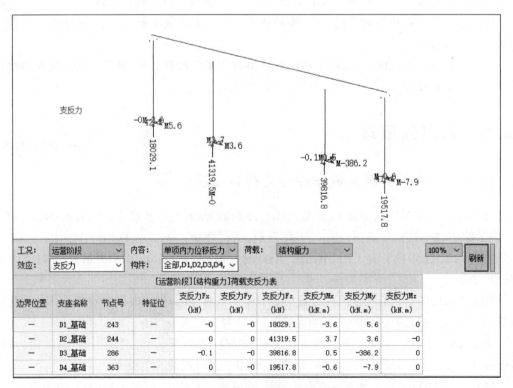

图 12.27　支反力查询

12.5.3 预应力的总效应、主效应和次效应

将静定结构或超静定结构的静定基本结构体系在预应力作用下产生的内力称为主内力,将预应力作用在整个结构中产生的结构内力称为综合内力、总内力,综合内力与主内力差称为次内力。

预应力结构的非预应力构件没有主内力,其次内力为综合内力,静定结构的次内力为零,主内力即为综合内力。

荷载组合时基本组合只计预应力次效应。

计算预应力位移时是计算预应力总效应的位移,不计算主效应和次效应的位移。

12.5.4 "桥梁博士"导出的简支梁的 Midas 模型为什么会存在 收缩徐变二次效应?

普通钢筋对混凝土收缩徐变有约束作用,这个约束会造成截面自应力,如果把混凝土截面和钢筋分离来看,混凝土截面上有内力,Midas 把这个内力作为收缩徐变二次效应,会计入基本组合。"桥梁博士"总考虑普通钢筋的约束,因此导出模型有该项效应。

Midas 默认不考虑,如需考虑,则要在施工阶段分析控制数据和主控数据中做两处勾选(图 12.28)。

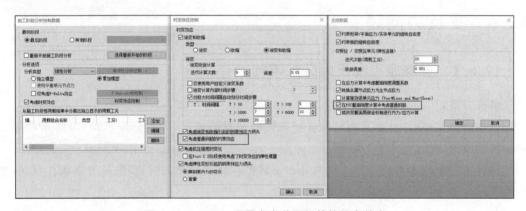

图 12.28　Midas 设置考虑普通钢筋的约束效应

12.5.5 怎样查看组合下的轴力和弯矩的对应值?

解决方案:

(1) 单项内力、位移、反力下,各项结果对应单项荷载的对应值。

(2) 结构效应组合下图形选项选择"含包络值",输出不同组合下的最大最小包络,各效应值之间没有关系。选择"含相应值",输出同一组合下的各效应值,各效应值之间对应同时发生。

如图 12.29 所示,"内容"选择"结构效应组合","组合"选择需要查看的组合,"效应"选择"轴力 N,竖向矩 My","图形"选择"含相应值",表格中同一行中的轴力弯矩即为轴力对应的弯矩或者弯矩对应的轴力。

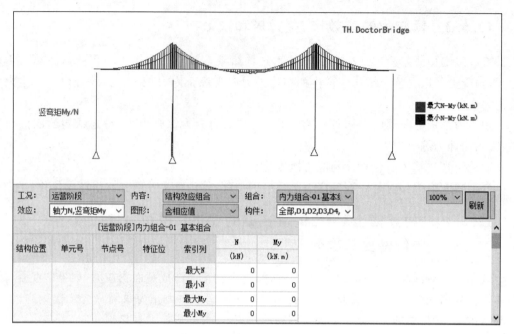

图 12.29   轴力和弯矩的对应值

12.6   支反力问题

12.6.1   多支座出现反力分配不均

解决方案:

当横向多支座时,支座反力可能会出现模拟失真的情况,导致分配不均,需要用户采用更精细的模拟方法。

但对称模型或者简支模型支反力分布不对称并且差异很大时,多数是边界条件有误,用户需要检查边界约束的设置。

12.6.2   08a 恒载标准值组合支反力出现最大和最小

解决方案:

08a 恒载标准值组合包含运营阶段的预应力、运营阶段的收缩徐变效应和运营阶段的基础沉降作用,荷载组合时,这几项荷载不是直接叠加,而是通过判断有利与不利乘以对应的系数(有利系数为 0,不利系数为 1),导致最大支反力和最小支反力组合工况不同从而产生差异。

12.6.3   支座加在横梁和主梁,支反力不一致

解决方案:

支座加在横梁上,横梁会对支反力分配产生影响,受横梁本身刚度影响较大,可以从横

梁的受力上反映该作用。

12.6.4 支反力数值过大/出现异常负反力

解决方案：

这两个问题可从以下几个方面找原因。

(1) **运营阶段-强迫位移**。若是横向双支座或者多支座，要考虑支座同时沉降，需要把沉降名称定义成一样。大部分支反力异常的原因都是如此。

(2) **检查支座的约束条件**。确认约束条件是否正确，确认下支座处是否需要定义局部坐标系。

(3) **方案设计师导出模型/截面偏心模型**。检查横梁及铺装荷载的加载位置。

12.6.5 双(多)支座支反力和活载的实际作用荷载对不上

解决方案：

对于双(多)支座模型，程序输出的活载支反力都是最大反力，不是同时发生的，因此双支座支反力的和大于实际作用荷载，如果需要核对，应考虑设置并发反力，不能简单叠加。

问题拓展：

双支座如何提取支座反力？

对于双(多)支座模型，程序输出活载支反力都是单个支座最大的活载支反力，此时左右两个支座反力并不同时发生，如果单纯地将两个支座的支反力叠加来计算下部结构，将过大地估计上部传递的活载，此时需要设置并发反力来求取上部传递的支反力。具体操作举例如下。

(1) 在“运营分析”中定义中支点的并发反力组，如图 12.30 所示。提取中支点并发反力，支座中只选择中支座 D1 左和 D1 右。

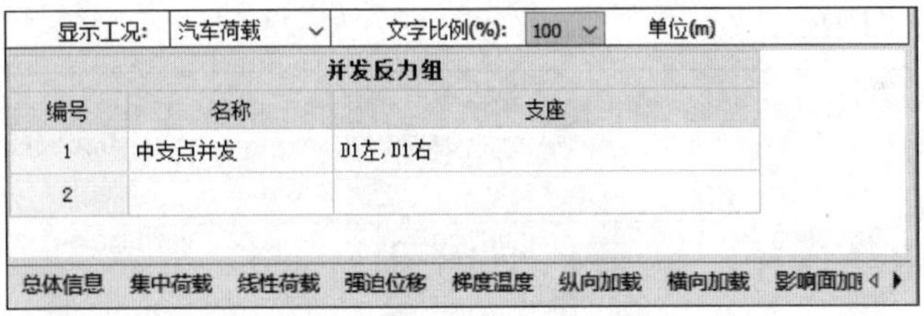

并发反力组		
编号	名称	支座
1	中支点并发	D1左, D1右
2		

图 12.30 设置并发反力组

(2) 计算完成后，设置查询项→“运营阶段”→“支反力汇总表”，提取 D1 左和 D1 右除活载以外所有的荷载支反力(图 12.31)。

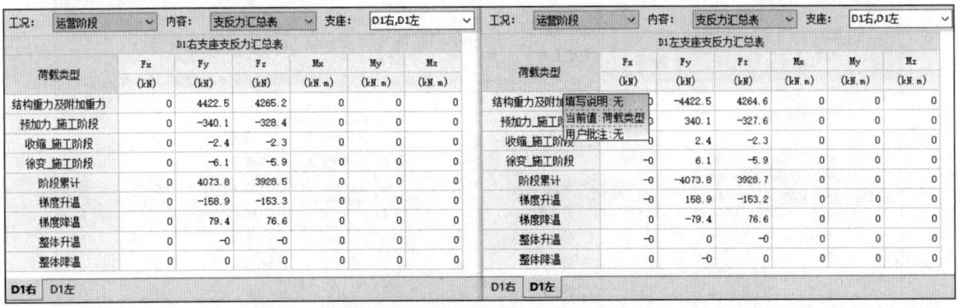

D1右支座支反力汇总表

荷载类型	Fx (kN)	Fy (kN)	Fz (kN)	Mx (kN.m)	My (kN.m)	Mz (kN.m)
结构重力及附加重力	0	4422.5	4265.2	0	0	0
预加力_施工阶段	0	-340.1	-328.4	0	0	0
收缩_施工阶段	0	-2.4	-2.3	0	0	0
徐变_施工阶段	0	-6.1	-5.9	0	0	0
阶段累计	0	4073.8	3928.5	0	0	0
梯度升温	0	-158.9	-153.3	0	0	0
梯度降温	0	79.4	76.6	0	0	0
整体升温	0	-0	-0	0	0	0
整体降温	0	0	0	0	0	0

D1左支座支反力汇总表

荷载类型	Fx (kN)	Fy (kN)	Fz (kN)	Mx (kN.m)	My (kN.m)	Mz (kN.m)
结构重力及附加重力	0	-4422.5	4264.6	0	0	0
预加力_施工阶段	0	340.1	-327.6	0	0	0
收缩_施工阶段	0	2.4	-2.3	0	0	0
徐变_施工阶段	-0	6.1	-5.9	0	0	0
阶段累计	-0	-4073.8	3928.7	0	0	0
梯度升温	-0	158.9	-153.2	0	0	0
梯度降温	0	-79.4	76.6	0	0	0
整体升温	-0	0	-0	0	0	0
整体降温	0	-0	0	0	0	0

图 12.31 D1 左支和 D1 右支反力汇总

（3）设置查询项→"运营阶段"→"并发反力"，提取 D1 左和 D1 右并发的活载支反力（见图 12.32，查询 D1 右 maxQz 对应的 D1 右 Fz、D1 左 Fz，或者查询 D1 右 minQz/D1 左 maxQz/D1 左 minQz 任意一组都可以）。

| 工况：运营阶段 | | | 内容：并发反力 | | 100% | 刷新 |
| 荷载：汽车荷载 | | | 组名：中支点并发 | | | |

[运营阶段][汽车荷载][中支点并发]并发反力表

主效应	D1右-Fy (kN)	D1右-Fz (kN)	D1左-Fx (kN)	D1左-Fy (kN)	D1左-Fz (kN)
D1右-MaxQy	1008.2	1103.6	0	-1008.0	840.8
D1右-MinQy	-12.1	-6.9	0	12.1	-14.5
D1右-MaxQz	1008.0	1456.0	0	-1008.2	488.4
D1右-MinQz	503.3	-122.3	0	-503.2	1092.9
D1右-MaxN	0	0	0	0	0
D1右-MinN	0	0	0	0	0
D1左-MaxQy	-12.1	-14.5	0	12.1	-6.9
D1左-MinQy	1008.0	840.8	0	-1008.2	1103.6
D1左-MaxQz	1008.2	488.4	0	-1008.0	1456.0
D1左-MinQz	503.2	1093.0	0	-503.3	-122.3

图 12.32　D1 左和 D1 右并发反力

此时，计算得到上部传递到下部的力合计值为

$$F = 3928.5 + 76.6 + 1456 \times (1 + 0.256) + 3928.7 + 76.6 + 488.4 \times (1 + 0.256)$$
$$\approx 10452.6\text{kN}$$

上式的含义分别是 D1 右的恒载累计＋D1 右梯度降温的支反力＋D1 右 MaxQz 工况的活载考虑冲击系数支反力＋D1 左的恒载累计＋D1 左梯度降温的支反力＋D1 右 MaxQz 工况的活载考虑冲击系数支反力。

此时得到上部传递给下部的 D1 处的反力和为 10452.6kN，与单支座提取的标准值支反力结果基本一致（图 12.33）。

边界位置	支座名称	节点号	特征位	最值工况	Fx (kN)	Fy (kN)	Fz (kN)	Mx (kN·m)	My (kN·m)	Mz (kN·m)
				最大Mz	0	0.6	4071.3	2206.3	0	23.4
				最大Fx	0	-0	8010.5	0.3	0	0
				最大Fy	0	0.8	8957.4	-1985.5	0	-0.9
梁1.D1	D1左	78	D1	最大Fz	0	-0	10452.7	2158.2	0	-0
				最大Mx	0	-0.4	9015.7	3515.0	0	0
				最大My	0	-0	7857.3	0.4	0	-0
				最大Mz	0	-0.1	9168.6	1123.4	0	11.0
				最大Fx	0	-0	3178.6	-0.3	0	-0

图 12.33　单支座支反力标准值组合

12.6.6　为什么曲线单梁模型会出现曲线内侧支座反力比外侧大的情况？

理论上曲线外侧支座反力比内侧大的原因在于,弯桥内外弧长度不一致带来的内外侧梁重不一致造成的扭矩。

"桥梁博士"单梁计算时不能自动考虑内外侧梁重不一致造成的扭矩(二期护栏等手动输入的荷载可以自动考虑弧线内外差),这也就是单梁模型会出现曲线内侧支座反力比外侧大的主要原因,建议采用梁格模型,或者桥宽较窄的梁也可以手动计算单位长度的内外梁重带来的扭矩,并添加到单梁模型。

12.6.7　为什么结构效应组合中恒载标准组合下的最小支反力比最后一个施工阶段的累计小？

最小支反力比最后一个施工阶段的累计小是支座沉降引起的。

如果不加支座沉降,最后一个阶段累计和结构效应组合最小支反力是一样的。

加了支座沉降之后,程序会从组合工况中取不利进行组合,对于最小支反力,支座沉降的负值不利,正值有利,阶段累计此时并不是最小而是阶段累计＋支座沉降最小。

以图 12.34 为例,不加支座沉降时:

最后阶段累计＝结构效应组合恒载标准组合＝6447.0kN

添加支座沉降后:

最后阶段累计＝6447.0kN

结构效应组合恒载标准组合最小支反力＝(6447.0－25.4)kN＝6421.6kN

结构效应组合恒载标准组合最大支反力＝(6447.0＋12.7＋12.7)kN＝6472.4kN

工况:	运营阶段		内容:	支反力汇总表		支座:	支座3		荷载:	阶段累计,沉降1...

			支座3支座支反力汇总表			
荷载类型	Fx	Fy	Fz	Mx	My	Mz
	(kN)	(kN)	(kN)	(kN.m)	(kN.m)	(kN.m)
阶段累计	-0	-0	6447.0	0	0	0
沉降1	0	-0	12.7	0	0	0
沉降2	-0	0	-25.4	0	0	0
沉降3	-0	-0	12.7	0	0	0

图 12.34　支反力汇总

12.6.8　横向计算支反力求解时,宽度范围内可以布置四车道,为什么程序只计入三车道影响？

四车道外力合计为最大,但由于车道折减系数的存在,此时支座分担的支反力不一定是最大。

程序求解时,按照 1～4 车道分别布置加载求解。反力值为荷载值×影响线竖标×车道折减系数。

对于中支座,支反力影响线如图 12.35 所示。

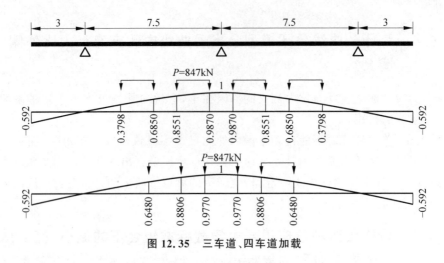

图 12.35   三车道、四车道加载

四车道加载时：

支反力＝荷载值×影响线竖标×车道折减系数＝(847/2)×5.8138×0.67kN＝1649.6kN

三车道加载时：

支反力＝荷载值×影响线竖标×车道折减系数＝(847/2)×5.0112×0.78kN＝1655.3kN

因此，中间支座的最大反力发生在三车道加载时。

12.7   强迫位移计算

12.7.1   沉降结果是单项，程序如何考虑包络？

解决方案：

沉降进行输入时，每个墩位的支座沉降的名称一样，表示同时沉降，此时计算出来的结果就是单墩沉降工况，在进行支座脱空验算时，程序自动考虑多墩同时沉降的最不利工况。

实际上支座脱空验算时，沉降的最不利情况就是，各个不利单墩沉降产生的支反力的和进行的基本组合。

12.7.2   钢结构支座脱空验算时，基本组合的组合系数为 0.5 而不是 1，如何解决？

解决方案：

支座脱空验算在程序内是按照基本组合来进行的，而不是按照基本组合-钢结构来进行的。内部的说明为："钢结构的基本组合本来另有专门组合，但该验算暂未区分构件类型，暂统一采用基本组合"(图 12.36)。

						验算支座脱空	
编号	工况阶段	验算条目	有利组合名称	不利组合名称	脱空安全	保持受压组	说明
1	运营阶段	支座脱空验算	01 基本组合	01 基本组合	1.3	01 基本组合	钢结构的基本组合本来另有专门组合，但该验算暂未区分构件类型，暂统一采用基本组合
2							有利组合和不利组合名称是脱空安全系数算法所需的组合；
3							现脱空安全系数已经不再输出；
4							填上组合只为程序不报错。
5							
6							

图 12.36   支座脱空验算规定

如果确定需要按照规范进行计算,可以采用程序内置的"01a 基本组合-钢结构",将"06验算配置"中的"验算支座脱空"组合名称改为"01a 基本组合-钢结构"即可(图 12.37)。

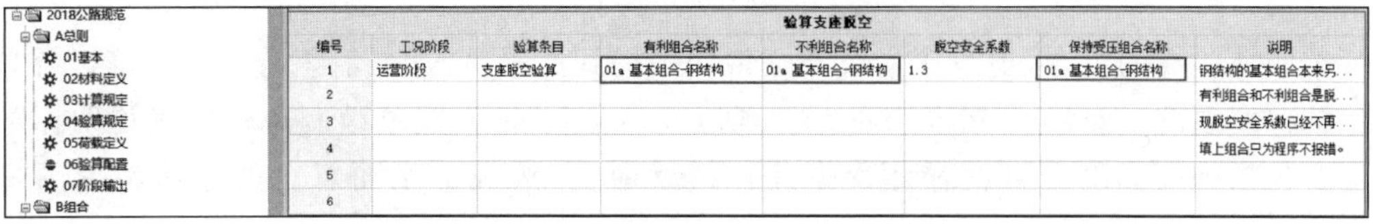

图 12.37　修改支座脱空验算组合

12.8　抗倾覆验算

12.8.1　抗倾覆计算中,为什么安全系数显示的是 100?

抗倾覆验算中的组合分别用"规范库"中的"08a 恒载标准值"组合和"08b 活载标准值"组合。

稳定效应＝支座间距×永久作用标准值效应

失稳效应＝支座间距×失效支座对应最不利活载的标准值效应

对稳定效应和失稳效应分别进行求和,若失稳效应大于 0(汽车荷载不会产生倾覆失稳的效应)或者稳定效应/失稳效应大于 100(汽车荷载产生的失稳效应远远小于稳定效应),则输出为 100,表示结构不会发生倾覆,安全。

12.8.2　抗倾覆验算设置风荷载,结果没有变化,是什么原因?

风荷载类型分为有车风和极限风,对应规范的 W1 和 W2 风(重现期不同)。

根据《公路桥梁抗风设计规范》(JTG/T 3360—01—2018)第 3.3 条规定:

风荷载与其他作用的组合应符合现行《公路桥涵设计通用规范》(JTG D60—2015)的规定,并应遵循下列原则。

(1) 当风荷载与汽车荷载及相关作用组合时,风荷载按 W1 风作用水平确定。(程序定义的有车风荷载类型)

(2) 在 W2 风作用水平下进行相关极限状态设计时,汽车荷载不参与荷载组合。(程序定义的极限风荷载类型)

也就是说,当风荷载类型选择极限风时,极限风不与汽车荷载同时组合。当汽车荷载大于极限风作用时,汽车荷载参与组合,所以风荷载对抗倾覆结果无影响。但当定义的极限风作用大于汽车荷载的效应时,极限风作用参与组合,此时抗倾覆结果才会发生变化。

12.8.3　箱梁抗倾覆验算是否要考虑梯度温度

对于小半径钢箱梁,梯度温度的反力很大且不均匀,这是确实会发生的。

以下为抗倾覆是否考虑梯度温度的分析。

《公路钢结构桥梁设计规范》(JTG D64—2015)抗倾覆验算第 4.2.2 条与《公路钢筋混

凝土及预应力混凝土桥涵设计规范》(JTG 3362—2018)第4.1.8条正文及条文说明都基本一致,混凝土桥规范更详细一些,相关资料也更丰富,下面主要根据混凝土桥的相关资料分析。

抗倾覆验算的组合,规范正文及条文说明中提到的都是"标准值组合",标准值组合自然要包括梯度温度。2018年在南京举办的规范宣贯会上,咨询规范编制单位明确说明标准值组合要包括梯度温度等可变作用。据此,"桥梁博士"按规范字面意思的算法考虑了梯度温度。

但规范条文说明中表4-1的具体算例中可变作用只考虑了汽车,并没有考虑梯度温度;《〈公路钢筋混凝土及预应力混凝土桥涵设计规范〉应用指南》的抗倾覆一节也没有提到汽车之外的可变作用。查阅李会驰发表的抗倾覆相关论文,也仅提到汽车荷载。据此推测,规范编制时并没有分析梯度温度对抗倾覆的影响,没有注意到梯度温度有时会影响很大,没有给出相关的处理方式。

所以,抗倾覆考虑梯度温度只有规范字面上的依据,遇到具体情况,设计者可灵活处理,不宜死扣规范。

关于梯度温度取值,我国规范的梯度温度引自美国规范,美国几乎没有带正交异性桥面板的钢箱梁桥,美国规范中也没有针对这种情况的规定。因此,对于钢箱梁,梯度温度虽客观存在,但我国规范没有专门规定梯度温度取值,考虑梯度温度已经属于设计者的灵活处理。欧洲和日本采用钢箱梁比较多,欧洲及日本规范中明确要求考虑梯度温度。BS 5400梯度温度只针对桥面铺装为4cm厚沥青的情况,我国的中小跨钢箱梁,沥青铺装10cm左右,并且还有10cm左右的混凝土铺装层,所以直接采用BS 5400偏于保守。

因此,建议考虑梯度温度比较合适,可偏保守采用BS 5400梯度温度。

12.9　负弯矩折减的处理方式

关于负弯矩折减削峰计算,《公路钢筋混凝土及预应力混凝土桥涵设计规范》(JTG 3362—2018)第4.3.5条规定,折减后的弯矩不得少于未经折减的0.9倍。

但检查发现"桥梁博士"在计算承载力时,折减超过了10%,这是因为"桥梁博士"对弯矩的折减不是针对组合后的内力进行的,而是先折减单项效应,再根据折减后的数据和组合系数进行组合。参与组合系数不一样,所以最后求出来的折减会存在小于0.9倍的情况。

施工阶段也是一样的问题,弯矩折减单项的和与阶段累计值不一致,是由于阶段累计值计入预应力。预应力主效应不折减,次效应为正弯矩,不考虑10%的折减上限,总效应相应发生变化,导致直接叠加与累计值不一致。

例如图12.38所示为某模型中支点折减前和折减后的单项内力。

施工阶段的阶段累计和运营阶段的基本组合的弯矩值计算过程如下。

结构重力:
$$-104290.7 \times 0.9\text{kN} = -93861.6\text{kN}$$

超过90%取90%,按-93861.6kN输出单项。

预应力次效应:
$$102.5 \times 0.9\text{kN} = 92.25\text{kN} < 96.6\text{kN}$$

荷载工况	N (kN)	Qy (kN)	Qz (kN)	Mx (kN·m)	My (kN·m)	Mz (kN·m)
结构重力	-0	-23098.6	-8190.1	-1.4	-104290.7	794592.9
预应力总效应_施工阶段	540.2	-29.8	3.0	-0	-15.8	1025.2
预应力主效应_施工阶段	540.2	0	0	0	-118.3	0
预应力次效应_施工阶段	-0	-29.8	3.0	-0	102.5	1025.2
收缩_施工阶段	-0	-0				
徐变_施工阶段	-0	-101.3	10.1	-0	348.3	3483.0
预应力总效应_运营阶段	0	0	0	0	0	0
预应力次效应_运营阶段	0	0	0	0	0	0
预应力主效应_运营阶段	0	0	0	0	0	0
收缩_运营阶段	0	0	0	0	0	0
徐变_运营阶段	0	0	0	0	0	0

荷载工况	N (kN)	Qy (kN)	Qz (kN)	Mx (kN·m)	My (kN·m)	Mz (kN·m)
结构重力	-0	-23098.6	-8190.1	-1.4	-93861.6	794592.9
预应力总效应_施工阶段	540.2	-29.8	3.0	-0	-17.3	1025.2
预应力主效应_施工阶段	540.2	0	0	0	-118.3	0
预应力次效应_施工阶段	-0	-29.8	3.0	-0	96.6	1025.2
收缩_施工阶段	-0	-0				
徐变_施工阶段	-0	-101.3	10.1	-0	328.1	3483.0
预应力总效应_运营阶段	0	0	0	0	0	0
预应力次效应_运营阶段	0	0	0	0	0	0
预应力主效应_运营阶段	0	0	0	0	0	0
收缩_运营阶段	0	0	0	0	0	0
徐变_运营阶段	0	0	0	0	0	0

图 12.38 折减前和折减后的单项内力

不超过 90%，按实际折减后的 96.6kN 输出单项。

徐变-施工阶段是 328.1kN 正弯矩，不考虑 90% 的限制。

（1）阶段累计。

阶段累计＝（-104290.7-15.8+348.3）×0.9kN＝-93562.4kN

（2）基本组合。

基本组合 Min＝（-93861.6×1.2+96.6×1.0+328.1×1）×1.1kN＝-123430.1kN

基本组合 Max＝（-93861.6×1+96.6×1.2+328.1×1）×1.1kN＝-102759.3kN

与程序结果基本一致（图 12.39）。

未折减模型基本组合 Min 的 90%＝[（-104290.7×1.2+102.5×1.0+348.3×1）× 1.1×0.9]kN＝123451.06kN，也就是折减超过了 0.9 倍。

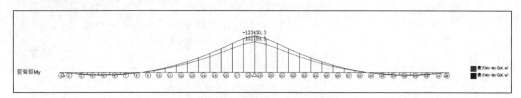

图 12.39 折减后基本组合弯矩图

混凝土梁桥

13C
CHAPTER

本章的目的在于对程序中混凝土结构验算结果的解读,重点在于预应力梁桥的验算结果,同时对盖梁及钢筋混凝土墩柱也有涉及。

13.1 混凝土结构规范验算项和程序的对应关系

混凝土结构规范验算项和程序的对应关系见表 13.1。

表 13.1 混凝土结构规范验算项和程序的对应关系

混凝土梁柱						
序号	验算内容		结果查询项	全预应力结构	部分预应力A类	部分预应力B类	钢筋混凝土构件	对应《公路钢筋混凝土及预应力混凝土桥涵设计规范》(JTG 3362—2018)条文
1	承载能力	正截面抗弯验算	正截面强度验算	√	√	√	√	5.2.2~6
2		斜截面抗剪验算	抗剪强度验算	√	√	√	√	5.2.9~12
3	正常使用	正截面抗裂验算	上下缘正应力验算	√	√			6.3.1 条第 1 款
4		斜截面抗裂验算	主应力验算	√	√			6.3.1 条第 2 款
5		裂缝宽度验算	裂缝宽度验算			√	√	6.4
6		挠度验算	结构刚度验算	√	√	√	√	6.5
7		预拱度验算	预拱度验算	√	√	√	√	6.5.4~5
8	持久状况	正截面压应力验算	上下缘正应力验算	√	√	√		7.1.5
9		斜截面主压应力验算	主应力验算	√	√	√		7.1.6
10		受拉区预应力钢筋(钢绞线)拉应力验算	钢束应力验算汇总	√	√	√		7.1.5
11	短暂状况	正截面法向应力验算	上下缘正应力验算	√	√	√	√	7.2.4/7.2.8
12		中性轴处主拉应力验算	剪应力验算				√	7.2.5
13		受拉钢筋应力验算	上下缘钢筋应力验算				√	7.2.4
14	受弯构件最小配筋率验算		正截面强度验算-开裂弯矩(受拉侧配筋率)	√	√	√	√	9.1.13 (9.1.12)
15	使用阶段抗扭验算		斜截面抗扭强度验算	对于"二维+扭矩"以及"三维"构件进行此项验算				5.5

（1）对于正截面强度验算，"桥梁博士"采用通用算法，查询项需要查询最大弯矩、最小弯矩、最大轴力、最小轴力等工况的正截面强度验算和受压区高度验算。

（2）抗剪强度验算内容包含抗剪承载力验算、抗剪截面尺寸上限验算和抗剪截面尺寸下限验算。

（3）对于单向受力状态的构件，正截面抗裂验算和正截面压应力验算查看上下缘正应力验算即可，对于双向受力状态构件，需查看全截面正应力验算。

（4）受弯构件最小配筋率验算括号外为预应力构件验算内容，括号内为钢筋混凝土构件验算内容及对应规范条文。

（5）对于墩柱构件，程序默认正截面强度输出限定为轴力。

（6）对于盖梁构件，跨中部分程序自动判断是一般梁或深梁，悬臂拉压杆暂不支持验算。

13.2　抗弯承载力和抗剪承载力

13.2.1　正截面强度验算时，为什么有两个承载力？不同颜色数值代表什么含义？

对于正截面承载力计算，"桥梁博士"采用通用算法，计算输出两个承载力：按弯矩输出，两个承载力分别是负弯矩承载力和正弯矩承载力；按轴力输出，两个承载力分别是受拉承载力和受压承载力。

对于每一列的最大值和最小值，为了方便用户查看，程序以不同颜色进行标注：蓝色表示最小值；洋红色表示最大值。

问题拓展：

"桥梁博士"承载力通用算法如下。

《公路钢筋混凝土及预应力混凝土桥涵设计规范》（JTG 3362—2018）为了便于手算，只针对了一些特定的情况，并且做了一定的简化，给出了解析的公式。但上述规范算法存在以下局限性：

（1）验算的只有矩形、T 形、I 形截面，对于常见的带横坡和带倒角的截面，或者圆形孔的空心板，规范计算有误差。

（2）受弯构件的计算公式中均假设了纵向受拉普通钢筋和体内束全部屈服，对于钢束比较靠近中性轴的情况，这种假设并不成立。

（3）工程中还有一些带有一定轴力的构件，如盖梁或连续刚构的主梁，设计者一般认为它们是梁构件，如果想看它们的抗弯承载力，上述规范中就没有提供这种考虑轴力的抗弯承载力的计算公式。

为了避免《公路钢筋混凝土及预应力混凝土桥涵设计规范》（JTG 3362—2018）5.2～5.4 节公式的上述局限性，"桥梁博士"直接基于其第 5.1.3～5.1.5 条采用通用算法进行计算。这种算法可以将所有构件类型统一起来，符合并且能涵盖其 5.2 节～5.4 节的公式，例如对于预应力 T 梁的跨中截面，钢筋钢束全部屈服，受压区未进入倒角范围的情况，则程序计算结果与上述规范第 5.2.3 条的公式完全一致。

具体算法参考《混凝土结构设计标准》(2024 年版)(GB/T 50010—2010)附录 E(图 13.1)。计算过程如下。

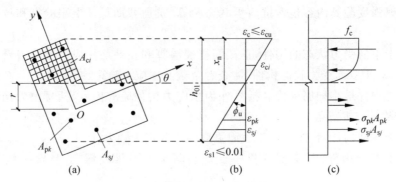

图 13.1　任意截面构件正截面承载力计算

(a) 截面、配筋及其单元划分；(b) 应变分布；(c) 应力分布

(1) 将截面划分为有限多个混凝土单元、纵向钢筋单元和预应力筋单元,并近似取单元内应变和应力为均匀分布,其合力点在单元重心处。

(2) 按平截面假定计算各单元应变。

(3) 按照截面达到承载能力极限状态时受压区混凝土应变或受拉区钢筋应变计算极限曲率。

(4) 根据材料本构关系计算得到混凝土单元的压应力和普通钢筋单元、预应力筋单元的应力。

(5) 根据应力计算得到构件正截面承载力。

程序计算多个轴力 N 对应的承载力 M_y 和 M_z,最终得到一个承载力包络球。以单向受弯梁构件为例(图 13.2),得到轴力-弯矩包络曲线,此时,根据某一承载力工况,例如根据最大轴力工况的轴力和对应的弯矩得到点 P,如果点 P 落在包络曲线内,那么承载力满足要求,否则承载力不满足要求。受弯梁验算的是弯矩,因此是轴力不变时沿路径 A 输出 M_{min} 和 M_{max} 作为最大最小弯矩承载力,也就是验算结果中的承载力 1 和承载力 2。

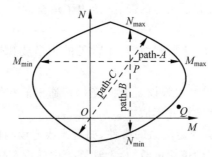

图 13.2　单向受弯梁轴力-弯矩包络曲线

视频链接:01 承载力规范验算在桥梁博士 V4 中的处理

13.2.2　如何实现双向受弯构件的承载力计算?

解决方案:

"桥梁博士"实现双向受弯构件承载力验算,需要设置"构件模板"的"正截面强度裂缝验算方向",如图 13.3 所示。

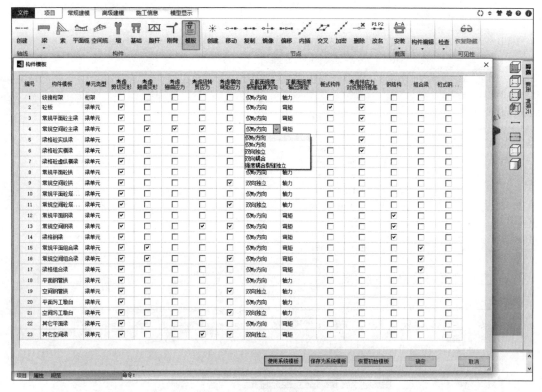

图 13.3 构件验算模板设置

"双向独立"表示两个方向各自均按单向验算,"双向耦合"表示按耦合内力进行验算。

(1) 仅 My 方向:N+My 计算出 y 方向的承载力一组(N_{max},M_{max},N_{min},M_{min});

(2) 仅 Mz 方向:N+Mz 计算出 z 方向的承载力一组(N_{max},M_{max},N_{min},M_{min});

(3) 双向独立:计算两次,分别为 N+My 和 N+Mz,计算出 y 方向和 z 方向的承载力各一组;

(4) 双向耦合:N+My+Mz,计算出耦合的承载力一组;

(5) 强度耦合裂缝独立:强度按照双向耦合输出,裂缝按照双向独立输出。

问题拓展:

双向耦合输出的结果如果按轴力输出,输出内容为"内力""承载力 1"和"承载力 2";如果按弯矩输出,输出内容为"内力 y""承载力 1y"和"承载力 2y""内力 z""承载力 1z"和"承载力 2z";如图 13.4 所示。

13.2.3 对于墩柱构件,承载力计算最大最小弯矩工况下输出结果单位为 kN?

墩柱构件为受压构件,程序默认常规平面砼塔墩柱正截面强度输出限定为轴力,也就是最大最小弯矩工况下对应的轴力,单位为 kN。

如果想要看弯矩,在"结构建模"→"常规建模"→"构件模板"中修改常规平面/空间砼塔

图 13.4　双向耦合结果查询

(a) 按轴力输出；(b) 按弯矩输出

墩柱的"正截面强度输出限定"为"弯矩"，然后重新计算即可。

　　此外，该问题还体现在墩柱没有单独的计算书模板，一般采用钢筋混凝土梁模板输出，但钢筋混凝土梁模板的抗弯承载力的验算项是弯矩，图形输出代码默认输出弯矩，因此计算书与后处理查询结果会不对应，二者的结果都是正确的，只是输出内容不一样。此时需要修改计算书模板设定输出项为轴力或者调整构件模板设定为弯矩。

13.2.4　计算后受压区高度为什么是 0?

《公路钢筋混凝土及预应力混凝土桥涵设计规范》(JTG 3362—2018)仅对受弯构件给出受压区高度的验算公式,因此,软件只针对受弯构件输出该值,对于其他类型受力构件,程序受压区高度输出为 0,表示不进行计算。

计算后受压区高度为 0,则经软件判断,该单元该节点位置受力不是受弯构件。此时可以根据以下三种方法判断构件受力类型,看是否满足受弯构件的条件。

(1) 在"运营阶段"→"结构效应组合"中检查验算截面位置处的组合轴力、弯矩,判断该截面为非受弯构件。

(2) 连续梁在组合内力中弯矩接近零,但轴力是有数值的情况,受力类型有可能是偏压的情况,此时按规范是不验算受压区高度的。

(3) 查看极值内力及极值内力对应的并发力,或者使用"中间结果"功能查看中间结果。

问题拓展:

上述规范对受压区高度的验算只针对受弯构件,然而其并没有给出明确的受弯构件的判断标准,"桥梁博士"通过引入偏心率的概念拟定了一个判别约定,如图 13.5 所示。偏心率等于偏心距除以截面的高度,在"规范库"的计算规定里设置了两个偏心率的界限值,如果截面的偏心率大于设置的偏心率上限值(默认 10),说明弯矩相对轴力足够大,可以忽略轴力项,判定构件为受弯构件;如果截面的偏心率小于设置的偏心率下限值,说明弯矩相对轴力足够小,可以忽略弯矩项,判定构件为轴向受力构件,包括轴心受拉和轴心受压;如果偏心率处于这两个界限值之间,则判定它是偏心受力构件,同样包括偏心受拉和偏心受压。

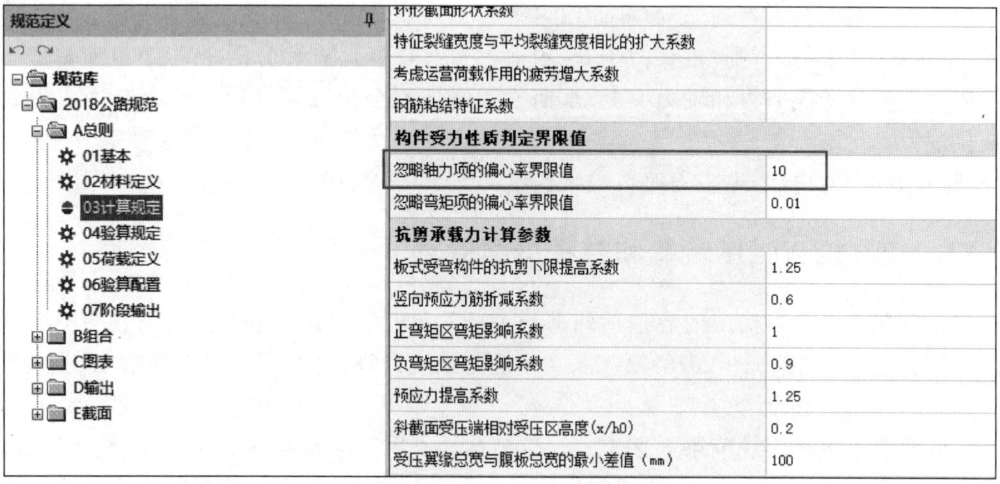

图 13.5　构件受力性质判定界限值

针对连续梁受压区高度出现个别点突变为 0,其余的均连续,是因为根据突变点的内力判断该点的受力类型为非受弯构件,程序不进行该点的受压区高度验算。想要验算该点的受压区高度,可以通过修改构件受力类型判别准则,如图 13.5 所示,将偏心率上限值(默认10)调小,使构件判断为受弯构件,则程序可输出该点的受压区高度,验算结果图形连续。

13.2.5　如何处理负弯矩区受压区高度验算不通过？

解决方案：

钢筋混凝土梁的受拉区钢筋达到屈服应变开始屈服时，受压区混凝土边缘也同时达到其极限压应变而破坏，该状态称为界限破坏。界限破坏是适筋截面和超筋截面的界限，受压区高度验算的意义在于保证截面为适筋梁截面。

当受压区高度验算不通过时，可通过以下方法调整。

（1）忽略为抗裂配置的钢束钢筋强度。

根据《公路钢筋混凝土及预应力混凝土桥涵设计规范》（JTG 3362—2018）第5.2.7条针对受压区高度验算不通过给出的相应解释：如果有些钢束或钢筋是为正常使用的抗裂性配置的，可以在计算强度时忽略不计，如0号块里靠近中性轴的钢束，考虑这些钢束后，将导致受压区高度不满足规范要求，因此可以忽略局部钢束对承载力的影响；此外，如T梁以及小箱梁等在负弯矩区处底缘偏窄，为抗裂配置的钢束也会导致受压区高度偏高。

实现方式：在"规范库"材料里复制新建一种钢束材料类型，将设计强度改为0或1，继而赋予钢束，钢筋同理。

（2）增加受压区钢筋钢束，减少受拉区钢筋钢束。

13.2.6　为什么在截面突变的地方剪力或轴力会突变？

此问题还有相关问题："桥梁博士"中刚构桥为什么主梁支点附近应力及主应力验算数据突变或异号？

解决方案：

检查构件属性是否勾选"竖直截面"（可查看4.8节的内容）。

"竖直截面"未勾选，则"桥梁博士"输出剪力始终与单元轴线垂直，所以节点左右形心位置可能发生突变造成剪力和轴力突变，从而导致施工逐个阶段累加后造成组合主应力验算突变且过大。

"竖直截面"勾选后，主应力验算结果连续。

13.2.7　抗剪强度验算和抗剪截面验算

程序抗剪强度验算输出内容包括两部分，一部分按照《公路钢筋混凝土及预应力混凝土桥涵设计规范》（JTG 3362—2018）第5.2.9条抗剪强度计算，另一部分对应其第5.2.11条～第5.2.12条抗剪截面计算。

抗剪截面上限对应规范第5.2.11条，抗剪截面下限对应其第5.2.12条。小于下限，程序输出不需要进行抗剪验算，只需要构造配筋；大于下限小于上限，需要进行抗剪计算并配置抗剪筋；大于上限，需要加大截面尺寸（腹板厚度/截面有效高度）或提高混凝土等级使其小于上限。

注意：

（1）《公路钢筋混凝土及预应力混凝土桥涵设计规范》（JTG D62—2004）中截面有效高度 h_0 存在争议，《公路钢筋混凝土及预应力混凝土桥涵设计规范》（JTG 3362—2018）已明确更改为最小截面的 h_0，条件更为苛刻。上述两个规范关于抗剪的改动有两处：①抗剪承载力计算的剪力设计值；②抗剪上下限计算的 h_0、b 的取值截面。

（2）针对 JTG 3362—2018，抗剪强度验算输出两个图，其原因是其对抗剪承载力计算进行了修改，剪力设计值从 JTG D62—2004 的斜截面最不利剪力修改为斜截面剪压区对应正截面处剪力，但是截面抗剪上下限仍然是斜截面最不利剪力，所以抗剪承载力计算和截面上下限对应的剪力设计值不同，程序输出抗剪承载力和抗剪截面上下限两个图。

（3）抗剪承载力计算时有效高度的定义是取斜截面剪压区对应正截面处、自纵向受拉钢筋合力点至受压边缘的距离。首先是正截面，其次弯起钢筋不计入纵向受拉钢筋范畴。

（4）对称结构剪力反对称输出，分为 minQz 和 maxQz 两个图输出，需在效应里同时勾选查看两个图表。

（5）JTG 3362—2018 抗剪上下限截面 h_0 取的是斜截面所在范围内截面有效高度最小值，因此正负变化位置不一定是支点位置。

（6）截面上限计算不通过，需要调整截面尺寸使其通过。如果结果有误，可以输出中间结果看一下计算参数取值，多为腹板线定义里腹板宽度定义不准确所致。同时，程序开放考虑 JTG D62—2004 和 JTG 3362—2018 的计算方法选择，V5 及以上版本默认按照 JTG D62—2004 规范计算，如果需要按照 JTG 3362—2018 规范计算，可修改"规范库"→"03 计算规定"中规范计算方法下的 JTG 3362—2018 抗剪尺寸上下限算法。

（7）斜截面抗剪强度验算中加固截面和非加固截面的区别为：加固截面没有抗剪下限验算；加固截面的抗剪上限验算是以应力的形式表达的，参见《公路桥梁加固设计规范》（JTG/T J22—2008）第 5.2.7 条；而非加固截面的抗剪上限是以内力的形式表达的。

13.2.8　抗剪验算空白段的解释

抗剪承载力验算图及抗剪截面尺寸验算图中有些空白段或者空白点，相应的表格中也有些空白行，如图 13.6 所示。这是由于某些位置不存在以该位置为受压端的破坏斜截面（裂缝开展图中蓝色裂缝），并不是程序错误或者用户操作错误。

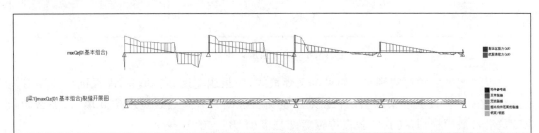

彩图 13.6

图 13.6　抗剪空白段

中支座处最大剪力（代数值）对应的弯矩为正。蓝色斜截面处，根据弯矩为正判断斜截面受压端在梁的上缘，再根据剪力符号判断破坏斜截面向右下方开展，然后根据《公路钢筋混凝土及预应力混凝土桥涵设计规范》（JTG 3362—2018）中式（5.2.10）计算得到斜截面水平投影长度 C。蓝色的斜截面跨过了支座，截面范围内剪力方向反号且正负剪力都很大，从支座的右侧区段的剪力符号来看，斜裂缝的开展方向不对，该破坏斜截面实际上不可能出现。如图 13.7 所示,发生跨越支座的抗剪破坏,意味着梁的 A 段要能向下大幅移动,或者 B 段要能向上大幅移动,这种运动趋势显然不可能,因为中支座阻止了 A 段向下移动,B 段的左右侧剪力方向意味着 B 段没有向上移动的趋势。也就是说,按照规范的算法,不存在以该位置为受压端的破坏斜截面。因此程序引入"无效斜截面"的概念:如果一个斜截面跨过了支座(剪力突变点),实际不可能发生,则为无效斜截面,程序不进行验算,验算图中有些空白段或者空白点。

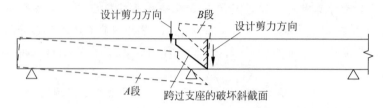

图 13.7   跨越支座的斜裂缝实际不能发生的说明图

13.2.9   带斜腹板箱梁是否定义特征线? 为什么截面尺寸上限差距很大?

如图 13.8 所示,带斜腹板箱梁是否定义特征线,截面尺寸的上限差距很大,查看中间结果的过程发现,主要是差在了腹板宽度 $B_{\min}$ 的取值上。

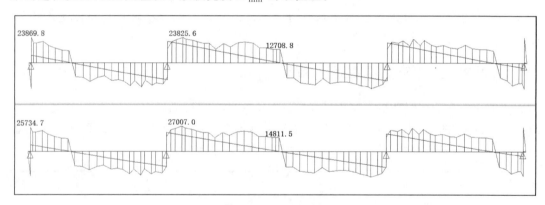

图 13.8   抗剪强度计算结果

腹板线宽度的填写规则是:如果定义腹板线,腹板线宽度如实填写,那么抗剪验算 $B_{\min}$ 是按照填写的腹板宽度来取值的;如果不定义特征线或者腹板线宽度按 0 填写,那么腹板宽度是沿着截面横切,切到的腹板位置宽度是多少,$B_{\min}$ 就是多少。

此时,定义特征线计算 $B_{\min}$ 可能存在两处误差:①考虑斜腹板宽度对抗剪的贡献,斜腹板位置定义特征线,存在斜腹板宽度按斜长和垂线长度计入的区别;②不考虑斜腹板宽度对抗剪的贡献,斜腹板位置不定义特征线,存在斜腹板宽度是否计入的区别。

当截面是单箱多室斜腹板截面,且腹板斜度较大,一般偏保守考虑,建议斜腹板不定义腹板线,不考虑斜腹板抗剪强度的贡献,直腹板正常定义腹板线,腹板宽度如实填写。

13.3 盖梁计算

13.3.1 盖梁计算是否自动判断计算方法？

按照《公路钢筋混凝土及预应力混凝土桥涵设计规范》(JTG 3362—2018)第 8.4.2 条规定：当盖梁跨中部分的跨高比 $l/h>5.0$ 时，按本规范第 5 章~第 7 章钢筋混凝土一般梁计算；当盖梁跨中部分的跨高比为 $2.5<l/h\leq5.0$ 时，按本规范第 8.4.3 条至第 8.4.5 条进行承载力验算。此处，l 为盖梁的计算跨径，h 为盖梁的高度。

程序对该条文的处理是构件验算类型选择"钢筋砼盖梁"，根据"构件节点属性汇总"中的"跨径分界线"和"悬臂"判断盖梁的计算跨径，根据"截面"判断盖梁的高度，自动判断盖梁是一般受弯构件还是深受弯构件。

特别注意：程序自动判断的前提是正确设置构件验算类型、计算跨径和截面尺寸。

13.3.2 为什么盖梁部分截面受压区高度不输出？

如 13.2.4 节说明，软件只针对受弯构件输出受压区高度，对于其他类型受力构件，程序受压区高度输出为 0，表示不进行计算。

13.3.3 模型中添加了斜筋，结果查询抗剪承载力为什么没有斜筋的贡献？

当程序判断盖梁某段的受力为深受弯构件时，按照《公路钢筋混凝土及预应力混凝土桥涵设计规范》(JTG 3362—2018)第 8.4.5 条执行抗剪承载力验算，对比第 8.4.5 条和第 5.2.9 条，上述规范对深受弯构件的抗剪验算没有考虑斜筋的贡献，因此不计入。

13.4 应力验算

13.4.1 "桥梁博士"V3 的应力计算结果和"桥梁博士"V4 及以上版本对不上的原因

由于"桥梁博士"V3 和"桥梁博士"V4 及以上版本从本质上讲是两个程序，在保证两程序模型在截面形状、材料特性、钢筋、钢束及所受荷载都相同的基础上，程序内部对一些问题的计算、处理的方法不同，也是造成两程序结果不一致的原因，主要有以下几方面。

1. 关于截面换算。

(1)"桥梁博士"V4 及以上版本考虑钢筋、钢束换算时采用的是 $n-1$，而"桥梁博士"V3 考虑钢筋、钢束换算时采用的是 n，其中 n 为钢筋和钢束与混凝土的弹性模量比。

(2)灌浆前，"桥梁博士"V3 只考虑了距离底缘 1m 高度范围内的钢束孔道面积，而"桥梁博士"V4 及以上版本是按实际钢束孔道面积进行计算。

2. 关于内力作用点。

"桥梁博士"V4及以上版本以各自施工阶段换算截面形心作为内力的作用点,而"桥梁博士"V3始终以毛截面的形心作为内力的作用点。这导致在钢束或其他荷载的作用下,两个程序会产生不同的内力结果,如弯矩会有一定差别。这种情况在截面比较小的结构中,如单片T梁截面中,会产生很明显的差异,这也是两个程序结果对比不上的主要原因。

3. 关于收缩徐变。

(1)"桥梁博士"V4及以上版本在计算时默认考虑了阶段的细分(可在"总体信息"中修改),而"桥梁博士"V3则没有。

(2)"桥梁博士"V4及以上版本考虑了由收缩引起的徐变。

(3)在"桥梁博士"V3中施工阶段的收缩徐变是按永久荷载考虑,一直作用在结构中,而在"桥梁博士"V4及以上版本中则把施工阶段收缩徐变分离出来,并按相关规范规定参与作用组合。

13.4.2　拉应力和压应力容许值在不同施工阶段不一样

解决方案:

拉压应力容许值会随着施工天数变化直至达到设计强度。

施工阶段拉压应力的验算分别对应《铁路桥涵混凝土结构设计规范》(TB 10092—2017)中第7.4.4条和《公路钢筋混凝土及预应力混凝土桥涵设计规范》(JTG 3362—2018)中第7.2.8条。

上述两个规范条文中对强度容许值加了"′",释义是与施工阶段对应的强度标准值。理解是施工阶段混凝土的强度会随着龄期的增长而增长,直到构件龄期与施工阶段天数合计达到混凝土强度标准值采用的28天,混凝土达到设计强度就不再变化。

"桥梁博士"对强度-龄期曲线的定义在"规范库"→"A总则"→"02材料定义"的材料混凝土中,根据材料龄期内插取值计算施工阶段应力容许值(图13.9)。

13.4.3　主应力与正应力的大小关系

在查询主应力和正应力时往往发现主应力小于正应力,其原因在于验算输出主应力和正应力的应力点位不同。正应力输出考虑顶底缘应力点位,而主应力仅考虑腹板应力点位,其考虑如下。

规范主拉应力验算,用的是"斜截面"这个词,通过其条文说明,主要也是对腹板等剪应力较大区而言的。《铁路桥涵混凝土结构设计规范》(TB 10092—2017)第7.3.7条第4款指出了主应力验算位置:沿截面高度方向,应计算截面重心轴处及腹板与上、下翼缘相接处。《公路钢筋混凝土及预应力混凝土桥涵设计规范》(JTG 3362—2018)第6.1.3条提到的主应力验算位置,也就是《〈公路钢筋混凝土及预应力混凝土桥涵设计规范〉应用指南》的图6.2-3~图6.2-5(图13.10),截面顶板上缘和底板下缘计算纵横向正应力,因此程序默认应力点顶底缘不计算主应力。自定义应力点顶底缘也默认不勾选"计算主应力"。

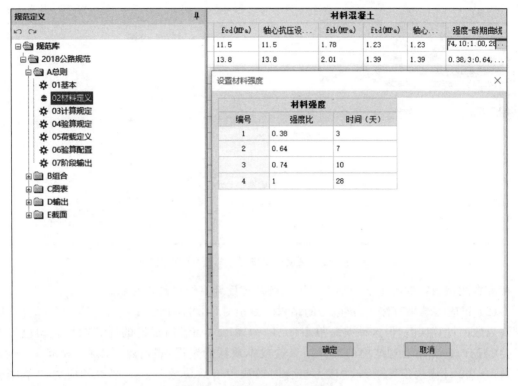

图 13.9　强度-龄期曲线的定义

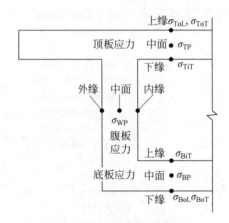

图 13.10　选取的验算应力

　　如果需要考虑顶底缘的主应力,程序予以支持。用户需要自定义应力点,然后点选上下缘应力点,在"对象属性"中勾选"计算主应力",如图 13.11 所示。

13.4.4　对称结构应力不对称的原因

　　对称结构应力不对称,可以从以下两个方面进行排查。

　　(1) 结构并不完全对称,单元节点设置、钢筋布置和钢束布置并不是完全对称,可以通过查询"结构效应组合"中的内力组合确定单元节点设置是否对称,通过查询"截面特性"中

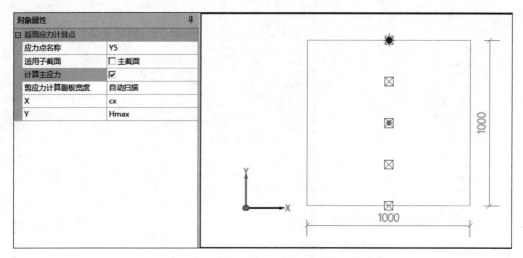

图 13.11   自定义顶底缘应力点勾选"计算主应力"

的换算有效截面特性确定钢筋钢束布置和有效宽度计算结果是否对称。

（2）正应力结果对称，主拉应力的结果不是很对称，可能是程序进行应力组合时对 0 值判断导致的计算误差，但这种误差很小（0.1～0.2Pa），而且对最终的计算结果影响也很小（约 0.1MPa），并不会对结构的计算结果造成本质性的错误，想消除可以在"规范库"→"A总则"→"03 计算规定"中修改"应力组合时效应值有效位数"（这时修改的应力的单位是Pa，3 表示保留 3 位小数，0 表示不保留小数，−1 表示取到 10 位），见图 13.12。

规范定义	约束混凝土的极限压应变上限	0
	剪跨区段忽略的长度界限值	1
□🗁 规范库	**验算**	
白🗁 2018公路规范	弯起钢束判断相对坡度（%）	2
白🗁 A总则	抗剪验算计入弯起钢筋超过40%Vd	□
✿ 01基本	内力组合时效应值有效位数	3
✿ 02材料定义	位移组合时效应值有效位数	6
● 03计算规定	应力组合时效应值有效位数	3
✿ 04验算规定	主应力角度包络算法步长（度）	0
✿ 05荷载定义	**截面验算设置**	
✿ 06验算配置	失衡力收敛容差	1E−6
✿ 07阶段输出	中和轴收敛容差	0.01
田🗁 B组合	失衡力迭代次数	100
田🗁 C图表	中和轴迭代次数	100
田🗁 D输出	查看输出时的图形标题	[名称]（[组合…
田🗁 E截面	查看输出时的表格标题	[名称]（[组合…
	说明	

图 13.12   "应力组合时效应值有效位数"的设置

13.4.5   应力计算的组合

按照《公路钢筋混凝土及预应力混凝土桥涵设计规范》（JTG 3362—2018）及《公路桥涵设计通用规范》（JTG D60—2015），应力验算包含以下三种组合。

（1）标准值组合。

结构弹性阶段截面压应力计算采用作用标准值，各分项系数均取 1。

（2）频遇组合。

拉应力验算采用频遇组合。频遇组合由三部分组成，即永久作用的标准值、汽车荷载频遇值、其他可变作用准永久值。频遇值＝频遇值系数×汽车荷载标准值。汽车荷载在进行频遇组合时，不考虑冲击力，频遇值系数取 0.7。当某个可变作用效应值超过汽车荷载效应时，此作用成为主导作用，对应的频遇值系数分别为：对于人群荷载取 1.0，对于风荷载取 0.75，梯度温度取 0.8，其他作用取 1.0。除主导作用取频遇值外，其余的可变作用都采用准永久值，也就是准永久值系数×标准值。若汽车荷载是非主导作用，则准永久值系数取 0.4，人群荷载也是 0.4。风、梯度温度、其他作用都与频遇值系数一样。

（3）准永久组合——直接作用。

拉应力验算还要计算准永久组合。用到的作用只考虑直接施加于结构的各种荷载，包括结构自重和直接施加于结构上的汽车荷载、人群荷载、风荷载，是不考虑温度、收缩徐变等间接作用的。

关于应力验算的组合定义和容许值定义在"规范库"→"A 总则"→"验算配置"中，如图 13.13 所示，其中施工阶段的[r]是龄期-强度折减系数。

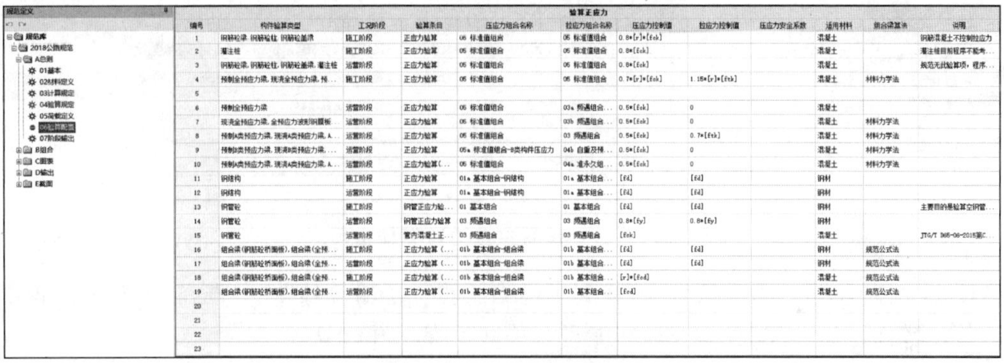

图 13.13　应力验算配置

13.4.6　主拉应力和主压应力计算的组合

综合考虑《公路钢筋混凝土及预应力混凝土桥涵设计规范》(JTG 3362—2018)第 7.1.1 条和第 7.1.6 条，计算主压应力时采用标准值组合及第 7.1.6 条的 $0.6f_{ck}$ 的限值。

上述规范第 7.1.6 条对于主拉应力并没有明确说明其限值，该处主拉应力的计算最终目的是构件斜截面抗剪承载力的补充，用于配置箍筋，因此程序没有计算第 7.1.6 条标准值组合的主拉应力，只按照第 6.3.1 条和第 6.3.3 条抗裂验算要求计算了频遇组合的主拉应力。

程序输出主拉应力和主压应力图时，给出频遇组合/标准值组合，分别对应主拉应力和主压应力的计算。

如果想输出查看标准值组合下的主拉应力，程序予以支持，操作步骤如下。

（1）定义标准值组合的主应力验算。

在"规范库"→"A 总则"→"06 验算配置""验算主应力"表格中增加主应力标准值验算

行,如图 13.14 所示。

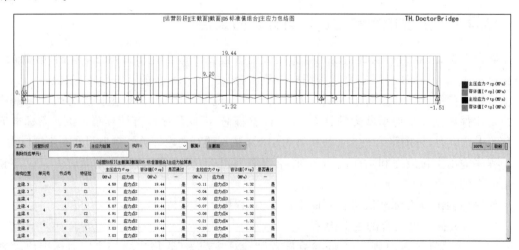

图 13.14   定义"验算主应力"项

注:当表中其他行已经配置了本行的某个适用验算构件类型,且"工况阶段"相同,"验算条目"需要进行区分。

(2) 在"规范各阶段输出定义",定义"主应力验算"输出项(图 13.15)。

编号	工况阶段	输出条目名	子验算项	说明
1	施工阶段	钢束应力验算	预应力钢筋应力验算	
2	施工阶段	上下缘正应力...	正应力验算,钢管正应力验算-施工,正应力验...	
3	施工阶段	全截面正应力...	正应力验算,钢管正应力验算-施工,正应力验...	全截面正应力...
4	施工阶段	剪应力验算	中性轴处剪应力验算,剪应力验算	
5	施工阶段	折算应力验算	折算应力验算	
6	施工阶段	上下缘钢应...	钢筋应力验算	
7	施工阶段	全截面钢应...	钢筋应力验算	全截面钢筋应...
8	施工阶段	主缆应力验算	基本组合主缆强度验算,标准值组合主缆强度...	
9	施工阶段	拉索应力验算	基本组合拉索强度验算,标准值组合拉索强度...	
10	施工阶段	结构倾覆验算	倾覆稳定性验算	
11				
12	运营阶段	主应力验算	主应力验算,主应力验算(标准主拉)	
13				

图 13.15   设置主应力验算输出项

按"工况阶段"和"输出条目项"找到主应力验算,"子验算项"中勾选在 06 验算配置中的验算条目名称,将验算配置与查询功能进行关联后保存并计算。

(3) 重新计算完成后,查询主应力验算结果,得到标准值组合下的主拉应力验算图表(图 13.16)。

图 13.16   标准值组合验算主应力

问题拓展：

主拉应力输出结果为 0 表示没有主拉应力，可能原因是构件自定义了截面顶底缘应力点，此时，主压应力输出大小与压应力一致，主拉应力输出大小与拉应力一致，当截面上下缘都受压时，主拉应力输出为 0，而按照上述规范，主应力验算更偏向截面重心轴处及腹板与上、下翼缘相接处等位置的验算，建议使用程序默认应力点或者按照上述规范设置应力验算点。

13.4.7　钢束预应力损失计算

预应力损失沿钢束分布，程序会计算若干点处的值，计算点之间的值线性内插。损失计算点的位置与线形的折点无关。程序输出了所有计算点的损失值。后处理查询项为："施工阶段"/"运营阶段"→"钢束预应力损失"，见图 13.17。

序号	位置 (m)	σ11 (MPa)	σ12 (MPa)	σ13 (MPa)	σ14 (MPa)	σ15 (MPa)	σ16 (MPa)	有效预应力 (MPa)	sigmaP0 (MPa)
1	0.000	0	156.07	0	0	32.10	59.81	1147.02	1170.58
2	1.036	2.41	151.25	0	−0.31	32.41	62.89	1146.35	1174.26
3	2.071	9.48	137.11	0	−0.90	33.34	67.42	1148.55	1183.26
4	3.107	16.51	123.05	0	−1.59	34.27	74.11	1148.65	1192.27
5	4.142	23.51	109.06	0	−2.35	35.20	81.62	1147.96	1201.71
6	5.178	29.99	96.10	0	−3.12	36.07	89.85	1146.12	1210.91
7	6.214	36.91	82.24	0	−3.87	37.01	98.67	1144.03	1220.49
8	7.249	43.81	68.46	0	−4.56	37.95	107.92	1141.43	1229.86
9	8.285	50.66	54.74	0	−5.17	38.89	117.40	1138.46	1238.84
10	9.320	57.25	41.57	0	−5.58	39.81	123.47	1138.48	1247.71

图 13.17　钢束预应力损失计算

1）预应力损失。

$\sigma_{11} \sim \sigma_{16}$ 预应力损失，对应《公路钢筋混凝土及预应力混凝土桥涵设计规范》(JTG 3362—2018)第 6.2 节，预应力损失名称一一对应。

(1) σ_{11}：摩擦损失，参照上述规范第 6.2.2 条计算（铁路规范与之一致）。公式中的参数 θ 是沿钢束的累计转角，可理解为 d(abs(θ)) 的积分，若计算点正好落在折点处，该处是累计转角突变处，程序有个特殊约定：该点的累计转角＝前一折点之后的累计转角＋本折点处的转角/2。x 为沿钢束曲线的长度，可以理解为 ds 的积分，起算点为张拉端，两端张拉时，存在一个"不动点"，作为摩擦损失起算点的分界点。不动点按照从左端计算的摩擦损失＝从右端计算的摩擦损失判断，该判断与张拉操作的过程有关，并非唯一解。

(2) σ_{12}：回缩损失，参照 JTG 3362—2018 第 6.2.3 条计算（铁路规范与之一致）。先张法的计算公式完全采用上述规范上的公式，注意长度并非本钢束的长度，而是台座长度。对于后张法，考虑了反摩阻但具体算法并不是 JTG 3362—2018 附录 D 的公式。反摩阻引起的钢束应力变化值沿钢束长度的分布算法与"正摩阻"相同，只是符号相反。

(3) σ_{13}：温差损失，按照上述规范第 6.2.4 条计算（铁路规范与之一致）。仅对先张法有效。计算公式为 $2\Delta t$(MPa)，注意直接采用了上述规范的公式而并不是 $E_s \times \alpha \times \Delta t$。

（4）σ_{14}：压缩损失，参照 JTG 3362—2018 第 6.2.5 条计算（铁路规范与之一致），算法并不套用其公式而是采用了更为精细的算法。上述规范中只提到了预应力的压缩损失，程序考虑了"永久荷载"的压缩损失，"永久荷载"即为能引起徐变的荷载（可在规范配置中指定）。本阶段的永久荷载对本阶段张拉的预应力不产生压缩损失。物理上可理解为先施加本阶段永久荷载、后张拉本阶段预应力。对于未灌浆的钢束，程序将计算其压缩损失对应的"预应力损失效应"。对于已灌浆的钢束，程序不再计算其压缩损失对应的"预应力损失效应"。

（5）σ_{15}：松弛损失，公路规范按 JTG 3362—2018 第 6.2.6 条计算，并且，根据该条的条文说明，当式（6.2.6-1）得到的结果小于 0 时，取 0；铁路规范按《铁路桥涵混凝土结构设计规范》（TB 10092—2017）第 7.3.4 条第 5 款计算。

（6）σ_{16}：收缩徐变损失，收缩徐变损失并不严格采用公路规范第 6.2.7 条或铁路规范第 7.3.4 条第 6 款的公式计算，而是根据力学模块计算的收缩徐变位移（变形）得出。

2）有效预应力。

有效预应力对应公路规范第 6.1.6 条公式（6.1.6-3）或公式（6.1.6-6）或公式（6.1.6-8）进行计算。有效预应力＝张拉控制应力－至本阶段末的所有损失合计。注意运营阶段的有效预应力也扣除了运营阶段的各种损失，包括运营阶段的收缩徐变、压缩及松弛损失。

3）sigmaP0。

sigmaP0 对应公路规范第 6.1.6 条公式（6.1.6-2）或公式（6.1.6-5）进行计算。

13.4.8　钢筋松弛预应力损失计算为什么和施工周期相关？

问题描述：同样的模型施工周期为 7 和周期为 2，钢筋松弛预应力损失有差别，如图 13.18 所示。

【新阶段2】阶段[梁1#1-3]钢束预应力损失表

序号	位置(m)	σ_{11}(MPa)	σ_{12}(MPa)	σ_{13}(MPa)	σ_{14}(MPa)	σ_{15}(MPa)	σ_{16}(MPa)	有效预应力(MPa)	sigmaP0(MPa)
7	3.929	27.43	117.07	0	0	19.12	30.34	1201.05	1240.73
8	4.584	28.77	114.38	0	0	19.22	29.64	1202.99	1242.71
9	5.239	30.11	111.70	0	0	19.32	28.94	1204.92	1244.70
10	5.894	31.45	109.02	0	0	19.42	28.31	1206.79	1246.62
11	6.549	32.79	106.34	0	0	19.52	27.78	1208.56	1248.42
12	7.204	34.13	103.67	0	0	19.72	27.37	1210.21	1250.11
13	7.859	35.46	101.00	0	0	19.72	27.04	1211.77	1251.73
14	8.514	36.80	98.33	0	0	19.82	26.83	1213.22	1253.21
15	9.168	38.13	95.66	0	0	19.93	26.72	1214.56	1254.59
16	9.823	39.46	93.00	0	0	20.03	26.70	1215.81	1255.89
17	10.478	38.13	95.66	0	0	19.93	26.72	1214.56	1254.59
18	11.133	36.80	98.33	0	0	19.82	26.83	1213.22	1253.21

【新阶段1】阶段[梁1#1-3]钢束预应力损失表

序号	位置(m)	σ_{11}(MPa)	σ_{12}(MPa)	σ_{13}(MPa)	σ_{14}(MPa)	σ_{15}(MPa)	σ_{16}(MPa)	有效预应力(MPa)	sigmaP0(MPa)
7	3.929	27.43	117.07	0	0	16.81	21.65	1212.04	1251.72
8	4.584	28.77	114.38	0	0	16.90	21.14	1213.81	1253.64
9	5.239	30.11	111.70	0	0	16.98	20.63	1215.58	1255.35
10	5.894	31.45	109.02	0	0	17.07	20.16	1217.29	1257.12
11	6.549	32.79	106.34	0	0	17.16	19.76	1218.94	1258.80
12	7.204	34.13	103.67	0	0	17.25	19.47	1220.49	1260.39
13	7.859	35.46	101.00	0	0	17.34	19.22	1221.98	1261.94
14	8.514	36.80	98.33	0	0	17.43	19.06	1223.38	1263.37
15	9.168	38.13	95.66	0	0	17.52	18.96	1224.71	1264.54
16	9.823	39.46	93.00	0	0	17.61	18.97	1225.97	1266.04
17	10.478	38.13	95.66	0	0	17.52	18.98	1224.71	1263.37
18	11.133	36.80	98.33	0	0	17.43	19.06	1223.38	1263.37

图 13.18　不同施工周期下钢筋松弛预应力损失

解决方案：差别原因在于《公路钢筋混凝土及预应力混凝土桥涵设计规范》（JTG 3362—2018）附录 C.3 中钢筋松弛在第 2 天开始计算，第 40 天达到 100%，程序默认 40 天钢筋松弛损失达到终值。

施工周期为 2 天程序默认钢筋松弛损失开始按照 0.5 计算，7 天通过上述规范的表 C.3.1 内插计算得到。施工周期为 40 天及以上，钢筋松弛损失达到终值并保持不变。

以该模型为例，13 号位置的钢筋松弛损失终极值为 34.68MPa，2 天按照 0.5 计算，34.68×0.5MPa＝17.34MPa，7 天内插得到 34.68×0.56875MPa＝19.72MPa，不同施工天数钢筋松弛损失中间值与终值比值如表 13.2 所示，与 JTG 3362—2018 的附录 C.3 对应。

表 13.2　钢筋松弛损失中间值与终极值的比值

时间/d	2	10	20	30	40
比值	0.50	0.61	0.74	0.87	1.00

13.5　裂缝、配筋率、预拱度等验算

13.5.1　开裂弯矩验算的目的

开裂弯矩验算主要是配筋率验算,其物理意义是截面达到承载能力极限状态时应该先开裂,梁不致因配筋过少而脆性破坏,对应《公路钢筋混凝土及预应力混凝土桥涵设计规范》(JTG 3362—2018)第 9.1.13 条。

预应力混凝土受弯构件最小配筋率应满足下列条件:

$$\frac{M_{ud}}{M_{cr}} \geqslant 1.0$$

式中:

M_{ud}——受弯构件正截面抗弯承载力设计值;

M_{cr}——受弯构件正截面开裂弯矩值。

问题拓展:

开裂弯矩验算不通过要如何调整?

对于连续梁负弯矩支点处,如果负向开裂弯矩验算不通过,即最小受拉侧配筋率不满足要求,此时应增加受拉侧钢筋,提高配筋率;如果正向开裂弯矩验算不通过,此时,支点处不可能在正弯矩作用下发生脆性破坏,因此可以忽略正向开裂弯矩验算不通过的结果。

13.5.2　为什么没有裂缝验算结果?

没有裂缝计算结果分为以下两种情况。

(1) 查询项中没有裂缝宽度验算这一项。

(2) 查询项存在裂缝宽度这一项,但结果中没有钢筋应力和裂缝宽度数据。

针对上述第一种情况,对于全预应力和 A 类预应力验算构件,不允许出现裂缝,因此不执行裂缝宽度验算,此时需要确定构件验算类型并检查构件属性中的构件验算类型是否选择正确。

针对上述第二种情况,可能原因如下。

(1) 程序执行了《公路钢筋混凝土及预应力混凝土桥涵设计规范》(JTG 3362—2018)第 6.4.3 条:当偏心受压构件 $e_0/h(r) \leqslant 0.55$ 时,可不计算构件裂缝的宽度。对于满足该条规范的计算位置,如果判定为偏心受压构件,程序不输出裂缝宽度。

为方便用户,在"规范库"→"A 总则"→"03 计算规定"中,增加了偏压构件计算的选项,这个选项可以让程序在满足上述规范第 6.4.3 条时,也输出构件的裂缝宽度(图 13.19)。

(2) 构件轴力较大弯矩较小,为全截面受压状态,不存在受拉区,不会产生裂缝,则不再

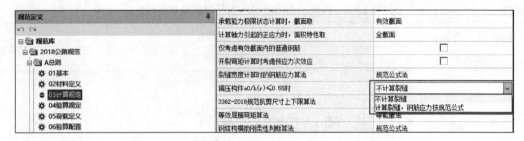

图 13.19　偏压构件 $e_0/h(r)\leqslant0.55$ 时设置输出裂缝

计算钢筋应力,裂缝宽度为 0。

（3）构件截面为圆形截面且受力类型判断为轴心受拉、受弯和偏心受拉时,上述规范第 6.4.4 条并未给出圆形截面这几种受力类型下的钢筋应力计算公式,因此裂缝计算无法进行,程序不予输出。

13.5.3　裂缝结果显示奇异的原因及解决办法

1）在梁和柱计算时,端部位置出现了很大的裂缝。

（1）"结构建模"界面应在梁的"构件属性"表中勾选"竖直截面",否则程序在分解内力时,会沿着构件的轴向和法向分解,此时端部可能出现偏心受压。

（2）"钢筋设计"中应养成建模习惯,纵向钢筋穿过所有截面。否则端部截面没有钢筋穿过,很小的内力也会产生很大的钢筋应力。（相当于钢筋面积 $A_s=0$,应力计算时分母为 0）。

处理好以上两点,则问题解决,端部不会出现很离谱的裂缝宽度值。

2）梁体钢筋都是正常布置,计算的裂缝数值在全长范围内离谱。

此时检查裂缝远超容许值,对应正截面承载力验算也是没有承载力信息,则程序没有取到钢筋的信息。截面形状为单箱单室（偶数道腹板）,钢筋都布置在横向中央位置,即以 $N\times0$ 的形式表示。因为取有效宽度内钢筋导致钢筋布置失效。

此时修改钢筋布置,按实际布置位置填写横向布置或者取消"规范库"→"A 总则"→"03 计算规定"中"仅考虑有效截面内的普通钢筋"的勾选（图 13.20）,重新计算即可解决问题。

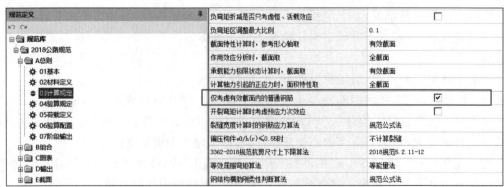

图 13.20　仅考虑有效截面内的普通钢筋

13.5.4 如何考虑裂缝计算时候的等效直径？

钢筋混凝土构件支持设置骨架筋及束筋，"钢筋设计"中的是否为骨架、并置根数，主要目的是钢筋混凝土构件的裂缝宽度计算（《公路钢筋混凝土及预应力混凝土桥涵设计规范》（JTG 3362—2018）第 6.4.3 条）。

（1）骨架钢筋的设置：选择钢筋，双击进入钢筋编辑窗口，勾选"是否为骨架"，根据上述规范，骨架钢筋的换算直径乘以 1.3 的系数。

（2）束筋的设置：选择钢筋，双击进入钢筋编辑窗口，填写并置根数，根据上述规范，束筋换算直径需考虑 $\sqrt{n}$ 的放大作用。

"桥梁博士"频遇组合裂缝宽度验算时换算直径的考虑如下。

（1）同一直径普通钢筋：换算钢筋直径 d_e＝普通钢筋公称直径 d_e。例如，下缘输入 n 根 25mm 的普通钢筋，输出换算直径为 25mm。

（2）不同直径普通钢筋：换算钢筋直径 $d_e = \sum n_i d_i^2 / \sum n_i d_i$。例如，下缘输入 1 根 25mm 的普通钢筋，1 根 18mm 的普通钢筋，输出换算直径为 $d_e = \dfrac{25^2 + 18^2}{25 + 18} = 22.07$。

（3）设置主筋和骨架钢筋：换算钢筋直径 $d_e = \left(\sum n_{pi} d_{pi}^2 （普通钢筋） + \sum n_{gi} (1.3 d_{gi})^2 （骨架钢筋） \right) \Big/ \left(\sum n_{pi} d_{pi} + \sum n_{gi} (1.3 d_{gi}) \right)$。例如，下缘输入 1 根 25mm 的普通钢筋，1 根 18mm 的骨架钢筋，输出换算直径为 $d_e = \dfrac{25^2 + (1.3 \times 18)^2}{25 + 1.3 \times 18} = 24.226$。

（4）设置束筋：换算钢筋直径 $d_e = \sqrt{n_{si}} d_{si}$。例如，下缘输入 1 根 25mm 的普通钢筋，并置 2 根，输出换算直径为 $d_e = \sqrt{2} \times 25 = 35.355$。

（5）同时设置普通钢筋、骨架钢筋和束筋时：换算钢筋直径 $d_e = \left(\sum n_{pi} d_{pi}^2 （普通钢筋） + \sum n_{gi} (1.3 d_{gi})^2 （骨架钢筋） + (\sqrt{n_{si}} d_{si})^2 （束筋） \right) \Big/ \left(\sum n_{pi} d_{pi} + \sum n_{gi} (1.3 d_{gi}) + \sqrt{n_{si}} d_{si} \right)$，即先计算束筋的等代直径，然后与其他钢筋组合。例如，下缘并置 2 根 25mm 的普通钢筋，设置 1 根 18mm 的骨架钢筋，输出换算直径为 $d_e = \dfrac{(\sqrt{2} \times 25)^2 + (1.3 \times 18)^2}{(\sqrt{2} \times 25) + (1.3 \times 18)} = 30.594$。

13.5.5 混凝土受弯构件挠度及预拱度的计算原理及算例说明

（1）在查询位移或阶段累计时，都是按 EI 计算的结果。但在进行刚度和预拱度验算时，会考虑刚度折减系数（《公路钢筋混凝土及预应力混凝土桥涵设计规范》（JTG 3362—2018）第 6.5 条）。

（2）按照 JTG 3362—2018 第 6.5.3 条取值计算使用阶段的挠度，程序自动考虑长期效应增长系数。

（3）程序预拱度验算默认不执行 JTG 3362—2018 中是否设置预拱度的判断，会出现预拱度为负的结果，也会出现预拱度不圆滑的情况。向下为负表示不需要设置预拱度或设置反拱，由用户自己决定如何设置，向上为正表示需要设置预拱度的数值。

以下为算例验证说明。

（1）钢筋混凝土。

按照 JTG 3362—2018 第 6.5.2 条计算受弯构件的刚度。

首先判断 M_s 和 M_{cr} 的大小关系，使用文本输出（checkopt）命令查询挠度计算结果如图 13.21 所示。

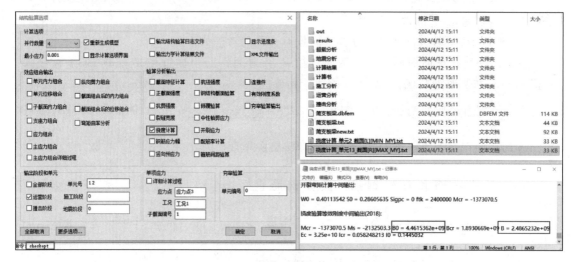

图 13.21　挠度验算中间结果输出

根据中间计算结果可知，$M_s > M_{cr}$，故应进行截面刚度换算，此时，全截面抗弯刚度 $B_0 = 4.4615362e+09$，开裂构件等效抗弯刚度 $B = 2.4865232e+09$。

$$B_0 = 1.794B = 0.95 E_c I_0$$

查询单项内力位移反力可知，汽车荷载单项产生的挠度为 3.892（按照计算 $E_c I_0$ 得到）。

活载挠度（查询项刚度验算）的结果为

［3.892（单项挠度）×0.7（短期组合系数）×1.45（长期增长系数）×1.794/0.95（刚度换算系数）］mm＝7.460mm

程序计算结果为 7.461mm，基本吻合。

预拱度验算同理：由自重产生的单项位移为 4.287，汽车荷载单项产生的挠度为 3.892，故预拱度计算结果如下。

自重产生的预拱度：

$$4.287 \times 1.45 \times 1.794/0.95\,\text{mm} = 11.739\,\text{mm}$$

1/2 活载挠度值：

$$7.460/2\,\text{mm} = 3.73\,\text{mm}$$

二者之和为

$$(11.739 + 3.73)\,\text{mm} = 15.469\,\text{mm}$$

程序计算结果为 15.471mm，基本吻合。

（2）预应力构件。

根据计算结果，提取各单项位移如下。

汽车荷载单项位移如图 13.22 所示。

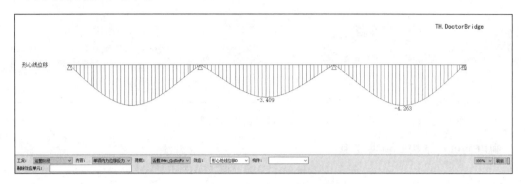

图 13.22　汽车荷载单项位移

则频遇组合活载挠度为 $-3.409 \times 0.7 \times 1.425/0.95\text{mm} = -3.580\text{mm}$（此值即为结构验算的挠度值）。

结构重力单项位移如图 13.23 所示。

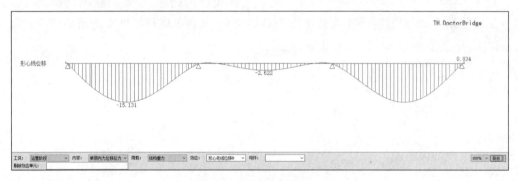

图 13.23　结构重力单项位移

重力产生的挠度值为

$$-2.622 \times 1.425/0.95\text{mm} = -3.933\text{mm}$$

则：活载挠度＋重力挠度 $=-7.513\text{mm}$

预应力单项位移如图 13.24 所示。

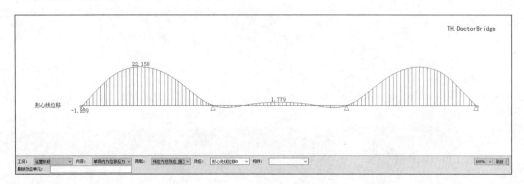

图 13.24　预应力单项位移

预应力单项产生的上挠值,长期系数为2,所以其产生的长期反拱值是2×1.779mm＝3.558mm(图 13.25)。

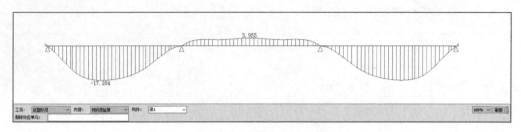

图 13.25   预拱度验算结果

则由上可得结构的预拱度为

$$-7.513 + 3.558 = -3.955\text{mm}$$

程序计算时是将重力、活载、预应力加到了一起,程序自动考虑了 0.95 的刚度折减,但为了抵消预应力不选择 0.95 的折减效果,预应力采用的系数是 1.9,即 1.9/0.95＝2。

程序对于上述的计算过程为

$$(-3.409 \times 0.7 \times 1.425 - 2.622 \times 1.425 + 1.779 \times 1.9)/0.95\text{mm} = 3.955\text{mm}$$

程序预拱度默认不执行上述规范中是否设置预拱度的判断,节点的预拱度都是上述效应叠加后的结果,所以有时会出现预拱度为负的结果,也会出现预拱度不圆滑的情况。

14 CHAPTER

钢结构及钢混组合结构

本章主要讲述钢结构及钢混组合结构验算结果的解读,尤其是钢梁和钢混组合梁桥的验算结果。

14.1 钢结构规范验算项和程序的对应关系

钢结构规范验算项和程序的对应关系见表14.1。

表 14.1 钢结构规范验算项和程序的对应关系

钢 梁				
类型	序号	验算内容	结果查询项	对应《公路钢结构桥梁设计规范》(JTG D64—2015)条文
承载能力极限状态验算	1	正截面承载力验算	上下缘(全截面)正应力验算	5.2、5.3.1条第1款、5.4.1
	2	抗剪承载力验算	剪应力验算	5.3.1条第2款
	3	折算应力验算	折算应力验算	5.3.1条第4款
	4	整体稳定计算	上下缘(全截面)稳定正应力验算	5.2.2条第2款、5.3.2、5.4.2
	5	腹板稳定验算	腹板稳定验算	5.3.3条第1/2款
	6	构造验算	加劲肋构造检查	5.3.3条第3/4款、5.1.6、5.1.7
	7	疲劳应力幅计算	疲劳应力幅	5.5
	8	抗倾覆验算、支座脱空验算	结构倾覆验算/支座脱空验算	4.2.2
正常使用极限状态验算	9	挠度计算	结构刚度验算	4.2.3
	10	预拱度计算	预拱度验算	4.2.4

折算应力程序对 JTG D64—2015 公式进行了处理,即两边同时乘以容许应力,表示最大折算应力(等式左边)和折算应力容许值(等式右边)。

整体稳定计算需要用户在前处理中按照 JTG D64—2015 输入验算参数。

对于疲劳验算,程序按照输入疲劳荷载计算并输出疲劳应力幅,但对于设计采用疲劳细节,程序不支持输入,所以无法验算,需要用户根据设计采用疲劳细节手动验算,并手动计入放大系数。

程序暂时只支持钢桥规范 JTG D64—2015 中第 4 章和第 5 章内容,其他需手动计算考虑。

14.2　组合结构规范验算项和程序的对应关系

组合结构规范验算项和程序的对应关系见表 14.2。

表 14.2　组合结构规范验算项和程序的对应关系

组 合 梁					
			规范条文		
规范验算		程序查询项	《公路钢混组合桥梁设计与施工规范》	《公路钢结构桥梁设计规范》	《钢-混凝土组合桥梁设计规范》
类型	序号	验算项		JTG/T D64—01—2015	JTG D64—2015	GB 50917—2013
承载能力极限状态	1	抗弯承载力验算	上下缘正应力验算/全截面正应力验算（钢梁/桥面板）上下缘/全截面钢筋应力验算正截面强度验算	7.2.1（弹性）	11.2.1（弹性）	5.1（弹塑性）
	2	竖向抗剪承载力验算	抗剪强度验算	7.2.2 条第 1 款	11.2.2 条第 2 款	5.2.1
	3	折算应力验算	折算应力验算	7.2.2 条第 2 款	11.2.2 条第 3 款	5.2.2
	4	纵向结合面剪力计算	单项结合面剪力	7.2.3	11.4.3	7.5
	5	连接件强度验算	连接件抗剪验算	9.3.3 条第 1 款、9.3.4	11.4.2 条第 3 款	7.5
	6	腹板稳定验算	腹板稳定验算	无①	无	6.4.3
	7	加劲肋构造验算	加劲肋构造检查	无	无	6.4.4
	8	负弯矩区侧扭稳定验算	整体稳定验算	7.3.2	11.2.5	5.3.1
	9	疲劳应力幅计算	疲劳应力幅、连接件疲劳应力幅验算	7.4	11.2.4	4.6
	10	抗倾覆验算、支座脱空验算	抗倾覆验算、支座脱空验算	5.2	4.2.2	4.5
正常使用极限状态	11	砼板抗裂验算（全/A 类）	上下缘正应力验算-桥面板	7.2.1	11.2.1	6.2
	12	砼板裂缝宽度验算（B 类/钢筋）	裂缝宽度验算	7.5、5.4.3	11.3.3	4.3.5
	13	持久/短暂状况应力验算	上下缘正应力验算-桥面板/钢梁上下缘钢筋应力验算	—	—	4.4
	14	变形计算（挠度及预拱度）	结构刚度验算、预拱度验算	7.6、5.4.1、5.4.2	11.3.2	6.3
	15	结合面滑移验算	结合面滑移验算	9.3.3 条 2 款、9.3.2、9.3.5	—	—

① 对此项目本规范未做定义，程序按 GB 50917—2013 规范条文执行验算。

14.3　剪力滞折减和局部稳定折减

　　钢结构/钢混组合结构桥梁包含两种折减系数：剪力滞效应折减系数和局部稳定折减系数(见《公路钢结构桥梁设计规范》(JTG D64—2015)第5.1.7~第5.1.9条)。剪力滞折减可以通过"截面定义"中有效宽度模式选择"全部有效"不予考虑。局部稳定折减可以通过"截面"板件属性中"局部稳定折减方法"选择"不折减"不予考虑。

　　程序在强度验算和疲劳验算中考虑折减系数,在挠度验算中不考虑折减(JTG D64—2015 第4.2.3条注3；挠度按毛截面计算)。

　　(1) **剪力滞折减查询**："总体信息"→"截面有效宽度"。

　　(2) **考虑剪力滞折减截面特性查询**："施工阶段/运营阶段"→"截面特性"→"毛截面有效截面特性"。

　　(3) **局部稳定折减系数查询**："运营阶段"→"加劲肋构造检查"→"受压板件/受弯腹板"。

　　(4) **剪力滞折减＋局部稳定折减查询**：在"结果查询"上右击,选择"文本结果"→"施工/运营"→"钢结构验算"→"单元"→"左截面"→"板块验算"→"剪力滞与局稳最终折减系数＝0.97778",见图14.1。

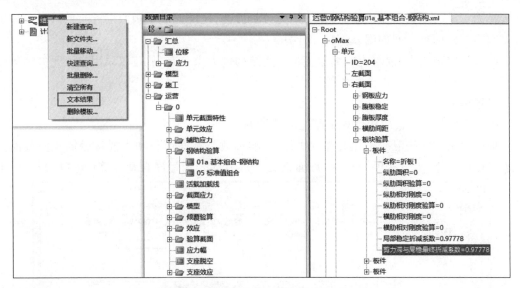

图14.1　剪力滞折减＋局部稳定折减查询

　　(5) **考虑局部稳定折减和剪力滞折减截面特性查询**：考虑局部稳定影响的有效截面程序自动计算,属于计算的中间结果,故在界面上不进行输出。如果用户有需求查看考虑局部稳定影响或同时考虑两者的有效截面,可通过如下方法得出。①在CAD软件中输入appload命令加载"桥梁博士"的"输出有效截面宽度"插件,根据计算机系统和CAD版本选择相应的插件版本；②在"桥梁博士"命令行输入checkopt,勾选"钢结构截面验算",输入单元号,单击"确定"按钮,进行计算生成TXT文件；③在计算文件夹下面找到文件名带EffectSection Group的TXT文件进行复制,打开副本后删除最上面三行内力组(该文件表示此内力组下的有效截面),保存TXT文件；④打开CAD软件,输入plotsteeldblocal,选取副本 TXT 文件,单击"确定"按钮即可读取该单元对应内力工况下的考虑局部稳定折减和剪力滞折减以后的截面形状。

问题拓展:

(1) 对于钢梁,纵肋是参与截面刚度的,影响截面刚度和局部稳定折减系数的计算;"加劲设计"中横肋及横隔板影响局部稳定折减系数的计算。

(2) 程序对所有计算局部稳定折减的板件都输出局部稳定折减系数,不区分受拉板还是受压板,但在执行验算时,针对当前验算工况判断板件受力选取受压板的折减系数代入。

(3) 对于桥面板后浇的组合梁,钢梁部分叠合前局部稳定按钢梁折减,折减系数可以从文本结果中查询,叠合后与桥面板接触的翼缘部分不进行局部稳定折减,运营阶段构造检查中查询结果为 1。

14.4   钢混组合梁温度效应和混凝土收缩徐变计算

钢混组合梁温度效应及混凝土收缩徐变采用通用有限元的方法进行,并未采用《公路钢混组合桥梁设计与施工规范》(JTG/T D64—01—2015)第 7.1.3 条简化分析方法执行。依据如下:

在无可靠技术资料做依据时,作为简化分析方法,现浇混凝土板收缩产生的效应可按组合梁钢梁与桥面板之间的温差−15℃计算。

在超静定结构中,混凝土收缩徐变将引起结构内力重分布,故建议采用有限元方法等较为精确的分析方法计算组合梁收缩徐变。

问题拓展:

(1) 组合梁桥面板的构件理论厚度的计算方法。

构件理论厚度按混凝土相关规范执行,影响参数是截面面积和大气接触周长。截面面积程序自动计算,大气接触周长在"截面定义"中,为 0 表示程序自动计算(图 14.2)。对于

图 14.2   大气接触周长定义

组合梁,大气接触周长不计入桥面板与钢结构的接触边缘,箱形截面组合梁也是一样,桥面板的内腔也当成外周长计入大气接触周长中,因为物理上桥梁中的闭口箱梁几乎都会设置通气孔、泄水孔,内部空气与外部是联通的。

如图 14.3 所示两个截面。

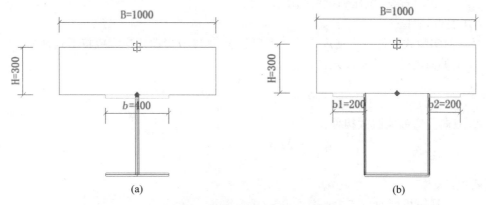

图 14.3 组合梁截面理论厚度计算

(a) 截面 1;(b) 截面 2

截面 1 的构件理论厚度为

$$h_1 = 2A_1/u_1 = 2 \times \frac{300 \times 1000}{2 \times (1000 + 300) - 400} \text{mm} = 272.73 \text{mm}$$

截面 2 的构件理论厚度为

$$h_2 = 2A_2/u_2 = 2 \times \frac{300 \times 1000}{2 \times (1000 + 300) - 400} \text{mm} = 272.73 \text{mm}$$

14.5 上下缘正应力验算/全截面正应力验算

钢梁正截面承载力计算采用的是应力表达形式。对应于《公路钢结构桥梁设计规范》(JTG D64—2015)中的式(5.2.1-1)、式(5.2.2-1)、式(5.3.1-1)、式(5.3.1-2)和式(5.4.1-1)及相关条文,主要针对程序钢板"上下缘正应力验算"/"全截面正应力验算"查询项。构件受力类型不同,所选取的截面特性也会有所区别。

(1) 轴心受拉构件。

轴心受拉构件承载力应满足下式要求:

$$\gamma_0 N_d \leqslant A_0 f_d$$

式中:

γ_0——结构重要性系数;

N_d——构件计算截面的轴心拉力设计值;

A_0——净截面面积;

f_d——钢材抗拉、抗压和抗弯强度设计值。

(2) 轴心受压构件。

轴心受压构件的强度应满足下式要求:

$$\gamma_0 N_d \leqslant A_{\mathrm{eff},c} f_d$$

式中：

N_d——构件计算截面的轴心压力设计值；

$A_{\mathrm{eff},c}$——考虑局部稳定影响的有效截面面积；

f_d——钢材抗拉、抗压和抗弯强度设计值。

（3）受弯构件。

受弯的实腹式构件抗弯强度应符合下列要求，翼缘板弯曲正应力应按下式计算。

① 主平面内受弯的实腹式构件：

$$\gamma_0 \sigma_x = \gamma_0 \frac{M_y}{W_{y,\mathrm{eff}}} \leqslant f_d$$

② 双向受弯的实腹式构件：

$$\gamma_0 \left(\frac{M_y}{W_{y,\mathrm{eff}}} + \frac{M_z}{W_{z,\mathrm{eff}}} \right) \leqslant f_d$$

式中：

σ_x——翼缘板弯曲正应力；

M_y, M_z——构件计算截面的弯矩设计值；

$W_{y,\mathrm{eff}}, W_{z,\mathrm{eff}}$——分别为有效截面相对于 y 轴和 z 轴的截面模量，其中受拉翼缘仅考虑剪力滞的影响，受压翼缘应同时考虑剪力滞和局部稳定的影响；

f_d——钢材抗拉、抗压和抗弯强度设计值。

（4）拉弯、压弯构件。

实腹式拉弯、压弯构件强度应满足下列要求：

$$\gamma_0 \left(\frac{N_d}{N_{\mathrm{Rd}}} + \frac{M_y + N_d e_z}{M_{\mathrm{Rd},y}} + \frac{M_z + N_d e_y}{M_{\mathrm{Rd},z}} \right) \leqslant 1$$

$$N_{\mathrm{Rd}} = A_{\mathrm{eff}} f_d$$

$$M_{\mathrm{Rd},y} = W_{y,\mathrm{eff}} f_d$$

$$M_{\mathrm{Rd},z} = W_{z,\mathrm{eff}} f_d$$

式中：

e_y, e_z——分别为 y 轴和 z 轴偏心距；

N_d——构件计算截面的轴心力设计值；

M_y, M_z——分别为构件计算截面的绕 y 轴和 z 轴的弯矩设计值；

A_{eff}——有效截面面积，其中受拉翼缘仅考虑剪力滞影响，受压翼缘同时考虑剪力滞和局部稳定的影响；

$W_{y,\mathrm{eff}}, W_{z,\mathrm{eff}}$——分别为有效截面相对于 y 轴和 z 轴的截面模量，其中受拉翼缘仅考虑剪力滞的影响，受压翼缘应同时考虑剪力滞和局部稳定的影响。

问题拓展：

1）"上下缘正应力验算"和"全截面正应力验算"的区别和联系。

"上下缘正应力验算"总是取上下缘靠近中轴的那个应力点的应力值作为最值输出。

"全截面正应力验算"是对截面全部应力点的应力值取包络作为最值输出。

当截面横向定义一个应力点时，"上下缘正应力验算"与"全截面正应力验算"的应力最值是一致的。

当截面横向定义多个应力点时,"上下缘正应力验算"的应力点位不一定是最大的应力点位,此时"上下缘正应力验算"会小于"全截面正应力验算"的应力值。

因此,要了解最大应力需要同时关注"上下缘正应力验算"和"全截面正应力验算"。

2)"结构效应组合"中的应力组合和"正应力验算"的应力值关系。

"结构效应组合"中的应力组合是单项应力的简单叠加,单项应力和"结构效应组合"都只考虑剪力滞折减,不考虑局部稳定折减。

"上下缘正应力验算"和"全截面正应力验算"的应力值是同时考虑剪力滞折减和局部稳定折减得到的正应力。

(1)当局部稳定折减系数均为1或接近1时,"结构效应组合"中的应力组合值大于等于"正应力验算"的应力值。其原因有二。

稳定折减系数均为1,二者的截面计算方式不一致,"结构效应组合"是域块的概念,进行截面布尔运算时,就只是取图 14.4(b)所示域块,"正应力验算"计算截面特性时根据轴线+宽度的方式计算(即板件建模的方式),截面板件存在重叠部分时,"正应力验算"的截面重叠部分重复计入,截面特性偏大,所以应力值可能会偏小,如图 14.4 所示。当截面不重合时,二者应力值一致。

稳定折减系数接近1但不为1,"正应力验算"采用同时考虑剪力滞折减和局部稳定折减的截面特性,截面形心轴发生变化,导致受拉侧"正应力验算"的应力值小于"结构效应组合"中的应力组合值。

(2)对于组合梁,局部稳定折减系数均为1,"结构效应组合"中的应力组合值小于"正应力验算"的应力值。

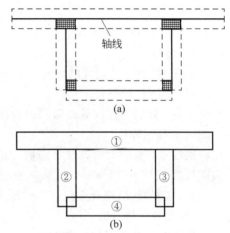

图 14.4 截面特性计算方法

(a)全截面正应力验算轴线+板厚;(b)结构效应组合域块模式

桥面板后浇的组合梁,桥面板施工前,钢梁部分按钢梁进行局部稳定折减,导致"正应力验算"应力值大。

(3)局部稳定折减系数较大,"结构效应组合"中的应力组合值小于"正应力验算"的应力值。

3)"正应力验算"结果异常的问题排查。

(1)截面未输入纵肋,忽略了纵肋对截面刚度的贡献。

(2)"加劲设计"里未输入刚性横隔板的参数,局部稳定折减过大。

(3)如应力发生突变而内力不突变时,须检查:①应力突变处截面是否发生突变或者小范围的急剧变化;②检查模型是否存在建模方式不当的问题;③检查剪力滞折减系数和局部稳定折减系数是否突变。

4)组合梁钢梁应力标准值组合和基本组合的验算规定。

在"总体信息"中勾选"公路规范"时,程序按照《公路钢混组合桥梁设计与施工规范》(JTG/T D64—01—2015)第 7.2.1 条执行钢梁应力基本组合验算,不验算标准值组合。

在"总体信息"中勾选"城市规范"时,程序按照《钢-混凝土组合桥梁设计规范》(GB 50917—2013)第 4.2 条执行钢梁应力基本组合验算,按强度设计值验算;按第 4.4 条执行钢梁应力标准值组合验算,施工阶段按短暂荷载工况取强度设计值的 0.8 倍,运营阶段按持久状况取设计值的 0.75 倍。

14.6　剪应力验算

按《公路钢结构桥梁设计规范》(JTG D64—2015)第 5.3.1 条第 2 款,由剪力引起的剪应力计算公式如下:

$$\gamma_0 \tau \leqslant f_{vd}$$

$$\tau = \frac{VS}{It_w}$$

式中:

γ_0——结构重要性系数;

τ——剪应力;

f_{vd}——抗剪强度设计值;

V——剪力设计值;

S、I——分别为有效截面面积矩和惯性矩;

t_w——腹板厚度。

特别注意:剪应力验算仅考虑剪力滞效应的截面折减,不考虑板件局部受压稳定产生的截面折减。

因此,在查询"结构效应组合"→"应力组合"→"基本组合"对应应力点的剪应力和"剪应力验算"时查到的值一致。

如果想考虑翘曲引起的剪应力,需要在"常规建模"→"构件模板"中同时勾选"考虑翘曲应力"和"考虑扭转剪应力"(图 14.5)。

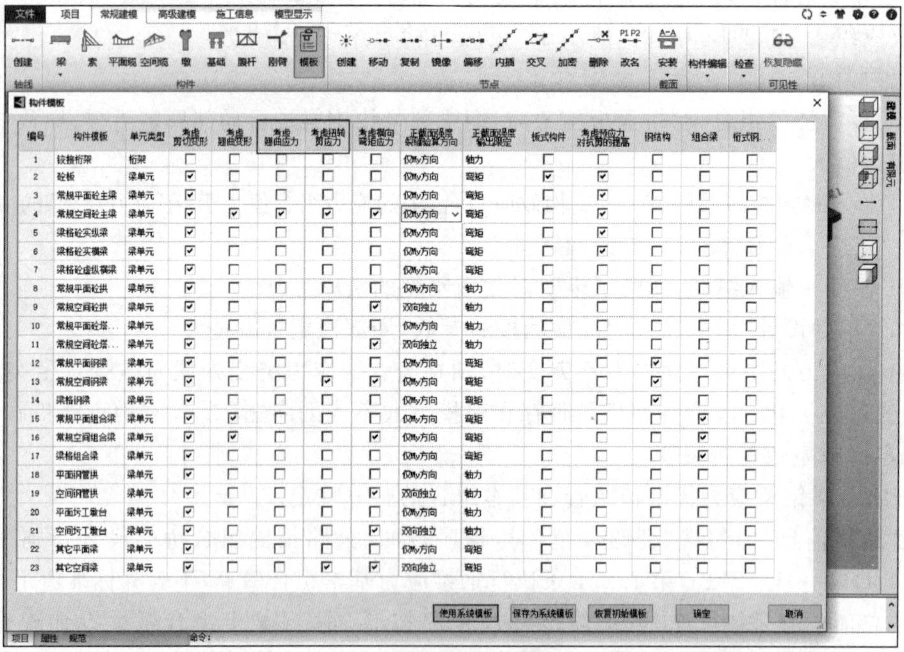

图 14.5　在"构件模板"中选择"考虑翘曲应力"和"考虑扭转剪应力"

问题拓展：

组合梁不进行钢梁剪应力计算的原因："桥梁博士"对组合梁不执行剪应力验算，只进行全截面的抗剪强度验算和腹板弯矩与剪力共同作用下的折算应力计算，主要对应《公路钢混组合桥梁设计与施工规范》(JTG/T D64—01—2015)第 7.2.2 条，认为组合梁的剪力全部由钢梁腹板承担，按力进行计算。

14.7　组合梁结合面滑移计算按标准值组合输出的原因

按照《公路钢混组合桥梁设计与施工规范》(JTG/T D64—01—2015)第 5.2.1 条设计原则中将界面滑移归为承载力极限状态，第 9.3.3 条和第 9.3.5 条又将结合面滑移归为正常使用极限状态，但对于采用正常使用极限状态的哪种组合，准永久还是频遇，规范并没有释义。

上述规范在答疑时，规范解释方回复可以采用标准值组合，故程序按照规范答疑回复输出。若用户存疑，可在规范库验算配置中自行修改界面滑移的验算组合。

问题拓展：

组合梁验算剪力钉连接件没有输出结果是因为剪力钉间距太小，不满足下述规范要求：《钢-混凝土组合桥梁设计规范》(GB 50917—2013)第 7.2.1 条规定剪力钉纵向间距/剪力钉直径大于 6 时考虑群钉效应折减系数，对于剪力钉间距太小的情况无法求得群钉效应折减系数，因此程序无法计算。

基础计算

15_C

15 CHAPTER

本章集中于程序基础模块定义的单桩基础、承台桩基础、U形扩大基础和矩形扩大基础验算结果的解读,重点是单桩基础和承台桩基础。通过本章的学习,用户可以基本掌握桩基础验算的计算过程和验算解读,可以明确扩大基础的对应规定,方便进行手动核对。

15.1 基础规范验算项和程序的对应关系

基础规范验算项和程序的对应关系见表 15.1。

表 15.1 基础规范验算项和程序的对应关系

类型	序号	验算项	规范条文
单桩基础	1	单桩轴向承载力验算	《基规》6.3.3～6.3.7,6.3.9
	2	单桩截面应力验算	《预规》7.2.4
	3	单桩截面承载力验算	《预规》5.3.8
	4	单桩截面裂缝验算	《预规》6.4.3
	5	单桩沉降量计算	《铁册》P222
	6	桩端地基土应力验算	《基规》L.0.5
群桩基础	1	地基承载力验算/基底应力验算	《基规》6.3.11
	2	软弱下卧层应力验算	《基规》5.2.6
	3	沉降验算	《基规》6.3.12
扩大基础	1	基底应力计算	《基规》5.2.2～5.2.4
	2	基底合力偏心距验算	《基规》5.2.5
	3	软弱下卧层验算	《基规》5.2.6
	4	抗倾覆稳定验算	《基规》5.4.1
	5	抗滑动稳定验算	《基规》5.4.2
承台	1	正截面承载力验算	《预规》8.5.2～8.5.4
	2	斜截面承载力验算	《预规》8.5.2～8.5.4
	3	冲切强度验算	《预规》8.5.5

注:

(1)《基规》指《公路桥涵地基与基础设计规范》(JTG 3363—2019),《预规》指《公路钢筋混凝土及预应力混凝土桥涵设计规范》(JTG 3362—2018),《铁册》指《铁路工程设计技术手册桥涵地基和基础》(中国铁道出版社,2002,3)。

(2)程序对圆桩受拉和受弯裂缝不作计算,裂缝宽度都输出为0,仅支持受压/偏心受压构件的裂缝计算。

15.2 基础刚度信息的理解

基础刚度信息单桩包含三部分内容：单排桩柱刚度系数表、单排桩柱柔度系数表和群桩整体结构刚度双柱等代模型参数表。群桩包含三部分内容：群桩结构出口刚度系数表、单桩刚度系数表和单桩柔度系数表。

刚度系数表示桩顶单位位移下的内力，柔度系数表示桩顶单位力下的位移。

柔度系数的解释如下。

（1）轴向系数：单位竖向力作用下，桩基轴向变形。主要对应基规附录 L 中的 L.0.6 和 L.0.7 表中的 $\dfrac{1}{\rho_{PP}}$。

（2）水平系数：单位水平力作用下，桩基沿着水平力方向的位移，单桩对应《基规》附录 L 中的 L.0.3 和 L.0.4 表中的 δ_{HH}；多排桩对应《基规》附录 L 中的 L.0.6 和 L.0.7 表中的 $\dfrac{1}{\rho_{HH}}$。

（3）转动系数：单位力偶作用下，桩基沿着力偶方向的转动，对应《基规》附录 L 中的 L.0.3 和 L.0.4 表中的 δ_{MM}，多排桩对应《基规》附录 L 中的 L.0.6 和 L.0.7 表中的 $\dfrac{1}{\rho_{MM}}$。

（4）弯剪系数＝剪弯系数：单位水平力作用下桩基转角和单位力偶作用下桩基水平位移，对应《基规》附录 L 中的 L.0.3 和 L.0.4 表中的 δ_{HM} 和 δ_{MH}；多排桩对应《基规》附录 L 中的 L.0.6 和 L.0.7 表中的 $\dfrac{1}{\rho_{HM}}$ 和 $\dfrac{1}{\rho_{MH}}$。

15.3 承台计算最小配筋率

按照规范，承台计算最小配筋率分为两种情况，一种是拉压杆模型，另一种是梁模型。

满足拉压杆构件，承台配筋率按《公路钢筋混凝土及预应力混凝土桥涵设计规范》(JTG 3362—2018)第 8.5.4 条的 0.15% 进行验算：在垂直于拉杆的承台全宽内，拉杆钢筋应按本规范第 9.6.10 条第 2 款布置。在拉杆计算宽度 b_s 内的受拉钢筋的配筋率不应小于 0.15%。

不满足拉压杆构件，此时按照梁计算，最小配筋率按照 JTG 3362—2018 中的第 9.1.12 条第 2 款规定取值：受弯构件、偏心受拉构件及轴心受拉构件的一侧受拉钢筋的配筋率不应小于 $45f_{td}/f_{sd}$，同时不应小于 0.2。

15.4 承台验算结果的解读

"桥梁博士"承台验算输出以下内容：

（1）承台验算汇总结果；

（2）正截面承载力验算；

（3）斜截面承载力验算；

（4）冲切强度验算。

其中,汇总结果是其他三个输出项的汇总。

承台的正截面承载力验算和斜截面承载力验算按照 JTG 3362—2018 第 8.5.2 条至第 8.5.4 条进行,程序首先执行判断,判断条件为最外排桩中心距墩台身边缘距离与承台高度的关系。

（1）外排桩中心距墩台身边缘线≤0(图 15.1(a)),此时,承台为受压构件,承台正截面承载力和斜截面承载力均不进行验算,没有输出结果。

（2）0＜外排桩中心距墩台身边缘≤承台高度(图 15.1(b)),此时承台按照拉压杆模型(《预规》第 8.5.4 条)执行计算,输出承台正截面承载力(拉压杆承载力)验算结果,不再输出斜截面承载力验算结果。

（3）外排桩中心距墩台身边缘＞承台高度(图 15.1(c)),此时承台计算是按照悬臂梁(《预规》第 5.2 条和第 8.5.3 条)执行计算,输出承台正截面承载力验算结果和斜截面承载力验算结果。

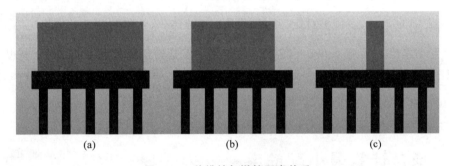

(a)   (b)   (c)

图 15.1　外排桩与墩柱距离关系

（4）对于多个墩柱的情况,程序按照墩柱外边缘连线模拟成一个矩形墩柱,然后对此外边缘连线与桩基位置的关系执行上述判断。

承台的冲切强度验算按照 JTG 3362—2018 第 8.5.5 条进行,程序也是首先执行判断,判断条件为最外排桩内缘线距墩台身边缘的距离。

（1）外排桩内缘线在墩台身边缘线内(对应图 15.1 的(a)),此时,承台内并不会形成冲切破坏锥体(图 15.2),也不执行冲切强度验算,不输出冲切验算结果。此时,计算过程中程序会提示：基础……；柱或墩台＜……＞边缘在桩边缘内,不需要验算向下冲切,基础……；边桩＜……＞边缘在柱或墩台边缘内,不需要验算向上冲切。

（2）外排桩内缘线在墩台身边缘线外(对应图 15.1(c)),此时,承台按照上述规范第 8.5.5 条执行冲切强度验算(图 15.2)。

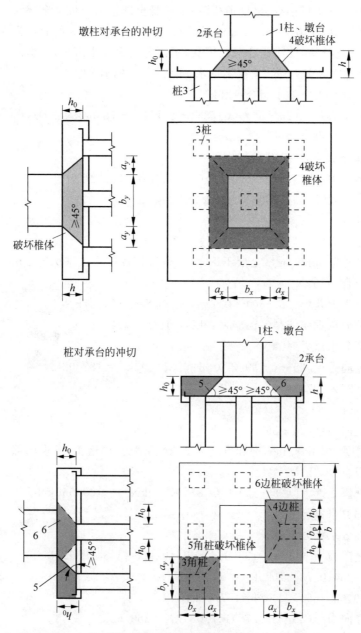

图 15.2 承台冲切锥体示意

15.5 桩基计算中最大/最小竖向力的计算方法

"桥梁博士"里计算的桩身最大竖向力指的是桩底力,程序计算桩基承载力的最大竖向力和最小竖向力的公式是:

最大竖向力=支座最大组合(桩顶荷载)+置换土重力差+桩露出土部分自重-

桩露出土部分水浮力

最小竖向力＝支座最小组合(桩顶荷载)＋桩身全部重力－桩身全部水浮力

例如：桩基模型，支座组合为25kN，桩基长20m，直径1m，截面面积为0.7854m²，桩基全部位于土中(简化计算，支座组合只计恒载，不区分最大最小组合，土层只按一层土举例)。

(1) 土体重度为30kN/m³，土层不透水，不设局部冲刷深度。

支座最大组合＝支座最小组合＝25kN

桩身置换土重力差＝(25－30)×0.7854×20kN＝－78.54kN

桩露出土部分自重＝0kN

桩露出土部分水浮力＝0kN

桩身最大竖向力＝[25＋(－78.54)＋0－0]kN＝－53.54kN

桩身重力＝25×0.7854×20kN＝392.7kN

水浮力＝0kN

桩身最小竖向力＝(25＋392.7－0)kN＝417.7kN

(2) 土体重度为30kN/m³，土层不透水，局部冲刷深度沿桩基深度10m。

支座最大组合＝25kN

桩身置换土重力差＝(25－30)×0.7854×10kN＝－39.27kN

桩露出土部分自重＝25×0.7854×10kN＝196.35kN

桩露出土部分水浮力＝0kN

桩身最大竖向力＝[25＋(－39.27)＋196.35－0]kN＝182.08kN

桩身重力＝25×0.7854×20kN＝392.7kN

水浮力＝0kN

桩身最小竖向力＝(25＋392.7－0)kN＝417.7kN

(3) 土体重度为30kN/m³，饱和重度为32kN/m³，土层透水，不设局部冲刷深度。

支座最大组合＝25kN

桩身置换土重力差＝[(25－32)×0.7854×20]kN＝－109.956kN

桩露出土部分自重＝0kN

桩露出土部分水浮力＝0kN

桩身最大竖向力＝[25＋(－109.956)＋0－0]kN＝－84.956kN

桩身重力＝25×0.7854×20kN＝392.7kN

水浮力＝10×0.7854×20kN＝157.08kN

桩身最小竖向力＝(25＋392.7－157.08)kN＝260.62kN

(4) 土体重度为30kN/m³，饱和重度为32kN/m³，土层透水，局部冲刷深度沿桩基深度10m。

支座最大组合＝25kN

桩身置换土重力差＝(25－32)×0.7854×10kN＝－54.978kN

桩露出土部分自重＝25×0.7854×10kN＝196.35kN

桩露出土部分水浮力＝10(水容重)×0.7854×10kN＝78.54kN

桩身最大竖向力＝[25＋(－54.978)＋196.35－78.54]kN＝87.832kN

桩身重力＝25×0.7854×20kN＝392.7kN

水浮力＝10×0.7854×20kN＝157.08kN

桩身最小竖向力＝(25＋392.7－157.08)kN＝260.62kN

问题拓展：

（1）桩顶力查询位置：基础计算结果——效应选择单桩桩顶竖向力/承台-桩顶截面组合内力。

（2）对于承台桩基础，承台的水浮力程序不予自动考虑(《公路桥涵设计通用规范》(JTG D60—2015)第4.2.5(1)条)，承台上面的土重力程序也不自动考虑，如要考虑以上两个荷载，手动在与基础连接的墩柱节点或基础节点输入荷载类型为水浮力/土的重力的节点荷载。

（3）一般冲刷高程或者地面线高程是指冲刷完成后的地面高程，此项不填，默认为地勘孔口高程，不计冲刷。局部冲刷项填了以后竖向力和承载力都是变化的，承载力不计局部冲刷线以上部分的侧摩阻，桩身置换土重力差和桩露出土部分自重会根据局部冲刷的高度发生变化。局部冲刷是在一般冲刷以下的深度，局部冲刷填写之后程序按局部冲刷计算承载力和最大桩身竖向力。

15.6　单桩轴向承载力验算结果的解读

单桩轴向承载力验算结果共分为三项内容：单桩轴向受压承载力验算表、单桩轴向受拉承载力验算表和单桩轴向承载力容许值计算成果表(分为摩擦桩、端承桩两种情况)，如图15.3所示。

单桩轴向受压承载力验算表

荷载组合	轴向受压承载力(kN)	抗力系数	修正轴向受压承载力(kN)	桩身最大竖向力(kN)	是否满足
03e 频遇组合-主要荷载	9466.194501	1	9466.194501	5318.451013	是
03f 频遇组合-全部荷载	9466.194501	1.25	1.183274e4	5558.589151	是

单桩轴向受拉承载力验算表

荷载组合	轴向受拉承载力(kN)	桩身最小竖向力(kN)	是否满足
03e 频遇组合-主要荷载	0	6658.968598	是
03f 频遇组合-全部荷载	-4636.990757	6658.076357	是

摩擦桩单桩轴向承载力容许值计算成果表

桩周土层类型	各土层厚度hi(m)	桩侧摩阻力标准值qik(kPa)	受压桩径(m)	受拉桩径(m)
5粉质黏土	2	60	2	2
6粉细沙	8	30	2	2
9粉质黏土	35	60	2	2
桩端土承载力基本容许值fao(kPa)				150
桩端以上各土层的加权平均重度γ2				9.402083
容许承载力随深度的修正系数k2				2.5
修正系数λ				0.775
埋置深度h(m)				40

图15.3　单桩轴向承载力验算结果

其中：

单桩轴向受压承载力验算按照《公路桥涵地基与基础设计规范》(JTG 3363—2019)第6.3.3条至第6.3.7条执行计算。

单桩轴向受拉承载力验算按照 JTG 3363—2019 第6.3.9条执行计算。

单桩轴向承载力容许值计算成果表是程序计算承载力容许值的中间参数。

问题拓展：

1) 抗力系数的规定。

按照 JTG 3363—2019 第3.0.7条规定选用(表15.2)。

表15.2　单桩承载力抗力系数 γ_R

受荷阶段	作 用 组 合		γ_R
使用阶段	频遇组合	永久作用与可变作用组合	1.25
		仅计结构重力、预加力、土的重力、土侧压力和汽车荷载、人群荷载	1
	偶然组合		1.25
施工阶段	施工荷载组合		1.25

2) 03e 频遇组合-主要荷载和 03f 频遇组合-全部荷载的区别。

03e 频遇组合-主要荷载对应表15.2频遇组合仅计结构重力、预加力、土的重力、土侧压力和汽车荷载、人群荷载。

03f 频遇组合-全部荷载对应表15.2频遇组合的永久作用与可变作用组合。

JTG 3363—2019 第6.3.9条对不同荷载组合下的单桩轴向受拉承载力验算也进行了详细说明：

(1) 当桩的轴向力由结构自重、预加力、土重、土侧压力、汽车荷载和人群荷载的频遇组合引起时，桩不得受拉。

(2) 当桩的轴向力由上述荷载与其他可变作用、偶然作用的频遇组合或偶然组合引起时，桩可受拉，其单桩轴向受拉承载力特征值按下式计算：

$$R_t = 0.3u \sum_{i=1}^{n} \alpha_i l_i q_{ik}$$

式中：

l_i——各土层厚度，m；

q_{ik}——各土层对应的桩侧摩阻力标准值，kPa；

R_t——单桩轴向受拉承载力特征值，kN；

u——桩身周长，m，对等直径桩，$u = \pi d$；对扩底桩，自桩端起算的长度 $\sum l_i \leqslant 5d$ 时取 $u = \pi D$；其余长度均取 $u = \pi d$(其中 D 为桩的扩底直径，m；d 为桩身直径，m)；

α_i——振动沉桩对各土层桩侧摩阻力的影响系数，按 JTG 3363—2019 中表6.3.5-3采用；对锤击、静压沉桩和钻孔桩，$\alpha_i = 1$。

对于基础计算的频遇组合，应特别注意，按照 JTG 3363—2019 第3.0.6条规定：采用作用的频遇组合和偶然组合，作用组合表达式中的频遇值系数和准永久值系数应取1.0,汽车荷载应计入冲击系数。

3) 为什么受拉承载力验算的桩身最小竖向力比受压承载力验算的桩身最大竖向力还要大?

在计算受压承载力验算的最大竖向力和受拉承载力验算的最小竖向力时,二者计算方法不一样,最大竖向力要置换桩土自重,最小竖向力不需要置换桩土自重,但需要计入全部浮力,因此二者大小关系不明朗。

15.7 桩身强度验算

桩身强度验算包括截面应力验算、截面承载力验算、截面裂缝验算。

目前"桥梁博士"基础仅支持圆桩,按照《公路钢筋混凝土及预应力混凝土桥涵设计规范》(JTG 3362—2018)第5.3.8条计算强度,第6.4.3条计算裂缝,第7.2.4条计算应力(包括混凝土压应力和钢筋拉应力)。

由于强度和裂缝验算规范条文只针对偏心受压构件,没有说明受弯、受拉时的算法,故程序对圆桩受拉和受弯的承载力按"桥梁博士"的通用算法执行,对圆桩受拉和受弯的裂缝不作计算,裂缝宽度都输出为0。

问题拓展:

《公路桥涵地基与基础设计规范》(JTG 3363—2019)对桩身强度验算无要求,程序按照《公路钢筋混凝土及预应力混凝土桥涵设计规范》(JTG 3362—2018)执行提供参考。

15.8 沉降验算

单桩沉降量按照《铁路工程设计技术手册:桥涵地基和基础》第222页的公式计算。

(1) 对于支承于岩层上或嵌于岩层中的单根柱桩,在桩顶轴向压力荷载作用下(通常桩身自重的影响相当小,可以忽略不计),桩顶产生的弹性轴向变形主要是由桩身材料弹性压缩变形和桩底处岩层的压缩变形引起的,沉降计算公式为

$$\Delta = \Delta_c + \Delta_k = \frac{Nl}{EA} + \frac{N}{C_0 A}$$

式中:

N——作用于桩顶的轴向压力;

E——桩身材料的受压弹性模量;

A——桩身横截面积;

l——桩的长度;

C_0——桩底处岩层的竖向抗力地基系数。

(2) 对于支承于非岩石土层上或支承于风化成土状且风化层较厚的风化层上的单根摩擦桩,在桩顶轴向压力荷载作用下,桩顶产生的弹性轴向变形,由桩身材料的弹性压缩变形、桩侧摩擦力传至桩底平面使该平面处地基产生的弹性变形以及桩底平面以下一定深度内地基的压缩变形三部分组成。一般来说桩底平面以下一定深度内地基的压缩变形值很小,可以忽略不计。因此,对于钻(挖)孔灌注桩,沉降计算公式为

$$\Delta = \Delta_c + \Delta_k = \frac{Nl_0}{EA} + \frac{1}{2}h\frac{N}{EA} + \frac{N}{C_0 A_0}$$

式中：

l_0——局部冲刷线以上桩身的长度；

h——入土长度；

A_0——自冲刷线处桩侧以角度（各土层的平均内摩擦角/4）扩散到桩底平面的面积，计

算公式为 $A_0 = \pi\left(\dfrac{d}{2} + h \cdot \tan\dfrac{\bar{\varphi}}{4}\right)^2$，其中，$d$ 为桩底面直径；$\bar{\varphi}$ 为桩所穿过土层

的平均内摩擦角。

问题拓展：

（1）对于单桩基础，端承桩计算沉降时不计算内摩擦角扩散到桩端的面积 A_0，此时输出 $A_0 = 0$ 表示不计算。

（2）群桩基础沉降计算见《公路桥涵地基与基础设计规范》（JTG 3363—2019）第 6.3.12条，根据桩径和桩距的关系可取单桩沉降或者浅基础沉降。

15.9   单桩桩端地基土应力验算

按照《公路桥涵地基与基础设计规范》（JTG 3363—2019）的附录 L.0.5 规定进行桩端应力验算。

桩端最大和最小压应力应满足下式要求：

$$p_{\min}^{\max} = \frac{N_{hk}}{A_0} \pm \frac{M_{hk}}{W_0} \leqslant q_r$$

式中：

N_{hk}——桩底轴力标准值，非岩石类地基的 $N_{hk} = P_k + G_k - T_k$，岩石类地基的 $N_{hk} = P_k + G_k$，其中，P_k 为桩顶轴力标准值，T_k 为局部冲刷线以下桩侧土摩阻力标准值总和，G_k 为全部桩柱自重；对非岩石类地基钻（挖）孔桩，局部冲刷线以下部分为桩身自重减去置换土重（当桩重计入浮重时，置换土重计入浮重）；

M_{hk}——桩底弯矩，由 m 法计算得出；当 $\alpha h \geqslant 4$ 时，弯矩取 0；

A_0, W_0——分别为桩端面积及面积抵抗矩；

q_r——桩端处土的承载力特征值；按 JTG 3363—2019 第 6.3.3 条规定计算。

问题拓展：

单桩桩端地基土应力验算没有结果：对置于非岩石类土或者岩石面上 $\alpha h > 3.5$，以及嵌入岩石中 $\alpha h > 4$ 的桩，认为桩底压力均匀分布，可不验算桩端土的压应力。

16 CHAPTER 抗 震 计 算

本章对"地震分析"的部分问题进行释疑。

16.1 "地震分析"规范与程序的对应关系

抗震规范验算项和程序的对应关系见表 16.1。

表 16.1 "地震分析"规范与程序的对应关系

计算功能		规范相关条文	
		《城市桥梁抗震设计规范》	《公路桥梁抗震设计规范》
序号	功能项	CJJ 166—2011	JTG/T 2231—01—2020
1	特征值分析	6.3.2	6.3.3
2	塑性铰单元	6.2.4	6.2.6
3	桩土作用刚度计算	6.2.7	6.2.8
4	$P\text{-}\Delta$ 效应计算	6.2.8	6.2.9
5	弯矩曲率分析	7.3.8~7.3.9	7.4.7~7.4.8
6	反应谱分析	5.1、5.2、6.3	5.1、5.2、6.3
7	时程分析	5.3、6.4	5.3、6.4
8	Pushover 分析	6.1.8、6.6、7.3.7	6.1.9、6.7、7.4.6

16.2 Pushover 分析时,是否自动考虑墩柱轴力的变化?

程序 Pushover 计算采用 $P\text{-}M\text{-}\varphi$ 曲线。

Pushover 初始轴力为恒载,程序按照《公路桥梁抗震设计规范》(JTG/T 2231—01—2020)第 6.7.5 条迭代求解,推覆过程中,推覆力在一步步增加,程序根据每一步的推覆力重新计算轴力,并得到该轴力下的屈服弯矩。计算这个轴力时不是线性计算,是迭代试算过程。

达到收敛条件时完成计算,此时轴力为推覆产生轴力+恒载轴力之和。

16.3 抗震模型后处理查看结果时,墩柱的抗剪承载力只有一个方向的原因是什么?

如图 16.1 所示,抗震模型后处理查看结果时,墩柱的抗剪承载力 Qy 始终为 0。

在"桥梁博士"中,普通单梁的抗剪计算需要输入箍筋,不然是不会显示抗剪承载力的。

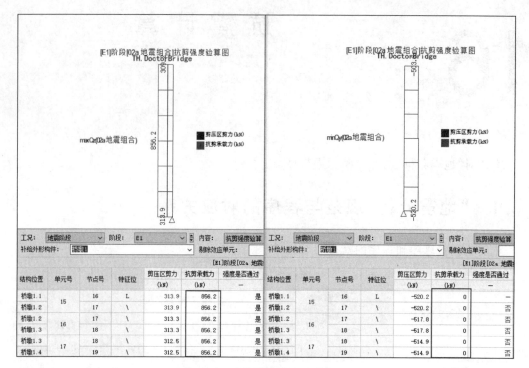

图 16.1　地震抗剪强度验算结果

本例模型计算墩柱顺桥向和横桥向的抗剪强度,应当输入顺桥向和横桥向的箍筋信息,体现在程序中就是输入箍筋的水平和垂直方向信息。

　　值得说明的是:这里的垂直方向描述的是构件截面坐标系上平行于 Y 轴方向的箍筋布置情况,也就是静力计算中用户通常输入的地方;而水平方向指的是构件截面坐标系上平行于 X 轴方向的箍筋布置情况,在进行抗震计算时一般需要考虑水平方向的箍筋,这里需要按照实际输入(图 16.2)。

图 16.2　"箍筋属性"对话框

16.4　在"桥梁博士"里如何查看塑性铰的转角?

解决方案:

　　"桥梁博士"的塑性铰在程序内部不是直接在梁单元上实现的,而是单独的两节点单元。界面上在某个节点处指定了塑性铰,程序内部在这个节点处断开成两个位置重合的节点,再用塑性铰单元把两个节点连接起来。塑性转角就是这两个节点的转角位移之差,这个差值作为塑性铰单元的结果存储,所以看塑性转角不是看某个节点的转角。例如 Pushover 计算后,结果查询中会有"Pushover 塑性铰状态",其中的 R_y、R_z 就是两个方向的塑性转角。

16.5 如何理解 Pushover 里的能力曲线?

当查询此项目时会出现如下表格,在 Pushover 里填入的荷载×荷载系数=此时的荷载值。

如图 16.3 所示,可以看到在同一个模型同等推覆步和位移下,推覆荷载为 0.5 倍时,其荷载系数为两倍关系。

序号	推覆步	Dy	荷载系数	序号	推覆步	Dy	荷载系数
—	—	(mm)	—	—	—	(mm)	—
1	1	4.830	965.92	1	1	4.830	1931.85
2	2	9.659	1931.85	2	2	9.659	3863.69
3	3	14.489	2897.77	3	3	14.489	5795.54
4	4	19.334	3842.44	4	4	19.334	7684.87
5	5	24.330	4498.34	5	5	24.330	8996.69
6	6	29.302	4869.70	6	6	29.302	9739.40
7	7	34.299	4952.38	7	7	34.299	9904.77
8	8	39.298	4952.90	8	8	39.298	9905.80
9	9	44.298	4953.42	9	9	44.298	9906.84
10	10	49.298	4953.94	10	10	49.298	9907.87
此时推覆荷载为1KN				此时推覆荷载为0.5kN			

图 16.3 不同推覆荷载下的"Pushover 能力曲线"结果

16.6 在弯矩曲率分析中如何输入角度和轴力?

解决方案:

如图 16.4 所示,在进行弯矩曲率分析中需要输入图示的轴力及角度。

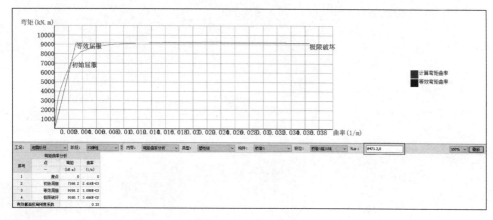

图 16.4 弯矩曲率分析

（1）轴力如何输入？

依据《公路桥梁抗震设计规范》(JTG/T 2231-01-2020)第 7.4.7 条的说明，取此截面对应节点的最不利轴力组合。

（2）角度如何输入？

此角度是指截面坐标系，针对截面进行角度转换，如果填 0 就是以在截面定义中的坐标系为准。一般计算弯矩曲率分析，在上述规范中也是计算横桥向和顺桥向，所以一般考虑 0°和 90°即可。原则上可以考虑任意截面角度的弯矩曲率分析。

17 CHAPTER

计算书的问题

17.1 计算书界面说明

17.1.1 基本界面说明

计算书的界面如图 17.1 所示，通过"桥梁博士"→"计算报告"打开界面，各个参数释义如下。

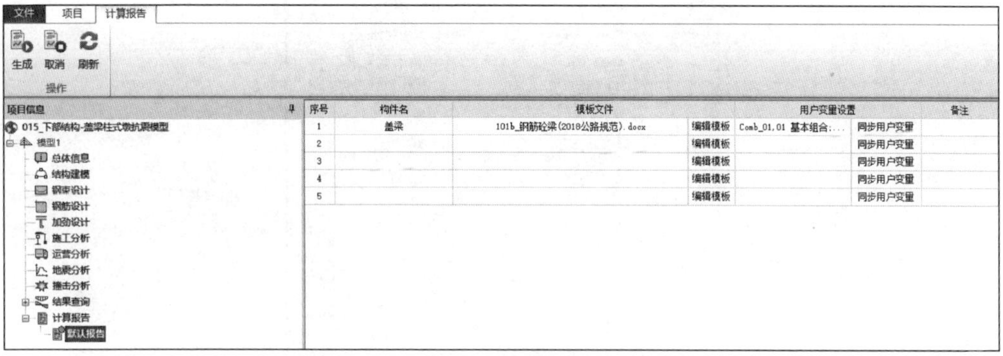

图 17.1 计算书界面

（1）"生成"按钮：单击此按钮，开始计算书的生成。

（2）"取消"按钮：单击此按钮，停止计算书生成。

（3）"刷新"按钮：当在模板文件夹中新加了模板时，单击此按钮，更新模板列表。

（4）树节点："计算报告"节点下可以有多个报告节点，每个节点可生成一个计算书 Word 文件。右击树节点，可进行节点操作（打开生成的计算书、打开计算书模板等）。

（5）"构件名"列：选择要输出的构件，此项为空时，则输出所有构件。

（6）"模板文件"列：选择计算书模板，注意选择模板的构件类型与建模时选择的构件类型一致，规范与"总体信息"里选择的规范一致。

（7）"编辑模板"按钮：单击此按钮即可打开计算书模板进行编辑（此 Word 文件存放在程序目录中，需谨慎修改，建议修改后另存为其他文件名，然后单击"刷新"按钮即可更新列表），若单击空白行的此处，则会打开计算书模板文件夹。

（8）"用户变量设置"列：显示模板中的用户变量，单击"……"按钮可以进行设置（此种方式更改的用户变量不会修改模板的 Word 文件，仅对此计算书节点有效）。

（9）"同步用户变量"按钮：当在"用户变量设置"列中对用户变量进行修改时，可以单击此键恢复成模板中的变量值。

（10）"备注"列：若填－1生成计算书时会跳过此列，其他值无意义。

17.1.2 用户变量说明

计算书模板的用户变量，用于将模板中用得比较多或需经常调整的字符用特定的助记符表示，用户也可以在做模板时自定义一些用户变量，在解析模板时，程序会自动将模板中的助记符替换为设置的变量值。

单击用户变量设置列的"……"按钮可调出"用户变量设置"对话框，里面会显示此模板的所有用户变量，可以进行修改（在此对话框中修改只影响此计算书节点生成的计算书，不会更改 Word 模板文件）。单击"同步用户变量"按钮可恢复成模板中的变量值（图 17.2、图 17.3）。

序号	变量名	值
1	Comb_01	01 基本组合
2	Comb_030	03 频遇组合
3	Comb_03c	03c 频遇组合-挠度验算
4	Comb_050	05 标准值组合
5	Comb_05a	05 标准值组合
6	Comb_05b	05b 标准值组合-同号求和
7	E_OUT	ALL
8	SecName	主截面
9	Stress_BOT	BOT
10	Stress_TOP	TOP

图 17.2 "用户变量设置"对话框

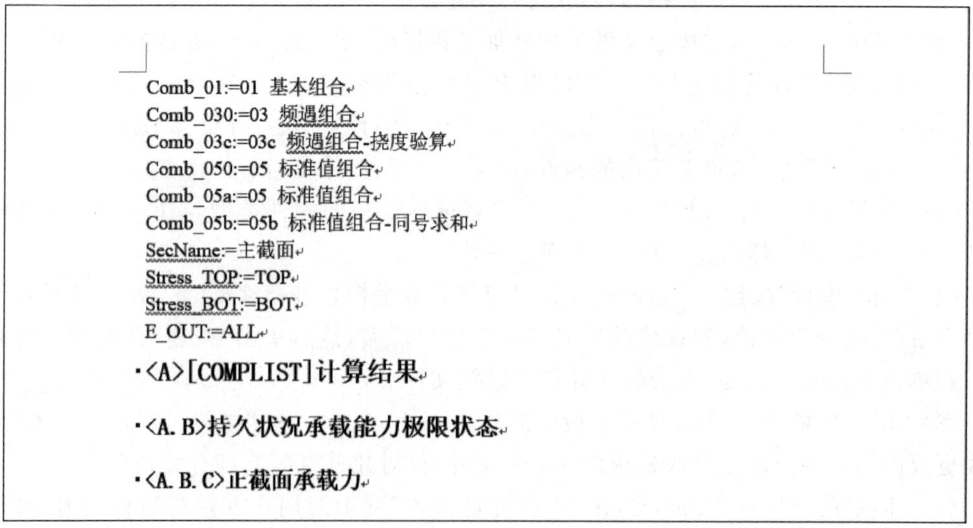

```
Comb_01:=01 基本组合
Comb_030:=03 频遇组合
Comb_03c:=03c 频遇组合-挠度验算
Comb_050:=05 标准值组合
Comb_05a:=05 标准值组合
Comb_05b:=05b 标准值组合-同号求和
SecName:=主截面
Stress_TOP:=TOP
Stress_BOT:=BOT
E_OUT:=ALL
```

·<A>[COMPLIST]计算结果

·<A.B>持久状况承载能力极限状态

·<A.B.C>正截面承载力

图 17.3 计算书模板中的用户变量

变量说明如下。

(1) Comb 开头的变量：计算书中用到的各种组合名称。

(2) E_OUT：输出单元，若为 ALL 则输出所选构件的所有单元。若要输出部分单元，可以用"-/"表达式表达，如："1-4/6"，表示 1,2,3,4,6 共 5 个单元；若要跳跃式输出单元，可以用"_"表示，如："ALL_2"表示每 2 个单元输出 1 个。

(3) SecName：截面名称，若建模时未定义截面名称，则此构件的截面为"主截面"。特殊地，组合梁截面会显示 SecName1 和 SecName2，SecName1 为主截面，SecName2 为桥面板，如果截面定义时修改过截面名称，则 SecName2 应对应修改。

(4) Stress 开头的变量：应力点位名称，TOP 为上缘，BOT 为下缘。

17.1.3 编辑模板

用户可根据需要对计算书模板进行修改，计算书模板的编辑代码可下载计算书字典查询定义。

计算书教程目录

17.2 计算书输出结果常见问题

17.2.1 计算书输出没有内容

解决方案：

所有内容项均未输出，对应查看"结果查询"中对应的内容项是否输出，如输出一般是构件验算模板或者规范选择不正确，需要检查构件属性的构件验算类型和"总体信息"的规范是否与计算书模板对应。

17.2.2 计算书中表格内容未输出

解决方案：

计算书中某个表格无法输出，这时可以先在选择计算书的那一行单击"同步用户变量"，再输出计算书。

17.2.3 准永久组合应力没有输出

解决方案：

这是计算书模板没有及时更新造成的，需要修改两部分内容。

(1) 单击"编辑模板"打开模板文件，修改 Comb_04a：=04a 准永久组合-A 类为 Comb_04a：=04a 准永久组合-直接作用(如果模板文件中为 Comb_04a：=04a 准永久组合-直接作用，那么修改为 Comb_04a：=04a 准永久组合-A 类)。

(2) 单击"用户变量设置"，修改 Comb_04a：=04a 准永久组合-A 类为 Comb_04a：=04a 准永久组合-直接作用(如果为准永久组合-直接作用，修改为 A 类)，然后单击其他行保证修改完成，单击"确认"按钮。

(3) 重新生成计算书。

17.2.4　组合梁桥面板相关内容未输出

解决方案:

此问题是因为用户在截面中修改了子截面桥面板的名称,程序默认输出组合梁的子截面名称为"桥面板",用户修改以后不识别导致。

(1) 在截面中修改子截面名称为"桥面板",重新计算并生成计算书。

(2) 计算书输出时单击用户变量设置,修改 SecName2 为自定义子截面名称,确保修改完成后重新生成计算书即可。

17.2.5　计算书不同规范和构件选择问题

城市规范和公路规范目前的模板是一样的,所以用户如果选择了城市规范进行验算,那么在生成计算书的时候使用公路规范的模板即可。

墩塔柱验算与梁模板一致,选用对应梁模板即可。

17.2.6　未输出想要验算的内容

需自定义模板,参考计算书字典定义效应,也可以右击效应图导出计算书宏,提示栏为该效应的定义,粘贴到计算书中导出。

17.2.7　计算书中表格输出全部节点太多,想输出指定单元或者按照一定间隔输出结果表格

在用户变量设置中修改 E_OUT,见图 17.4。

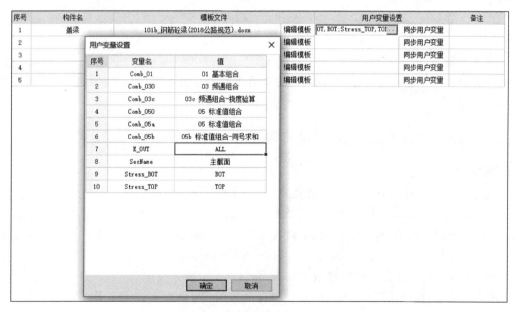

图 17.4　计算书输出单元

ALL：表格输出全部单元结果；

1/2/3/5/7：表格输出指定的 1、2、3、5、7 号单元；

1-7：表格只输出 1～7 号单元；

ALL_5：表格每隔 5 个单元输出结果，即输出 1、6、11、…。

上述规则中"/"和"-"可以组合起来用（"_"不可组合使用），1/5/9/10/15-20 表示输出 1、5、9、10 和 15～20 的单元。

17.2.8　自定义计算书模板，怎样得到输出效应图的表达式？

解决方案：

计算书字典提供效应表达式，可以深入研究。

较为偷懒的做法是右击效应图，导出为计算书宏，提示栏为该效应的定义，粘贴到计算书中导出。

17.2.9　模板文件/报告文件独占打开

解决方案：

针对计算书生成报错的问题，存在以下两种情况。

1）曾经可以生成计算书，或者尝试"桥梁博士"开始界面案例模型能够生成，检查以下问题。

（1）模型是否执行了计算。

（2）模型是否重复打开计算书文档，关掉相关 Word 文档并关闭 Office 后台运行，或者保存软件重新打开生成计算书。

（3）在模型"总体信息"里选择"规范"以及构件"验算类型"是否与"计算书模板"保持统一。

（4）在构件里选择多个基础构件，基础输出内容较多，因此一次性输出多个基础结果会导致错误，建议一个个构件单独勾选输出计算书。

（5）计算书模板存在问题，可在"同豪土木"论坛下载（或者联系客服索要）计算书模板，放入文件夹"桥梁博士"\template\report，替换原有计算书模板。

2）"桥梁博士"刚安装完成，且排除第一种情况的所有问题。

这是缺少软件补丁导致，可在"同豪土木"论坛下载（或者联系客服索要）"解决不能生成计算书"的软件补丁，安装后重新生成。

17.3　计算书中图形文字处理

17.3.1　如何在计算书中实现图形视图转换？

解决方案：

（1）首先务必关闭杀毒软件。

（2）需要安装图形转换的 BAT 文件，可在"同豪土木"论坛下载（或者联系客服索要）。

把 BAT 文件放在"桥梁博士"目录下运行(务必右击,选择"管理员运行"),然后打开生成的计算书文件。

(3) 双击图片即可编辑;右击图形处,可以修改视图方向等。

注意:偶尔有按照以上模式却不能进行调整的情况(崩溃或无法使用),则是由于系统问题,目前还无解决办法。(可以在结果查询中自己截图添加到计算书中。)

17.3.2　计算书的效应图都是 3D 显示,如何改成立面显示?

解决方案:

在"计算报告"界面单击"编辑模板"。

进入模板后,在某个验算项后面添加一段:Dir＝xoz(注意大小写),此时图像投影至 *XOZ* 面(立面),见图 17.5。此外 Dir 还有其他视图方向,支持的字符:xoy/yox/yoz/zoy/xoz/zox/3d/axial(沿轴线展开)。

> [$QUERY(Name=内力;ObjType=构件;ObjName=ALL;StageType=运营阶段;ActionType=组合工况;ActionName=Comb_01;EffectType=内力;EffectIndex=MY;MaxIndex=MAX_MY; UnitScale=1e-3;DrawPos=-1;GraphType=折线云图;LineColor=蓝, Name=承载力 1;ObjType=构件; ObjName=ALL;StageType=运营阶段; ActionType=组合工况;ActionName=Comb_01;EffectType=正截面强度;EffectIndex=MY1;MaxIndex= MAX_MY; UnitScale=1e-3;DrawPos=-1;LineColor=红, Name=承载力 2;ObjType=构件;ObjName=ALL;StageType=运营阶段; ActionType=组合工况;ActionName=Comb_01;EffectType=正截面强度;EffectIndex=MY2;MaxIndex= MAX_MY; UnitScale=1e-3;DrawPos=-1;LineColor=粉;**Dir=xoz**)$]

图 17.5　修改计算书图形视图显示

17.3.3　计算书图形文字重叠

解决方案:

可以通过修改文字显示大小进行调整。在图形代码中增加 TextZoomRate＝0.5,表示文字显示大小缩放为 0.5 倍,倍数可根据自己想要的效果进行调整,如图 17.6 所示。

> [$QUERY(Name=内力;ObjType=构件;ObjName=ALL;StageType=运营阶段;ActionType=组合工况;ActionName=Comb_01;EffectType=内力;EffectIndex=MY;MaxIndex=MAX_MY; UnitScale=1e-3;DrawPos=-1;GraphType=折线云图;LineColor=蓝, Name=承载力 1;ObjType=构件; ObjName=ALL;StageType=运营阶段; ActionType=组合工况;ActionName=Comb_01;EffectType=正截面强度;EffectIndex=MY1;MaxIndex= MAX_MY; UnitScale=1e-3;DrawPos=-1;LineColor=红, Name=承载力 2;ObjType=构件;ObjName=ALL;StageType=运营阶段; ActionType=组合工况;ActionName=Comb_01;EffectType=正截面强度;EffectIndex=MY2;MaxIndex= MAX_MY; UnitScale=1e-3;DrawPos=-1;LineColor=粉;**TextZoomRate=0.5**)$]

图 17.6　修改计算书图形文字显示

17.3.4　在计算书中控制表格精度,小数点位数

解决方案:

采用 ENOB 函数,在表格代码中增加{[原有效应代码],ENOB(i)}函数,括号内为小数保留位数,如图 17.7 所示。

单桩轴向受压承载力验算表					
荷载组合	轴向受压承载力 (kN)	抗力系数	修正轴向受压承载力 (kN)	桩身最大竖向力 (kN)	是否满足
[DCR(&iZHY&).NA ME]	{[DCR(iZHY).cY],ENOB(2)}	[DCR(iZH Y).Ka]	[DCR(iZHY).cYR]	[HCR(iZHY,MAXN).NS]	[DCR(iZH Y).fYR]

图 17.7　修改计算书表格精度

17.4　"桥梁博士"简要版计算书对于验算不通过部分仍然判断为通过的原因是什么？

对于"桥梁博士"简要版验算不通过部分仍然判断为通过是因为简要版计算书没有设定判定条件,而是以固定文字输出,故无论是否通过都按固定"从上图可知,底缘压应力最大值为……MPa,顶缘压应力最大值为……MPa,顶底缘压应力验算结果均小于规范允许值……MPa,满足规范设计要求。"输出,建议所有验算项调整通过后再考虑简要版计算书输出。

本书参考标准与规范

标准与规范名称	标准号
公路桥涵设计通用规范	JTG D60—2015
公路钢筋混凝土及预应力混凝土桥涵设计规范	JTG 3362—2018
公路桥涵地基与基础设计规范	JTG 3363—2019
公路钢混组合桥梁设计与施工规范	JTG/T D64—01—2015
铁路桥涵混凝土结构设计规范	TB 10092—2017
城市轨道交通桥梁设计规范	GB/T 51234—2017
The British Standards Institution. Steel, concrete and composite bridges. Part2, specification for loads	BS 5400
公路斜拉桥设计规范	JTG/T 3365—01—2020
公路钢管混凝土拱桥设计规范	JTG/T D65—06—2015
公路钢结构桥梁设计规范	JTG D64—2015
钢-混凝土组合桥梁设计规范	GB 50917—2013
公路桥梁加固设计规范	JTG/T J22—2008
城市桥梁设计规范(2019 年版)	CJJ 11—2011
城市人行天桥与人行地道技术规范	CJJ 69—1995
公路桥梁抗震设计规范	JTG/T 2231—01—2020
城市桥梁抗震设计规范	CJJ 166—2011
公路桥梁摩擦摆式减隔震支座	JT/T 852—2013
公路桥梁抗风设计规范	JTG/T 3360—01—2018
混凝土结构设计标准(2024 年版)	GB/T 50010—2010

参 考 文 献

[1] 王伯惠,徐风云. 柔性墩台梁式桥设计[M].北京:人民交通出版社,1991.

[2] 铁道第三勘察设计院. 铁路工程设计技术手册:桥涵地基和基础[M].北京:中国铁道出版社,2002.

[3] 中交公路规划设计院有限公司标准规范研究室. 公路桥梁设计规范答疑汇编[M]. 北京:人民交通出版社,2009.

[4] 中交公路规划设计院有限公司.《公路钢筋混凝土及预应力混凝土桥涵设计规范》应用指南[M].北京:人民交通出版社,2018.